KECHENG SIZHENG
DAXUESHENG SHENGYA GUIHUA

课程思政
大学生生涯规划

主 编 刘淑慧 严 军
副主编 纪 静 高加加 唐菲菲 袁海源

北京大学出版社
PEKING UNIVERSITY PRESS

图书在版编目(CIP)数据

课程思政:大学生生涯规划/刘淑慧,严军主编. —北京:北京大学出版社,2023.2
ISBN 978－7－301－33727－1

Ⅰ.①课… Ⅱ.①刘…②严… Ⅲ.①思想政治教育—中国—高等学—教材 Ⅳ.①G641

中国国家版本馆 CIP 数据核字(2023)第 018837 号

书　　　名	课程思政：大学生生涯规划
	KECHENG SIZHENG：DAXUESHENG SHENGYA GUIHUA
著作责任者	刘淑慧　严　军　主编　纪　静　高加加　唐菲菲　袁海源　副主编
责任编辑	姚文海
标准书号	ISBN 978－7－301－33727－1
出版发行	北京大学出版社
地　　　址	北京市海淀区成府路 205 号　100871
网　　　址	http://www.pup.cn　新浪微博：@北京大学出版社
电子信箱	sdyy_2005@126.com
电　　　话	邮购部 010－62752015　发行部 010－62750672　编辑部 021－62071998
印　刷　者	河北滦县鑫华书刊印刷厂
经　销　者	新华书店
	730 毫米×980 毫米　16 开本　17.5 印张　276 千字
	2023 年 2 月第 1 版　2023 年 2 月第 1 次印刷
定　　　价	68.00 元

未经许可，不得以任何方式复制或抄袭本书之部分或全部内容。
版权所有，侵权必究
举报电话：010－62752024　电子信箱：fd@pup.pku.edu.cn
图书如有印装质量问题，请与出版部联系，电话：010－62756370

目录 contents

001 | **第一章**
弘毅致远——生涯启蒙

　　第一节　生涯与生命…………001
　　第二节　理想与目标…………013
　　第三节　大学适应…………027

042 | **第二章**
格物致知——生涯规划

　　第一节　生涯规划的理论与理念…………042
　　第二节　生涯规划的内容与方法…………058

071 | **第三章**
自知者明——自我探索

　　第一节　兴趣探索…………071
　　第二节　性格探索…………087
　　第三节　技能与价值观探索…………098

第四章 先博后渊——职业探索 109

第一节 专业与职业……………109
第二节 探索工作世界……………121

第五章 自胜者强——决策行动 138

第一节 生涯决策与行动……………138
第二节 生涯评估与调整……………156

第六章 知者不惑——职业适应 167

第一节 职业机会获取……………167
第二节 职业适应与发展……………177
第三节 就业风险防范与应对……………190

第七章 躬行践履——生涯体验 207

第一节 生涯体验……………207
第二节 创业体验……………218

第八章 修齐治平——家国天下 239

第一节 国家引导性就业……………239
第二节 国际组织实习与任职……………260

参考文献 274

后记 275

第一章 Chapter 1　弘毅致远——生涯启蒙

第一节　生涯与生命

▶ 一、导语

士不可不弘毅，任重而道远。

——《论语》

弘毅，意指宽宏坚毅、意志坚强。致远，出自诸葛亮的《诫子书》："非淡泊无以明志，非宁静无以致远。"后人将"致远"的含义进一步引申为远大的理想、事业上的抱负、追求卓越等。

人生如白驹过隙，短暂且珍贵。如何让我们的人生光辉灿烂，避免遗憾，这是一个永恒的课题。有一种理念渐渐成为共识，那就是通过生涯规划来提高生命质量。弘毅致远引申到生涯规划中，就是指人要具备远大的理想，并且要以刚强勇毅的意志努力向自己的人生目标靠近。

▶ 二、思维导图

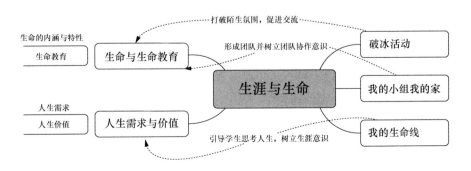

▶ 三、学习目标

本节通过认识生命的属性，引导学生尊重生命，热爱生活；通过了解人生需求与价值的内涵，让学生认识到通过生涯规划可以提高生命的质量，树立生涯规划意识。

▶ 四、课程导入

中国"两弹一星"功勋奖章获得者，被誉为"中国航天之父""中国导弹之父"的钱学森从少年时代起，就热爱祖国，热爱科学。1935年8月，钱学森赴美深造，原本读的是航空工程专业，但在继续深造的问题上，他与父亲发生了争论。钱学森打算下一步攻读航天理论，但父亲回信说中国航天工业落后，落后就要挨打，还是研究飞机制造技术为好。钱学森则告诉父亲，中国在飞机制造领域与西方差得太多，只有掌握航天理论，才有超越西方的可能。最终，父亲同意钱学森继续学习航天理论。钱学森在求学期间，表现出非凡的天赋，与老师一起提出了"卡门—钱学森公式"，并创立了工程控制论。他在专业领域的杰出工作大大促进了高速空气动力学和喷气推进科学的发展，这使钱学森成为当时美国第一流的火箭专家。美国海军次长丹尼·金布尔说："无论在哪里，钱学森都值五个师。"

1949年，当中华人民共和国宣告成立的消息传到美国后，钱学森和夫人便商量着早日赶回祖国，为自己的国家效力，但受到美国政府的无理阻挠和迫害，五年之后才终于回到祖国。1956年年初，刚刚回国不久的钱学森便向中共中央、国务院提出《建立我国国防航空工业的意见书》。同时，钱学森组建中国第一个火箭、导弹研究所——国防部第五研究院并担任首任院长。他主持完成了"喷气和火箭技术的建立"规划，参与了近程导弹、中近程导弹和中国第一颗人造地球卫星的研制，直接领导了用中近程导弹运载原子弹"两弹结合"试验，参与主持了中国近程导弹运载原子弹"两弹结合"试验，参与制定了中国第一个星际航空的发展规划，发展建立了工程控制论和系统学等。在钱学森的努力带领下，1964年10月16日，中国第一颗原子弹爆炸成功；

1967年6月17日，中国第一颗氢弹空爆试验成功；1970年4月24日，中国第一颗人造卫星发射成功。

钱学森放弃国外优越的科研和生活条件，将全部精力投入国家的科研事业。由于他的回国效力，中国导弹、原子弹的发射向前推进了至少20年。他在美国的导师冯·卡门评价说：人们都说似乎是我发现了钱学森，其实，是钱学森发现了我。美国麻省理工学院史蒂夫评价说：钱学森在美国的成绩很好，但不足以令人折服。他对中华人民共和国的贡献才真正了不起……2009年，感动中国组委会授予钱学森感动中国年度人物的颁奖词是：在他心里，国为重，家为轻，科学最重，名利最轻。五年归国路，十年两弹成。开创祖国航天，他是先行人，披荆斩棘，把智慧锻造成阶梯，留给后来的攀登者。他是知识的宝藏，是科学的旗帜，是中华民族知识分子的典范。

生命的宝贵之处，不在于它的长度，更在于它的广度和深度。工作会占据一个人生命的大部分时间，努力寻找自己心之归属的、自己热爱的事业对人生至关重要。当一个人确定了愿意为之奋斗终生的事业之后，不会过多考虑他能够从这份工作中索取什么，也不再关注具体的实际利益，更多想到的是，个人能在这个岗位上为社会创造些什么，留下些什么。

资料来源：叶永烈：《走进钱学森》，天地出版社2019年版。

▶ 五、教学活动

（一）活动一：破冰活动

活动目标：
用于打破原本陌生的氛围，让团队成员快速熟悉，更广泛地与他人进行交流，同时增强成员的主动意识。

指导语及说明：
请大家看如下一段示例：
你好，我叫<u>韩梅梅</u>，来自<u>英语专业2001班</u>，今天很高兴认识大家。我有三个优点和大家分享，第一个是<u>细心</u>，第二个是<u>主动</u>，第三个是<u>善于规划</u>。

（1）请大家将上面示例中画横线的部分替换为自己的信息。

（2）用 5 分钟的时间请大家将以上替换好的信息与班级内同学交流。

（3）在这个过程中可以站起来在全班范围内寻找交流对象。

（二）活动二：我的小组我的家

活动目标：

通过小组活动，增进学生间的交流，帮助他们形成团队并树立团队协作意识。

指导语及说明：

将学生每 6—8 人分为一组，并让各小组制作海报，做好后与大家分享。

（1）展示组长和委员岗位说明书：

① 组长：组织和带领，协调者

② 阳光委员：负责正能量传递，带来活力

③ 爱心委员：传递关爱，服务大家

④ 监督委员：监督、观察、保证秩序

⑤ 创意委员：开发新视角、新思路，提出不同建议

⑥ 后勤委员：后勤保障

⑦ 联络委员：和其他小组联系

……

（2）为你的团队设置不同的角色。

（3）为你的团队起一个响亮的名字。

（4）为你的团队想一个响亮的口号。

（5）每个人拿出一件东西，在海报上组成团队的标志。

（6）用组员的名字写一副对联，要把所有人的名字都写进去（可以谐音）。

（7）展示团队的集体动作。

（三）活动三：我的生命线

活动目标：

通过让学生绘制自己的生命线，引导学生思考人生，反思分析心中的自

我,引导学生认识生命与人的一生,树立生涯意识。

指导语及说明:

生命线是你我都有的东西,人手一份,不多不少。生命线就是每人生命走过的路线。请准备一支笔,在纸上写上"我的生命线",如图1-1所示。

请你按照你为自己规定的生命长度,画到你目前所在的那个点。

预测死亡年龄的依据:

(1) 本人的健康状况;

(2) 家族的健康状况;

(3) 生活地域的平均寿命。

找出今天你的位置:

(1) 写上今天的年龄;

(2) 写上今天的日期。

图1-1 我的生命线

请在你所作标志的左边,即代表着过去岁月的那部分,把对你有着重大影响的事件用笔写出来。请在你所作标志的右边,即代表着未来人生的那部分,把你最想做的事情或最想实现的目标用笔写出来,并填在图中,如图1-2所示。

思考过去的我与未来的我:

(1) 列出过去对你影响最大或令你最难忘的三件事;

(2) 列出今后你最想做的三件事或最想实现的三个目标。

过去的三件事	未来的三件事
1. 2. 3.	1. 2. 3.

图1-2 "过去与未来"三件事

注意，如果你觉得是件快乐的事，你就把它用一个圆点标注在生命线的上方；如果你觉得快乐非凡，你就把这件事的位置写得更高些。如果你觉得是不快乐的事，你就把它用一个圆点标注在生命线的下方。

如果有可能，尽量把时间注明。视它们带给你的快乐和期待的程度，标在生命线的上方。如果它是你的挚爱，就请用鲜艳的笔墨，高高地填写在你的生命线的最上方。

当然，在将来的生涯中，还有挫折和困难，比如职场或事业方面可能出现的挫折等，不妨一一用黑笔将它们在生命线的下方大略勾勒出来，这样我们的生命线才称得上完整。

看看你亲手写下的这些事件，是位于生命线的上半部分较多还是下半部分较多？也就是说，是快乐的时候比较多，还是痛苦的时候比较多？如果所标示的事件大部分都在生命线以下，那么，是否可以考虑调整一下自己看世界的眼光？如果你的所有事件都标在了生命线之上，你对你的情况是否满意？

▶ 六、理论知识

（一）生命与生命教育

1. 生命的内涵与特性

对于"生命"的内涵界定历来存在许多不同的定义，每种定义都适合一种具体的理论目的。从常识的视角看，生命有两种不同的解释。一种是从生命新陈代谢的视角出发，认为新陈代谢是生命最基本的过程，也是其他一切生命现象的基础，新陈代谢将生命体之外的材料转化为新的组织或能量。新陈代谢概念可以说明生命的增长和自我维持。另一种解释认为，有生命的东西都拥有遗传密码，进而产生进化，即生命拥有能够使它复制自身的组织或机能，也即生命能够产生生命。

自然界所有有生命的物体中人是最独特的。人与其他生命体不同的地方就在于人有意识，人拥有生命的意识，这是其他生物所不具备的，所以人的生命重要性在于其精神性远远超出了生物性。按照道德哲学家所说，人的生命具有道德性。总而言之，人不仅仅是自然的存在物，更多的是精神的存在物，道德的存在物，或者说是社会的存在物。所以，我们不能仅仅从生物学的意义上来定义人及人的生命，更应该从精神或道德的层面来定义人及人的生命。

人的生命表现为有限性与无限性的统一。俗话说："三十而立，四十不惑"，生命的有限性是指人的寿命有一定的年限，人的生存能力脆弱，人的生活经历唯一。人的自然生命是有限的，但是精神生命是无限的。人正是意识到自然生命的有限性，才会力图追求精神生命的无限性。大多数时候，人在清楚地意识到自然生命的短暂、脆弱和不可逆之后，都会积极地努力过好自己短暂的人生。人们设定理想目标，追求精神寄托，寻求安身立命之本。有些人追求财富和名利地位，享受人生的快乐，另一些人可能立志于探索真理，思考人生的意义，在科学、道德、哲学、艺术、法律等不同领域探索与创造，从中寻找真、善、美。在从事科学、艺术、哲学等活动中，人们尽可能地利用有限的时间和精力来获取无限的知识，不断反思生命的意义，达到生命的无限与永恒。从人的精神生命来思考人的生命的无限性，这就意味着人的生命是一个不断生成的过程，它不是先天规定的，而是后天自我构建的。因此，人的生命永远向着未来开放，有着无限的可能性。

2. 生命教育

生命教育最早由美国的杰·唐纳·华特士于1968年提出，迄今已经有50多年的历史。20世纪60年代，随着美苏对抗加剧，尤其是美国直接介入越南战争，引发美国校园大面积爆发反战运动。同期，美国经济的高速发展也使其教育目的发生了变化，学校教育的政治功能与实用主义倾向日益严重，接受教育的目的，不再出于诸如发展身体，扩展知识或追求美好而高尚的真理，而是现实的需要。面对这种情况，在当时新兴的人本主义教育思潮影响下，华特士提出，学校教育不应该只是训练学生谋取职业或获取知识，还应该引导他们充分体验人生的意义，帮助他们作好准备，迎接人生的挑战。他认为这一教育目标只能通过生命教育来实现。生命教育，是引导学生珍爱生命、敬畏生命、感恩生命、感悟生命的教育，是为学生快乐而成功地生活作准备的教育活动。

生命教育是在学生物质性生命的前提下，在个体生命的基础上，通过有目的、有计划的教育活动，对个体生命从出生到死亡的整个过程进行完整性、人文性的生命意识的培养，引导学生认识生命的意义，追求生命的价值，活出生命的意蕴，绽放生命的光彩，实现生命的辉煌。

拓展阅读

"奇迹校长"张桂梅：用生命照亮孩子的追梦人生

"只要还有一口气，就要站在讲台上"，是云南省丽江华坪女子高级中学校长、教师张桂梅对教育的诺言。她没有孩子，却是百名孩子口中的妈妈，是山区女孩子的一线曙光。

1994年年末，张桂梅的丈夫因癌症去世。在失去亲人的悲痛中，张桂梅自己要求于1996年8月调到了地处边远的丽江市华坪县中心学校。一开始，她不太适应这里的环境，但是慢慢地，在教学和家访工作中，她深刻感受到了教育对于改变贫困山区的重要性。于是，她一心扑在工作上，每天工作10多个小时，与孩子们的朝夕相处也慢慢化解了她内心的悲痛。在教书育人的辛勤工作中，她把失去亲人的悲痛化作对孩子们的爱，学生的成绩也不断上升。

然而，命运多舛，正在忙于初三毕业班教学工作的她，身体出现种种不适的状况，在同事多次劝她后，她才去医院做了检查，结果查出了子宫肌瘤，而且已经很严重，医生要求立即住院治疗。为了不影响毕业班的教学进度，张桂梅反复思考后决定继续回学校上课。直到学生中考结束，她才去医院做手术，医生从她的体内取出了4斤重的肿瘤，被诊断为癌症。面对病魔，在她心灰意冷、孤苦无助的时候，学校师生和社会各界伸出援助之手，纷纷为她捐款，在当地党委政府的关怀下，张桂梅的病得到了及时救治。

她说，在她最需要帮助的时候，是这里的父老乡亲们为她捐款治病，是组织的关心温暖了她，这份恩情，她是一辈子也还不完的。就是怀着这样一颗感恩的心，张桂梅勇敢地与病魔抗争，与时间赛跑，忘我地工作，勇敢担当起这份责任和使命，即便是在治疗期间也不愿耽误一节课，没有放弃一名学生。

1997年，张桂梅因为教学工作出色，被调到华坪县民族中学，并担任初三毕业班的班主任。在教学工作中，她明知道自己的身体状况不好，但她依然把自己所有的精力都放在了教书育人的工作中，把自己的情感全部倾注于学生们的身上。因为过度劳累，她好几次晕倒在讲台上，被扶回宿舍，醒来她又坚持回到岗位上。她要用有限的生命、有限的力量为孩子们多做点事，为她们培育出一片生命的绿洲。

在民族中学任教期间，只要有时间，张桂梅就经常去老年福利院做义工。那时候，县里没有儿童福利院，孩子和老人住在一个楼里，老人和孩子们的生活极不方便，张桂梅觉得老人小孩混住不仅打扰了老人的生活，而且对孩子们成长极为不利。2001年，当地政府与一个基金会联合成立了"华坪县儿童之家"福利院，当了解到张桂梅热心公益、乐于助人，双方都想请她担任儿童福利院的义务院长，张桂梅当时还在民族中学任教，但是她毫不犹豫地接受了这个照顾数十名孤儿的任务，成为儿童之家福利院的义务院长。直到现在，儿童之家福利院已经成为136名特殊孩子温暖的家，而她也被孩子们亲切地喊"妈妈"。

在教学工作中，张桂梅目睹贫困山区家庭的困难和孩子们艰难求学的情况，看到许多贫困地区重复着家庭贫困，孩子上不起学，因为知识匮乏，再度陷入贫困的恶性循环。她想要为这里的贫困女孩建一所免费的学校，希望来这里上学的女孩子不用交书费，不用交学费。希望让山里所有的女孩能继续接受教育，接受高中的教育，使华坪县今后能有"高素质的女孩——高素质的母亲——高素质的下一代"的良性循环。

为了让贫困山区的女孩子能够有学上，张桂梅四处奔波筹措资金，克服重重困难。2008年，在当地党委政府和社会各界的关心支持下，张桂梅终于创办了丽江华坪女子高中，为100名濒临辍学的贫困山区女学生提供了全免费的学习环境。华坪女子高中开办10多年来，张桂梅走过了艰难求索的历程。为了让孩子们有学上，张桂梅自己节衣缩食，为了省下钱给孩子们，她甚至不吃肉，把生活费控制在每天3块以内，把所有的奖金和工资还有别人捐助给她治病的钱都捐给了学校和孩子们。一路走来，张桂梅历尽艰辛，曾经被人不理解，被当作乞丐要钱对她吐口水，被放出来的狗咬伤，但是每当遇到困难，她内心总有一种坚定的信念支撑着她，让她为了贫困山区的孩子们无私无畏坚定前行。多年来，张桂梅为贫困山区的教育事业呕心沥血，家访行程 109786 公里，走访困家庭 1345 户，培养贫困女学生 1645 人，她们都考进了大学，目前在校的学生还有 478 人。

  这位 63 岁的老人荣誉等身，像钢铁战士般以忘我的精神坚守滇西贫困地区 40 多年，为无数贫困家庭带去希望。张桂梅说："如果说我有追求，那就是我的事业；如果说我有期盼，那就是我的学生；如果说我有动力，那就是党和人民。"

  资料来源：《"只要还有一口气，就要站在讲台上"——记云南省丽江华坪女子高级中学校教师张桂梅》，http://www.jyb.cn/rmtzcg/xwy/wzxw/202009/t20200907_356330.html，2020 年 9 月 7 日访问。

《红土高原一枝梅——记云南省丽江市华坪县女子高级中学党总支书记、校长张桂梅》，http://www.jyb.cn/rmtzcg/xwy/wzxw/201912/t20191203_278848.html，2019 年 12 月 3 日访问。

（二）人生需求与价值

1. 人生需求

  人生价值是人的生命以满足人的需求为尺度而建立起来的一种意义关系。要谈人生价值就不得不谈需求。我要考上好大学，我要找到好工作，我要财富自由，我要安全感，我要成就感……每个人都有自己的需求，并会为了满足种种需求而努力奋斗。

  人生需求是多种多样的。美国著名心理学家马斯洛曾指出：人是永远不能满足的动物。他提出了著名的需求层次理论，指出人的需求由低级层次向高级层次推进，分为五个层次，依次是生理需求、安全需求、友爱和归属的需求、尊重的需求、自我实现的需求。马斯洛晚年对这个理论进行了扩展研究，在他去世后，他的学生将这些研究成果发表出来，从低到高依次为：生理需求、安全需求、归属与爱的需求、尊重的需求、认知的需求、审美的需求、自我实现的需求。(如图 1-3 所示) 这个理论在心理学和管理学界广为传播并占据着重要地位。

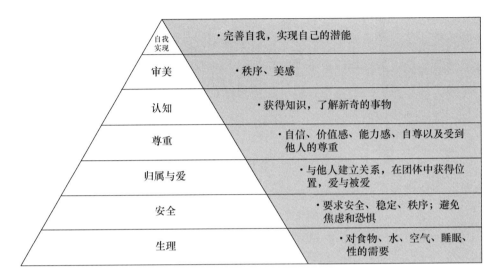

图 1-3 马斯洛需求层次理论

马斯洛经过几十年的研究，发现人的需求是有规律的、分层次的。一般是在低级需求满足之后，就会自动上升到新的更高级需求，追求高层次的需求就会成为驱使行为的动力。个人得到满足，需求的层次越高，人的心理就越健康，当人达到自我实现的高峰时，便可获得一种特殊的"高峰体验"。

人要想充分发挥自己的能力，实现自己的梦想，并得到企业和社会的承认，就一定要努力工作，为社会创造更多价值。个人的成功与自我实现，是在满足他人的需求后，社会环境对他的回报，这是一个客观规律。

2. 人生价值

怎样的人生才是有意义的？人们在生命活动或生活过程中总会有这样的价值追问。这种价值追问在很大程度上影响着人们的生命态度和生活方式。

人的生命价值的实现可以分为三个阶段：第一个阶段是人的自我价值的实现，也即对自我生命的珍爱。对个人幸福的追求，具体说就是一个人爱护自己的生命，善待他人的生命，通过自己的努力满足个人的物质和精神等方面的需要，获得一种幸福感。第二个阶段是人的社会价值的实现，即对他人的给予和对社会的奉献。一个人的社会价值的大小与有无在于为他人和社会付出和贡献的多少与有无，而不是自己从他人或社会那里索取或得到多少。虽然社会贡献是衡量个体生命的社会价值的重要指标，但不能因此而降低甚至否定残疾人的生命价值。第三个阶段是人的精神价值的实现，也即个体生命对人格尊严的维护，对真、善、美理想的追求和践行，以及对人生境界的提升。生命价值实现的这三个层次紧密联系，相互促进，构成一个统一体，它们都是个体生命自由选择、努力创造的结果。

中国古代圣人所说"修身、齐家、治国、平天下"和"立德、立言、立功"就是对人生价值的清晰概括。自我价值是人生价值的根本，个体首先会有自己的各种需求，并且会对自己的生命和生活充满各种向往。正是由于个体的人生是由自己来决定的，个体便会为自己设定理想的目标，这些目标的实现就是自己人生价值与意义的展现。正如亚里士多德所言，每个人在本性上都是求知的，因而在现实中每个人都有追求过一种好的生活的愿望，满足自己的求知欲和追求好的生活就是自我价值的实现。在这个过程中，每个人都努力"修身"提升自己各方面的能力，包括健康的体魄、先进的科技文化知识和高尚的道德品质以及应对困难和挫折的心态，力求上进，同时精心设计自己的生命轨迹，规划自己的未来，进而实现个人的自我价值。只有个人的自我价值得到实现，一个人才能为家庭家族、为民族国家、为社会人类做出更多、更大的贡献。一个人的社会贡献越大，他的人生价值就越高。在市场经济的现实生活中，一个人的社会贡献越大，个人提高自我价值、获得人格价值的机会就越多。一个人的物质生活需求是有限的，而精神生活是无限的，只有立于高层次需求，将自我实现与社会需要结合起来，才能创造人生的最大价值。

3. 通过生涯规划提高生命质量，实现人生价值

从人生历程的角度看，大学时期正值人生发展的青年期，它既是人才成长的定向阶段，也是人才由继承期向创造期转化的过渡阶段。生涯规划的目标是突破障碍、激发潜能、实现自我，它提供了一些有效的方法和工具，使人养成一种能力，在不同发展阶段对自己的过去、现在和未来有一个重新审视、评估的机会，并不断调整自己，修正可执行的计划，为自己的每一个人生阶段创造

最大的成就感和满足感。正如大海中航行的船只需要目标一样，只有经过规划的人生，才有明确的方向和强大的动力。生涯规划，对大学生的职业发展乃至整个人生发展都具有重要作用。

生涯规划的本质是在充分认识自我需求和透析个体特征的基础上，结合社会现实，帮助个体找到自己的最佳贡献区，制定合理的生涯发展目标。因此，经过规划的人生，可以最大限度地发挥自己的优势，在获得人生成功的同时，提升个体的幸福指数，实现人生价值的最大化，进而提升生命的质量。

▶ 七、课后作业

请结合本节所学内容和你自己绘制的生命线，与你的家长或朋友探讨交流。

第二节 理想与目标

▶ 一、导语

为学须先立志。

——《朱子语类》

立志而圣则圣矣，立志而贤则贤矣。

——《教条示龙场诸生》

有志不在年高，无志空长百岁。

——《传家宝·俗谚》

中国人自古就认识到志向对于一个人的重要性，立志在中华传统文化中历来有重要的位置。青年大学生不仅要立志，还要"立大志"，把自己的小我融入祖国的大我、人民的大我，与时代同步伐，与人民共命运，这样才能更好地实现人生价值，升华人生境界。

▶ 二、思维导图

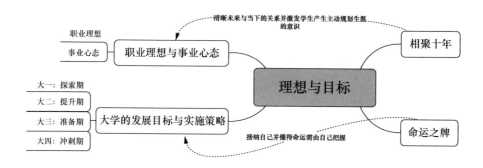

▶ 三、学习目标

本节通过介绍理想与目标的相关概念，引导学生了解确定人生理想与生涯目标的重要性，并通过介绍大学发展目标与实施策略，引导学生掌握大学不同阶段的主要任务，从而激发学生进行个人生涯规划的动力。

▶ 四、课程导入

李同学，2021级金融专业本科毕业生，她勤学尚思、励志进取，专业成绩连续三年稳居年级第一。获评共青团中央"中国大学生自强之星"，入选"国家奖学金获奖学生代表名录"，个人事迹曾被刊登于《人民日报》《中国青年报》等。因为志向所在，在保研志愿上，她毅然放弃了南开大学和南京大学的录取，选择保送至中国人民公安大学。

李同学出生于河南洛阳的一户贫寒人家，父母由于身体原因无法从事体力工作。一家人居住在面积不足40平方米的廉租房里，每月的家庭收入全部依赖于政府提供的700元最低生活保障金。正是在这样的环境中，李同学自幼勤学好思，立志通过读书改变自己的人生轨迹与家庭命运。12年的寒窗苦读，终于换来了承载着她梦想的大学录取通知书，可随着喜悦而来的，是全家面对无力负担她大学学费现实的深深担忧——6200元每年的学费需要全家不吃不喝9个月才能凑够。

生活虽艰难，但人间自有真情在。她的事迹经过媒体报道之后，社会各界纷纷慷慨解囊。最令她难忘的是，一位年逾六旬的老先生在了解情况后专程赶到她家中，从自己退休工资里拿出600元交给她，并嘱咐她："钱虽不多，但请你一定收下。在大学，努力读书，振兴中华！"李同学感动之余深有感触，"努力读书，振兴中华"自此便成了她的奋斗目标，鞭策她一路向前，奋斗不止。

自入校以来，李同学在专业学习上从未放松过对自己的要求。功夫不负有心人，3年来，她的学习成绩始终稳居专业第一，连续三年获得国家奖学金、学校奖学金、社会奖学金以及学校优秀学生的荣誉称号。

在社会的热心关爱与学校的悉心培育下，李同学深知饮水需思源，秉持"宜将寸心报春晖"的信念，积极投身志愿者及基层服务工作，以期用己所学回馈社会，报效祖国。进博会、世博园中国馆、上海自然博物馆、蔡元培故居、国际科创博览会等活动志愿者中都有她奉献的身影。

在未来的职业选择上，面对院系大部分同学争先恐后申请名企实习、投身创业热潮的现状，怀揣感恩奉献之心的李同学默默选择了一条与众不同的道路。李同学从小目睹了身边较多弱势群体的生活状态，进入大学后她选择金融专业，就是希望今后能够用己所学使我国经济制度更加完善、金融秩序更加稳定，从而能为弱势群体的生活更加美好尽自己的一份力。为了更好地了解基层、服务基层，她前往国家税务总局上海市嘉定区税务局进行挂职锻炼。在那里，她深入税务所、中小微企业、村居两委等地开展"嘉定大调研"，了解基层民声，剖析突出问题并全面上报市局。此外，李同学还前往共青团上海市委挂职锻炼，积极投身基层服务建设，期间参与了上海市美丽乡村设计大赛、上海市乡村振兴培训班等一系列市级大型活动组织工作。她说道："关注农村，关注困难群体，将先进思想带到知识相对匮乏的地区，将辛勤所学用于最需要的地方，哪怕它不能产出很高的收益，但能让需要帮助的人得到帮助，让更多人见证祖国的富强、感受生活的美好、体味人间的温情，就像当年为我捐出600元退休工资的老爷爷一样，是我追寻的理想与目标。"

2020年爆发的新冠肺炎疫情，让李同学对未来的人生道路有了更深入的思考。在思想汇报中，她这样写道："作为大学生，我们正处在选择人生道路的关键节点；作为党员，我们更有义务将自己的人生与国家和人民紧紧联系在一起。从这次疫情中，我们看到了无私、奉献、责任和担当。我们敬佩、我们感动、我们颂扬，但我们最应做的，绝不只是口头上的一切，而是应当让感动我们的中国精神真正融入血液，浸入骨髓。我们要沉下心来，问问自己：在未来的一年，如何选择，才能为国家做出更大的贡献？走哪条路，才能最大程度发挥自己的长处，让我们的人民从今往后过上更平安幸福的生活。"

当被问到放弃诸如南开大学和南京大学这样的名校是否觉得可惜时，她回答道："国家安危，公安系于一半。和平年代，他们是牺牲极大的一支队伍。新冠来袭，疫情在前，警察不退。曾无数次凝望那熠熠生辉的金色盾牌，总渴望成为那抹藏蓝，曾无数次唱起人民警察之歌，每一次都热泪盈眶。每当华灯初上之时，看到警车呼啸驶过，便下定决心，在未来，定要惩恶扬善，服务人民，守护这万家灯火。因此，我不觉得可惜，也不觉得后悔。相反，我很幸运，经过大学三年的探索，找到了自己此生挚爱并且愿意为之付出一切乃至生命的事业。"

李同学的经历和选择是否有触动到你的地方？你是否也希望通过大学三年的探索明确自己的理想和目标？大学各阶段应该有什么样的发展目标？如何确定自己的人生目标？让我们一起来看看本节的内容。

▶ 五、教学活动

（一）活动一：相聚十年

活动目标：

通过活动实施，让学生清晰未来与当下的关系并激发学生产生主动规划生涯的意识。

指导语及说明：

（1）将班级同学按照 6—8 人分组。

（2）为每位同学发放"四叶草"。

假设现在时间来到了 10 年之后，当初大学结识的好友相约举行相识 10 周年的聚会。在聚会现场，为了唤起大家更多共鸣，主持人请大家参与一个活动，即请每个人用彩笔在自己的"四叶草"的相应位置画下或写出问题的答案。（如图 1-4 所示）

图 1-4　四叶草

① 请在标示"1"的叶片位置画下或写出聚会现场场景，如你穿着什么衣服？和谁在一起？在哪里？现场环境怎么样？大家在做什么？

② 请在标示"2"的叶片位置画下或写出初入大学时自己对毕业后的期待。

③ 请在标示"3"的叶片位置画下或写出大学期间让你最有成就感的事情。

④ 请在标示"4"的叶片位置画下或写出 10 年后的自己对现在的自己说的话。

（3）请大家就刚才自己画下或写出的内容与小组同学分享。

（二）活动二：命运之牌

活动目标：

让学生学会接纳自己，懂得珍惜现在所拥有的资源，感知幸福，同时让学生懂得"命运掌握在自己手中"。

指导语及说明：

（1）由于受到出生环境等各种因素的限制，每个人的命运是不同的。有的学生可能对自己的家庭环境不满意，有的学生可能对自己的长相不满意，也有的学生可能对当前的自己不满意……

假定每个人能够获得第二次生命，每个人的命运都可以重新选择。我手中有很多纸牌，每张纸牌就是命运的一种重新安排，它包含的资料就是你新的生活资料，从现在起，你就是牌上的这个人。设想一下，自己目前的处境与假设的第二次人生选择的处境相比有什么不同？

（2）教师将纸牌放在一个盒子里，让学生抽取一张，不得更换。

（3）全班学生交流全新的"自己"，并询问是否满意牌上的"自己"。

生命只有一次，你该怎样面对已经拥有的生活？

附：纸牌的内容

① 自己不幸患了癌症，家里没有钱治疗。

② 因家中意外发生火灾，脸部被大火烧伤，留下一个难看的疤痕。

③ 出生在一个贫困山区里，父母无力供养自己读书。

④ 自己的父母不幸患有重病，治疗花费了很多钱，家庭经济紧张。

⑤ 与周围的同学人际关系紧张，很不受大家的欢迎。

⑥ 自己患有小儿麻痹症，生活很不方便。

⑦ 自己小时候因中耳炎治疗不好而弱听。

⑧ 自己的一只眼睛因意外事故而失明。

⑨ 自己的一条腿因在一次车祸中受伤严重被截肢。

⑩ 自己相貌普通，在班级里不引人注意，学习成绩等各方面都一般。

⑪ 学习成绩优秀，但人缘很差，不受老师和同学欢迎。

⑫ 自己的妈妈对自己太唠叨，对自己管的太多，让自己不舒服。

⑬ 以前家里很富有，因为家里生意破产而陷入经济拮据状态。

⑭ 自己目前的学习成绩很差，经常被一些同学看不起。

⑮ 自己患有口吃，常被同学模仿而引起大家的嘲笑。

⑯ 因自己太胖，大家经常以此开玩笑，并且给自己起了很多不雅的绰号。

⑰ 自己除了学习外，其他业余爱好基本没有。

⑱ 自己患有先天性心脏病，很容易疲劳。

⑲ 自己的父母对自己要求很严，很专制，自己很不自由。

⑳ 家庭经济条件好，但父母对自己缺乏关爱，不喜欢自己。

㉑ 自己经常受到别人的欺负，心里很忧郁。

（4）注意事项。

① 若有学生对自己抽取的纸牌不满意要求更换，主持人可准备更差的纸牌，让图片显示比原纸牌更糟糕的生活，询问是否愿意更换。

② 由于这个游戏的内容有可能真的涉及学生的伤心处，因此在本次活动开始前需要强调团体活动的规则，如要求学生做到真诚、积极、尊重、不评价、保密等。让参与的学生感受到更多的安全感，这样才会更愿意分享。

▶ 六、理论知识

（一）职业理想与事业心态

1. 职业理想

理想和追求是确定职业方向的核心。苏格拉底曾说：世界上最快乐的事，莫过于为理想而奋斗。理想信念如引航的灯塔和推进的风帆，能够指引人生的奋斗目标，提供人生的前进动力，提高人生的精神境界。

职业理想是人们在一定的世界观、人生观和价值观的指导下，对未来所从事的职业及事业上获取成就的追求和向往。因此，职业理想不是主观臆造的，不是一种空想或幻想，而是经过努力可能实现的符合科学的职业目标。

职业具有多样性，一个人选择什么样的职业，与他的思想品德、知识结构、能力水平、兴趣爱好等有很大的关系。政治思想觉悟、道德修养水平以及人生观决定着一个人的职业理想方向。知识结构、能力水平决定着一个人职业理想追求的层次。个人的兴趣爱好、气质性格等非智力因素以及性别特征、身体状况等生理特征也影响着一个人的职业选择。因此，职业理想具有一定的个体差异性。

同时，一个人职业理想的内容会因时因地因事的不同而变化。随着年龄的增长、社会阅历的增加、知识水平的提高，职业理想会由朦胧变得清晰，由幻想变得理智，由波动变得稳定。因此，职业理想也具有一定的发展性。树立正确的职业理想，对于大学生具有重要意义。

2. 事业心态

《易经》有云："举而措之天下之民，谓之事业。"职业理想不能纸上谈兵，需要通过具体的工作来实现。在职场中，大多数人都是日出而作，日落而息，周而复始。同样的工作，同样的时间，有的人终其一生碌碌无为，而有的人年纪轻轻却已成就非凡。产生这种差别的主要原因是人们对待职业的不同态度。有人认为每天就是在干活、做事，事情做完了就完了，而有人就觉得是在从事某种职业，还有一些人觉得是在干一番事业。

干活心态、职业心态与事业心态到底有哪些不同呢？

工作是大多数人的主要谋生手段。对工作的一般理解就是指劳动生产，主要是劳动，对应英文中的"job"或"work"。生产可以创造价值，也可以做无用功，通常的理解就是在长时间内做重复的一系列动作或做重复的一系列事情。

持干活心态的人也许不喜欢自己所做的工作，但是作为负责任的成年人，必须靠自己的辛勤劳动认真地活着，养活自己。因此，他们工作的主要目的是挣钱，以获得物质保障，这种干活心态下进行的工作是缺少激情的，不止辛苦，心也苦。

职业是性质相近的工作的总称，通常指个人服务社会并作为主要生活来源的工作，对应英文中的"occupation"。在特定的组织内它表现为职位，我们在谈某一具体的工作（职业）时，其实也就是在谈某一类职位。每一个职业都需要我们具备相应的知识、技能、态度等职业素质。而这种职业素质，并不只局限于某个特定职位或特定组织，而是有一类相近的职位。例如，小王获得会计师的职业资格后，他可以在跨国企业做会计师，也可以在民营企业做会计师，可以在互联网企业从业，也可以在制造行业从业。

职业是向上发展的。每种职业都有其独特的专业性，专业通常需要一定的理论支撑。事实上，任何职业只要钻研都可以成为一门专业。清洁工是一份普通的职业，但扫地也可以扫出名堂来，比如晴天怎么扫、雨天怎么扫、灰尘怎么扫、树叶怎么扫等，里面大有讲究。在任何职业中，只要你想得细、想得深，都有可能成为"能工巧匠"。

职业心态激励人不断进步。每种职业都表现出从业者一定的社会地位，当我们把某份工作当作职业的一种表现形式时，我们就会有意识地学习相关专业知识、积累专业技能，维持职业地位。

所谓事业，是指人们所从事的具有一定目标、规模和系统的对社会发展有影响的经常性活动；有时事业也可以指个人的成就。事业并不是所有人都乐意为之努力或者所有人都能实现的。事业是一个人可以一辈子为之奋斗的，它是人类高层次的需求，是社会认可的，是自我价值的真正实现。在这个过程中，人们不为名利，只要喜欢就会去从事。事业意味着奉献，当你认为自己在从事一种事业时，你就会觉得是在为这个社会做贡献，会感觉到正在实现自己的人生价值。

事业是人在职业领域内心的归属。职业是我们赖以生存的，而事业是我们的理想所在。如果一个人的职业内容恰好是他的事业内容，那么他是幸运的；如果一个人的职业内容与事业内容是分离割裂的，那么至少他是不快乐的。当然，我们也不能完全割裂职业与事业的联系，人要生存就得吃饭，如果个人所从事的事业不能作为他生活的主要来源，他所从事的职业便成了他生活的基本来源，事业成功的基本保证。因此，要想获得事业上的成功，那么他所从事的职业无论与事业是否有关联，只要用心去做，对事业或多或少都有帮助。

从职业到事业的关键是事业心。事业心是努力成就一番事业的奋斗精神和热爱工作、希望取得良好成绩的积极心理状态，是人类的一种高尚情操，是人们对自己所从事的事业执着追求的情感和坚定不移的信念。具有事业心的人能根据自己的主客观条件，确立很高但经过努力可以达到的目标。工作、职业和事业的比较分析如表1-1所示。

大学时期是从学生到职场的转折时期，大学生只有尽早树立事业心态，才能不管在未来从事什么职业，都能拥有强大的心理能量和气场，拥有光辉的前途。

表1-1 工作、职业和事业的比较分析

比较项目	工作	职业	事业
英文名称	job，work	occupation，vocation	career，enterprise
常用语	找工作，干活	职业规划，技能，专业，竞争力	事业心，责任
解决的问题	生存问题，经济回报	生活质量问题	成就感
人性需求和努力	物质需求（低层次）	社会需求（一般层次）	自我实现的需求（高层次）
心理状态	辛苦挣钱，劳苦	保障，安全，社会地位	价值实现，推动
本质	解决企业低端需求和社会就业	解决企业中高端需求和个人职业发展	职业的升华

资料来源：洪向阳：《10天谋定好前途——职业规划实操手册》，上海大学出版社2014年版。

学生时代是人一生最美好的时光

——习近平总书记在高校考察视察时对莘莘学子的殷切寄语[①]

时间之河川流不息，每一代青年都有自己的际遇和机缘，都要在自己所处的时代条件下谋划人生、创造历史。

——2014年5月4日，在北京大学考察时指出

---

① 参见《习近平的这些话，送给即将步入大学校园的你》，www.cpc.people.com.cn/n1/2020/0726/c164113-31797969.html，2020年8月1日访问。

学生时代是人一生最美好的时光，长知识、长身体、长才干，每天都有新收获，每天都有新期待。

——2014年9月9日，同北师大师生代表座谈时的讲话

同学们正处在人生的黄金时期，不仅要有求学求知的热情，而且要有心系国家、心系特区的担当，做到知行合一、学以致用，为将来走上社会，投身特区和国家建设做好思想品德、学识修养、能力才干等多方面的储备。

——2014年12月20日，在澳门大学横琴校区考察时指出

希望当代大学生珍惜韶华，把学习成长同党和国家的事业紧紧联系在一起、同社会和人民的需要密切结合起来，用青春铺路，让理想延伸。

——2016年2月3日，在南昌大学视察时说

希望同学们肩负时代责任，高扬理想风帆，静下心来刻苦学习，努力练好人生和事业的基本功，做有理想、有追求的大学生，做有担当、有作为的大学生，做有品质、有修养的大学生。

——2016年4月26日，在中国科技大学考察时说

青年处于人生积累阶段，需要像海绵汲水一样汲取知识。

——2017年5月3日，在中国政法大学考察时强调

广大青年要成为实现中华民族伟大复兴的生力军，肩负起国家和民族的希望。

——2018年5月2日，在北京大学考察时指出

把学习奋斗的具体目标同民族复兴的伟大目标结合起来，把小我融入大我，立志作出你们这一代人的历史贡献。

——2019年1月17日，在南开大学考察调研时勉励师生们

同学们要志存高远，脚踏实地，学好知识，打好基础，增长才干，将来为中华民族伟大复兴贡献自己的智慧和力量。

——2019年7月16日，在内蒙古大学考察时指出

（二）大学的发展目标与实施策略

大学期间，大一是"探索期"，要对大学四年的学习生活有一个初步的认

识和合理的规划，对未来的职业发展方向做好定位；大二是"提升期"，注重夯实基础，分析自我优势和局限性，进行自我完善和塑造；大三是"准备期"，根据职业目标和社会需求，学习与实践各种职业发展技能，做好求职择业的准备；大四是"冲刺期"，即将开启职业大门，应厚积薄发，一鼓作气，为职业生涯的发展开个好头。

1. 大一——探索期

阶段目标：

适应大学生活、树立规划意识。

实施策略：

完成从高中生到大学生的角色转变，尽快适应大学生活。了解就业形势，树立新的奋斗目标，如果说之前的努力是为了考上大学，那么现在的任务就是为个人职业发展及更好实现个人价值做准备。

通过参加讲座、主动向老师和学长请教等，了解专业培养计划及相关课程要求，尽快适应大学学习节奏，掌握学习方法。

开始接触职业和职业生涯概念，很多高校会开设生涯规划、职业素养提升等方面的课程，也会邀请职场人士、校友及相关机构开展生涯规划相关讲座，学生可以通过参加课程或讲座的方式了解生涯规划相关知识、职场信息等，进行初步的职业生涯设计。

积极参加集体活动，建立新的人际关系，提高交际沟通能力。

熟悉学生手册，如果有需要，为转专业、攻读双学位、考研留学等做好资料收集及课程准备，为未来的就业选择打下良好的基础。

2. 大二——提升期

阶段目标：

确定主攻方向，培养综合素质。

实施策略：

有了初步的职业定位之后，在学习阶段就要围绕定位来确定专业、选修课以及自学课程。同时构建合理的知识结构，将已有的知识重组，最大限度地发挥知识的整体效应。在专业方面，还需要关注相关从业资格证书的考试信息。

通过专业的生涯辅导与咨询,对自己的兴趣、性格、能力与价值观等进行全面分析,客观认识自己的优势与特长、劣势与不足。

通过参加学生组织与志愿服务等,培养和锻炼自己的领导组织能力、团队协作精神等。可以尝试开展兼职、社会实践活动,并要具有坚持性,最好能在寒暑假长时间从事自己感兴趣或者与本专业有关的工作,获取职场的第一手信息,提高自己的责任感、主动性和受挫能力。

3. 大三——准备期

阶段目标:

提升求职技能,做好就业准备。

实施策略:

在加强专业知识学习的同时,考取与目标职业有关的职业资格证书或相应地通过职业技能鉴定。准备考研的学生,做好复习准备,可以向考研成功的学长咨询备考及面试经验;希望出国的学生,可多接触留学顾问,参与留学系列活动,准备 TOEFL、GRE 的考试,注意留学考试咨询,向相关教育部门索取简章参考。

了解搜集就业信息的渠道;注重对求职环境的分析,充分了解目标行业与企业的现状和发展前景,以及胜任目标职位的条件与资历要求;暑期参加与专业相关的实习,争取留用机会;注重提高求职技能,和同学交流求职工作心得,学习写简历、面试技巧等;加入求职社群,尤其是校友的相关社群,向已经毕业的校友了解往年的求职情况。

4. 大四——冲刺期

阶段目标:

充分掌握资讯,实现毕业目标。

实施策略:

在学习方面,这个阶段需要完成必要的课程以及毕业论文,撰写毕业论文时可大胆提出自己的见解,锻炼自己独立解决问题的能力和创造性。

对于选择就业的学生来说,最主要的任务就是工作申请以及成功就业。首先,要检视一下自己的职业目标是否明确,准备是否充分;其次,要关注专门的求职平台、学校与企业网站、宣讲会与招聘会等获取求职信息的渠道，还可以与师长、校友等保持交流；最后，进行预习或模拟面试。此外，还要重视实习机会，通过实习从宏观上了解单位的工作方式、运作模式、工作流程，从微观上明确个人在岗位上的职责要求及规范，为正式走上工作岗位奠定良好基础。

学会就业心理调节，始终保持自信和主动；了解劳动法规和政策，学会保障自己的劳动权益。

▶ 七、课后作业

结合自己的实际，通过查阅资料与请教他人，制订一份大学四年的发展目标与实施计划简表。（如表1-2所示）

表1-2 我的学业规划简表

姓名：　　　　　　四年总目标：

项目	大一	大二	大三	大四
阶段目标				
关键事件				
学业	具体目标：	具体目标：	具体目标：	具体目标：
	时间安排：	时间安排：	时间安排：	时间安排：
学科竞赛	具体目标：	具体目标：	具体目标：	具体目标：
	时间安排：	时间安排：	时间安排：	时间安排：
科研项目及论文写作	具体目标：	具体目标：	具体目标：	具体目标：
	时间安排：	时间安排：	时间安排：	时间安排：
专业实践及实习	具体目标：	具体目标：	具体目标：	具体目标：
	时间安排：	时间安排：	时间安排：	时间安排：
社会工作与志愿服务	具体目标：	具体目标：	具体目标：	具体目标：
	时间安排：	时间安排：	时间安排：	时间安排：
自我人格完善（习惯养成、特长发展）	具体目标：	具体目标：	具体目标：	具体目标：
	时间安排：	时间安排：	时间安排：	时间安排：

注：表中的项目可以根据个人实际情况进行增减。例如，大一期间没有计划参加科研项目及论文写作，那对应的条目就可以不写。大四期间没有参加社会工作与志愿服务，也可以不写。

第三节　大学适应

▶ 一、导语

古之立大事者，不惟有超世之才，亦必有坚忍不拔之志。

——《晁错论》

自古以来，凡是成大事的人不仅有出类拔萃的才能，也一定有坚韧不拔的意志。初入大学的学生，人生的历程翻开了新的一页，人生理想将在这里确立，未来的发展将在这里奠基，美好的生活将从这里开始。面对崭新的学习生活环境，学生既充满好奇和兴奋，也容易遇到不适与困难。拥抱变化，迎接挑战，尽快适应大学新生活，是学生面临的首要问题。

▶ 二、思维导图

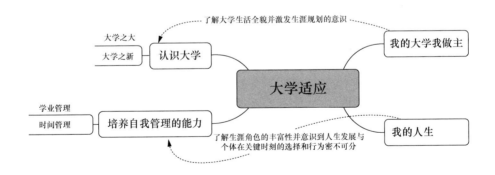

▶ 三、学习目标

本节通过介绍大学的内涵，分析大学学习与生活环境的新变化，帮助学生认识大学的挑战和新的要求，引导学生主动参与适应大学生活；通过介绍学业管理与时间管理的内涵及培养方法，为学生顺利完成大学生涯奠定基础。

▶ 四、课程导入

有的大学生说："高考前，身边的人都说，好好努力，考上大学就可以想做什么就做什么了。为什么真的进了大学，闲暇时间看起来倒是很多，我却有一点空虚的感觉？"

有的大学生说："进入大学之后，我总感觉有一股无形的压力追着我，会有莫名的焦虑感，总想成为同学中最优秀的那一个，但是又不知道该怎么使劲。"

有的大学生说："大学选专业时，按照家长的意见选择了现在这个自己根本不喜欢的专业，很抵触去上课，什么也学不进去，万分苦恼。"

有的大学生总结："马上就要毕业了，即将准备简历去找工作时，才发现自己在大学好像什么也没学到，不知道自己想干什么，不知道自己有哪些优势和能力，对自己没有什么自信。"

当然，也有大学生认为："虽然初入大学有些迷茫，而且也曾经出现过心理波动，但是在老师和同学的帮助下，树立了学习目标，端正了学习态度，经过自己的艰苦努力，就一定能够取得成功。"

【案例1】

王同学是2021届毕业生，他在入学之初就认识到自己相较于周围优秀的同学学科基础比较薄弱，因此，同学们经常能在自习室和图书馆看到他努力学习的身影。端正的学习态度加上良好的学习习惯，他的成绩从第一学年班级第十上升到第三学年专业第一。大学四年，他多次获得国家奖学金、校级奖学金、社会奖学金以及多项荣誉称号。学习之余，他积极发挥创新思维，在数学建模、创新创业、计算机应用三个方面探索出属于自己的道路，荣获美国数学建模大赛、电子商务三创赛、计算机应用能力大赛等15项不同级别和领域的竞赛奖项。在新冠疫情爆发期间，怀揣感恩奉献之心的他默默选择了一条不同的路，成为教育部唯一官方指定教育系统消费扶贫项目"e帮扶"的核心成员。他和团队并肩作战，利用所学知识通过互联网技术拓宽贫困地区因疫情滞销的农产品销售渠道，帮扶湖北、云南、贵州、四川等贫困地区疫情期间的人员就业和经济增收。在本科毕业之际，他被成功保送至南京大学攻读硕士研究生。

【案例 2】

　　李同学是某高校计算机科学与技术学院 2020 届毕业生，毕业时放弃保研名额，入职腾讯公司。

　　他在校期间有很强的求知欲，善于自主学习，四年综合成绩为专业第一。他注重通过创新与实践来提升能力，大二时作为校园网络文化建设工作室负责人，为学校建设 20 余个网站；独立开发"会议室预约审批系统"，得到了老师们的一致好评；应用大数据技术开发了"面料疵点检测大数据云平台"和"Lets 信息发现共享系统"，并获得三项软件著作权。在社会工作方面，他担任班长、社团骨干等，切实服务身边同学，因此获得"校优秀学生干部""校优秀团员"等荣誉。他很早就有明确的职业目标与规划。为了进入中国顶尖的互联网公司，他报考了多个专业相关证书，如 OCA 认证、PAT 认证、软件设计师职业资格证等，并均以高分通过。他在大二成功通过面试并开始专业领域的实习，于大三下学期利用课余时间在字节跳动实习，于大三暑假在腾讯实习，因表现优秀，取得腾讯实习生留用组内第一的成绩。他按照自己的规划，通过自己的努力，一步一步实现了自己的职业梦想。

　　请思考：你心中的理想大学是什么样子的？你打算如何把自己的学业经营得更出色？

▶ 五、教学活动

（一）活动一：我的大学我做主

活动目标：

帮助学生了解大学生活全貌，引发学生大学学习生活的思考，激发学生生涯规划的意识。

指导语及说明：

（1）提前布置课前作业：请每位学生利用自己的家人、老师、学长、朋友等资源，访谈其对于"大学生活"的看法。

（2）将学生按照每6—8人分组，请大家在小组内头脑风暴"大学时期要做的5件事"。

（3）请大家在小组内分享：

大学生活中让你最兴奋的是什么？

大学生活中让你有困惑的是什么？

你会如何度过大学生活？

（4）每个组选一名代表在班级内归纳总结小组分享内容。

（5）邀请一位三年级学长分享自己大学生活中最重要的事情。

（6）邀请刚入校的辅导员回顾大学生活。

（7）请每个人思考自己的新发现。

（二）活动二：我的人生

活动目标：

通过活动实施，让学生了解一个人生涯角色的不唯一性，认识到人生发展与个体在关键时刻的选择和行为密不可分。

指导语及说明：

（1）将学生按照每6—8人分组。

（2）为每位学生发放"我的人生"表，如表1-3所示。

请大家用彩笔，以最中心处的格子为起点或者终点，由内向外或由外向内依次在每个格子中画出自己从出生到死亡的关键或重要时刻，并为每幅图用一个词命名。

（3）画好之后请大家在小组中分享。

表 1-3 我的人生

▶ 六、理论知识

(一)认识大学

1. 大学之大

(1) 大学之大,在于有"大师"

清华大学老校长梅贻琦先生曾经说过:"所谓大学者,非谓有大楼之谓也,有大师之谓也。"蔡元培则说:"大学者,'囊括大典,网罗众家'之学府也。"美国哈佛大学前校长科南特也曾说:"大学的荣誉不在于它的校舍和人数,而在于它一代又一代的教师质量。一个学校要站得住,教师一定要出名。"《资治通鉴》里有一句话:"经师易遇,人师难遭"。大师应该是经师与人师的统一,也就是"道德文章,堪为师表",不但有渊博的知识,有原创性、奠基性、开拓性、前沿性的学术成就,还能做到文以载道,是知识和品格完美结合的代表,是知行统一的典范。大学教师既是教学者,也是研究者,更是激励学生研究学习的召集者和引路人;他们博学多闻,思想深邃,见解深刻,但仍然坚信学无止境,需要同学生一起共同成长;他们热爱教育,热爱学生,善于以其真知灼见给学生以有益的启示,激励学生的创造性;他们希望学生成人成才,并且不因为学生年轻、有这样那样的过失或者不成熟的言行举止嘲笑他们,而是热情地给予帮助和指导;他们以自己的热忱开启学生的心智,唤醒学生对人、对生活的热爱;他们是学生的良师,也是学生的益友。

(2) 大学之大,在于有"大气"

在英语中,"大学"(university)这个词与"宇宙"(universal)同源,大学也正像它的名字一样——海纳百川,有容乃大。它充满了博大精深、宽厚深广的人文魅力。这种"大气"深深浸润和熏陶着置身其中的莘莘学子,这种"大气"看不清,摸不到,也许是因为馆藏丰富的图书馆,也许是因为年代久远的教学楼,也许是因为深刻独特的社会实践……这种"大气"日日夜夜,或庄严,或幽静,或神圣,或精美,给学生以文化和智慧的熏陶。大学不是一个单纯的职业培训所,它还必须教给学生智慧,教给学生思维的方法,让学生探求知识。砥砺德行,养成健全的人格,这对于学生的专业学习来说更为"有用",也对学生生涯的发展以及获得有价值的生活具有重要意义。

(3) 大学之大,在于有"大生"

有了"大师"和"大气",还需要有"大生"与之呼应,才能构成名副其实的大学。"大生"指的是求知欲旺盛、学习得法、对各类知识接纳程度高的学生。大学是教师"传道、授业、解惑"的地方,这话听起来并不错,但是不够全面。什么是大学?它不是一个校长、一些教师和一群学生陈列在一起的展示柜,它是许多头脑、许多心灵相遇和对话的芳草地。对于个人成长有贡献的不仅仅是老师，还有身边的每个同学。"大生"就是大学里最有价值的部分，每一个都是独一无二的。

2. 大学之新

（1）新的学习要求：自律养成

大学阶段的学习，知识的广度和深度大大增加，专业方向基本确定，需要大力发挥学习的主动性、创造性。大学主要实行的是学分制，除了公共课、学科基础课和专业课与必修课之外，各专业还开设选修课，学生可以根据自己的兴趣爱好和能力选修相关课程。相较于中学时期自由支配的学习时间较少，在大学中自由支配的学习时间增多，学习的自主性大大增强，学生需要学会合理安排时间，注重养成自律的习惯。同时，在信息时代，图书资料和网络信息丰富，获取信息的渠道更加多样化，熟练利用图书馆和互联网搜集资料和掌握信息，成了学生必备的学习技能。广泛涉猎相关知识，掌握科学的学习方法，培养自主学习和独立思考问题、分析问题、解决问题的能力，是大学阶段学习的重要特点。

（2）新的生活环境：独立养成

大学生活是一个全新的天地，大学的生活环境较之中学发生了很大变化。自理能力强的学生会很快适应，应对自如；自理能力弱的学生，则可能计划失当，顾此失彼。学生要尽快适应新的环境，既要学会过集体生活，又要学会独立处理学习生活中遇到的问题。进入大学之后，学生离开父母独立生活，许多学生还远离家乡，个人自由支配度增大，衣、食、住、行、经济开支等都要靠自己安排处理；学生来自五湖四海，兴趣爱好、生活习惯可能存在差异，互相理解和尊重成为一种需要。大学也是从学生到社会人的过渡时期，无论是心态还是能力，都需要从依赖转为独立。当然这需要一个过程，不能一蹴而就，对于初入大学的新生而言，首先要有这方面的察觉和意识，然后循序渐进。

（3）新的社会活动：平衡养成

进入大学之后，学生会、社团、班级等集体组织的活动增多，特别是由兴趣、爱好相同的学生自愿组织起来的各种学生社团的活动丰富多彩，学生参加各种社会活动的机会大大增加。因此，学生可以根据自己的特点和爱好、时间和精力积极参加各种活动,合理安排课余活动,锻炼组织和交往能力。这与中学时以学习任务为主的情况有所区别。很多学生在初入大学时,这方面的认知不够,将自己的全部精力放在学习上,将分数作为唯一的评价标准,抵触参加社会活动,认为这些都是耽误时间的,从而缺失了很多让自己全面提升的机会。因此,大学生要进一步树立角色意识,意识到大学生不止有学习者的身份,也可以是社会活动参与者与组织者、社会实践的体验者……同时,也要避免社会活动过多,导致学业成绩下滑。兼顾各个角色,做到各个角色之间的平衡在大学阶段显得尤为重要。

生涯九宫格

大学新生经常会提出这一问题:"生涯规划需要考虑职业规划外的问题吗?"生涯九宫格这个生涯规划的工具或许可以解答这个困惑。

生涯九宫格是我国台湾地区的生涯指导专家金树人在团体辅导手册中提出的,它将人们的生涯发展概括为九个方面:学习进修、职业发展、人际交往、个人情感、身心健康、休闲娱乐、经济财富、家庭生活、社会服务。(如表1-4所示)

表1-4 生涯九宫格

学习进修	职业发展	人际交往
➤ 课程表上要求的课程有哪些? ➤ 除了课程表上的内容,你还需要学习什么? ➤ 你的学习习惯怎样?	➤ 你的理想职业的要求有哪些? ➤ 你为此可以做哪些准备? ➤ 你现在做得怎样?	➤ 你感觉难以应对的人有哪些? ➤ 哪些场合让你感觉不自在? ➤ 为了将来更好地适应社会,你打算从搞定哪些人开始?

(续表)

个人情感	身心健康	休闲娱乐
➤ 你怎么看待爱情、友情等？ ➤ 你建立并且维系亲密关系的能力如何？ ➤ 重要他人对你的影响有哪些？	➤ 你有没有坚持运动的习惯？ ➤ 适合你的运动方式有哪些？ ➤ 你如何保持心情愉悦？ ➤ 你如何处理焦虑、压力、沮丧等不良情绪？	➤ 你有哪些兴趣爱好？ ➤ 你业余时间会做哪些事情让自己感受到创造性和成就感？ ➤ 除了学习、工作之外，你做什么来愉悦自己？
经济财富	家庭生活	社会服务
➤ 你每个月的生活费是如何管理的？ ➤ 你是否了解过一些关于理财的知识？ ➤ 你是否尝试过为自己增加一些收入？ ➤ 财富在你未来的职业生涯发展中比重如何？	➤ 你和父母的关系怎样？ ➤ 你是否从内心接纳并且尊重你的父母？ ➤ 父母对你是影响还是掌控？ ➤ 你和父母的关系是如何影响你今天的人际交往的？	➤ 你是否参加过一些志愿服务？ ➤ 你怎样看待社会公益组织？ ➤ 你怎样理解一个大学生的社会责任感？ ➤ 你是否有过创业的想法？ ➤ 你觉得创业需要思考哪些问题？

在这九个格子中，每个格子都设计了相应的问题，可对每个格子中的问题进行思考并打分。满分为100分，60分视为合格。前三格均60分以上为合格，前六格均60分以上为优秀，九格均超过60分为卓越，三层逐层递进。

从生涯发展的九个方面可以看出，生涯规划不等于职业规划，职业只是生涯里面的1/9。当然，也可能有的人的生涯还包含超过这九个方面的部分，那职业所占的比重就会更少一些。

生涯九宫格可以帮助人们了解人一生可能扮演的所有角色，展示生涯的宽度与广度，还可以帮助人们对近期的整体生涯进行评估并做好计划。

（二）培养自我管理的能力

1. 学业管理

学业管理是大学生基本且重要的自我管理。大学的学习特点与中学时代相比已发生了明显的变化：学习内容相对深刻和广博，学习方法上不仅要明确"学什么"，更要掌握"怎么学"；学习环境相对自由独立，培养自学能力是关键，学习态度上须由"要我学"转到"我要学"。

以本科生的学业过程为例，从学业生命周期的发展阶段看，完整的学业生命周期应该是"学业开始——学业生涯目标准备——学业生涯目标树立与修正——学业生涯目标执行与调控——学业生涯目标实现——学业结束"这样一个过程。学业管理的过程也可视为学业生涯目标实现的过程。而这个目标的实现不是只靠老师教出来的，更重要的是学生的自我教育。需要学生围绕自己的大学目标（甚至是人生目标）和专业方向，充分利用大学的师资资源、信息资源（图书和网络）、学术资源、文化资源、实验资源、同学资源等，广闻博览、好问善思、勤学苦练、自学成才。

具体而言，这个生命周期包括计划、实施、检查、处理等环节。

计划是起始环节，统领整个管理过程。计划环节包括确定目标、制订方案、选择决策、拟订计划和措施等。其中，最主要的内容是确定学习目标，包括将总目标分解为几个阶段性目标或若干个短期目标，还要有实现目标的措施和方法。总目标的分解是将责任分解和时间分解紧密结合在一起的，它不仅包含具体的责任，更包含完成该项责任的时间节点。

实施是中心环节，是执行计划的重要环节，包括自我监督、自我协调、教育激励等。执行即落实，这种落实同时也是对自身潜能和目标本身的检验。

检查是对执行的监督和加强，检查与执行往往是结合在一起的，是一种自我提醒和自我鞭策。检查环节主要是实施管理控制职能，其主要内容是建立反馈渠道和机构，随时提供反馈信息。检查还包括检验计划的正确程度，以便在必要时调整修改计划和执行措施。检查是自我管理的有效手段，是提高管理效能的重要环节。

处理是终结环节，包括肯定成绩、处理尚存的问题、总结经验教训等，是对计划、执行、检查这三个环节的总检验、总评价，也是为下一个循环制订计划提供基础数据，起着承前启后的作用。

这四个环节有机联系，不能分割，顺序也不能颠倒，周而复始地循环运转，形成封闭系统，每循环一次算一个周期，前一循环结束，又进入下一个周期。总结则是连接前后两个周期的纽带，如此连接不断，推动学业生涯不断向新的阶段攀升。

2. 时间管理

时间管理技能被称为当今职业人三大核心技能之一，是一个人职业化素养的重要体现。时间管理的研究已有相当历史，时间管理理论也可分为四代。第一代理论着重利用便条与备忘录，在忙碌中调配时间与精力。第二代理论强调行事日历与日程表，这反映出时间管理已注意到规划未来的重要。第三代理论是目前正流行的讲求优先顺序的观念，也就是依据轻重缓急设定短、中、长期目标，再逐步制订实现目标的计划，将有限的时间、精力加以分配，争取最高的效率。这种做法有可取的地方，但也有人发现，过分强调效率，把时间绷得死死的，反而会产生反效果，使人失去增进感情、满足个人需要以及享受意外之喜的机会。于是许多人放弃这种过于死板拘束的时间管理法，回到前两代的做法，以维护生活的品质。第四代理论与以往截然不同，它根本否定"时间管理"这个名词，主张关键不在于时间管理，而在于个人管理，与其着重时间与事务的安排，不如把重心放在维持产出与产能的平衡上。

时间管理就是通过事先规划和运用一定的技巧、方法与工具实现对时间的灵活以及有效运用，从而实现个人或组织的既定目标的过程。四象限法则是时间管理理论的一个重要观念，即有重点地把主要的精力和时间集中地放在处理那些重要但不紧急的工作上，这样可以做到未雨绸缪，防患于未然。具体内容如图 1-5 所示。

（1）第一象限：既紧急又重要——马上处理。例如，即将到来的考试、一周后要交的课堂作业等。

这是考验同学们的经验、判断的时刻，也是可以用心耕耘的时间。很多重要的事都是因为一拖再拖或事前准备不足而变成迫在眉睫。许多处于这一象限的事情都是由"重要但不紧急"象限转变过来的，原因是缺乏有效的计划，这也体现了传统时间管理思维下的"忙"。

（2）第二象限：紧急但不重要——酌情处理。例如，不速之客、电话铃声、别人交代的事情等。

第二象限表面上看会让学生产生"这件事很重要"的错觉，但实际上就算重要也是对别人而言。如果花很多时间在这些事里面打转，自以为是在第一

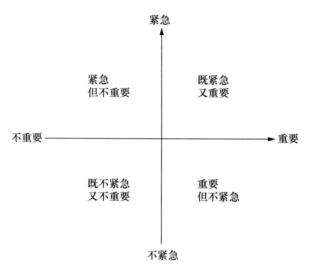

图 1-5　时间管理四象限

象限，其实不过是在满足别人的期望与标准。

第一象限和第二象限难以区分，第二象限对人们的欺骗性是最大的，往往很紧急的事会造成它很重要的假象。看一件事是否重要应按照自己的人生目标和人生规划来衡量，如果它重要就属于第一象限；如果它不重要，就属于第二象限。

（3）第三象限：既不紧急又重要——避免或延迟行动。例如，无节制地看电视、睡觉、玩游戏、打扑克、逛街等。

如果学生花大量时间在这个象限，简直就是在浪费年轻的生命。实际生活中，许多人往往在第一、第二象限来回奔走，忙得焦头烂额，不得不到第三象限去疗养一番再出发。其实，真正有创造意义的休闲活动是很有价值的，然而像无节制地看电视、通宵玩网络游戏等，这样的休息不但不是为了帮助走更长的路，反而是对身心的毁损。

（4）第四象限：重要但不紧急——分阶段处理。例如，建立人际关系、期末考试、复习、锻炼身体等。

时间管理理论的一个重要观念，就是应当有重点地把主要精力和大块时间集中放在处理那些"重要但不紧急"的学习与工作上。荒废这个领域将使第一象限日益扩大，使我们陷入更大的压力，在危机中疲于应付。反之，多投入一些时间在这个领域有利于提高实践能力，缩小第一象限的范围。

大学生若想提高时间管理技能，需要养成良好的个性习惯，善于协调两类时间：一是他控的时间，如学校安排上课、实验的时间；二是自控的时间，即属于自己自由支配的时间。

展阅读

清晨三件事
—— 一个不能更简单的"时间管理法"[①]

我尝试过各种自我管理的方式，发现两个秘诀：第一，好用的都是最简单的。因为每天人能够回归到"自我管理"的位置的时间实在太短。第二个秘诀是只有真正忙到缺时间的人，才需要时间管理。其实大部分热衷于时间管理的人，根本不是时间管理的方法不对，而是他们要不就是效率实在太低，要不就是想做的事情太多、太杂、太乱。

随着事情越来越多，我觉得需要来点时间管理。于是我每天早晨会列出当天需要做的三件事并发到群里。格式大概是这样："37/100 #清晨三件事# 昨天的回顾＋今天第一件事＋第二件事＋第三件事"。

这里面有几个需要注意的地方：

1. 早上想

一天最好的时间就是早上刚起来，此时大脑还没有被信息刷屏，能分辨轻重缓急，能订出更加靠谱的计划。所以，我把这个方法叫"清晨三件事"法。

临睡前也是非常好的时机。所以，制订计划要么在早上刚起时，要么在临睡前。

[①] 参见古典：《跃迁：成为高手的技术》，中信出版社2017年版。

2. 写下来

以前也有早上起来想想每天干什么的习惯，但没记录、没发布，也不可能有回顾。这样一天下来，"目标损耗"的情况就常常出现了。

三件事做了吗？说没做也做了，说做了好像又没做。很多时候，第二天的事情又淹没过来，无暇顾及，再见到这件"重要的事"已经是好久之后。真正重要的事一拖再拖带来的内疚感，比本身不做这件事的损失好像还要大。

所以，写下来！

3. 加进度

给你的计划加上"进度"，试试坚持100天。比如，第16天的计划前标明"16/100"。

这样有两个很明显的好处：只要简单加上这样的计数进度就更加容易持续下去，减少半途而废的可能。同时，仅仅是每天看着数字增加这件事本身，就让人多了些成就感，因为有了"看得见"的进度和效果。

4. 发出去

一直到这里，这还是一个自我时间管理工具，但是一旦你公布出去，就不一样了。

发出去会有很多益处：

第一个益处是向公众承诺带来的执行力。无论再忙再想休息，我还是会去发三件事，时间一长，习惯成自然。这样一来，慢慢地居然让我养成了两个很好的心态：今日事今日毕；指哪打哪不贪多。前者用来修炼心安，后者让我对自己的能力体力有所察觉，指哪打哪，打不到不指，时间一长，自信满满。

第二个益处是获得协作。很多同事看到我写今天下午要做某事，会提前和我约时间；看到自己感兴趣的会议，会主动要求参与；群里同学对我做的事情有建议及时说一句，对我会很有帮助。

第三个益处是带来领导力。行动是最好的领导力。我在我自己的大学同学群天天发，几周以后，他们也开始打卡。榜样的力量无穷啊！

第四个益处是带来资源。光是讲清楚你想做什么，在一个高支持度的社群就已经能获得很多支持了。

至于会不会有隐私泄露的问题，我自己会想一下什么能发，什么需要改个名字，如用字母代替名字，把某些会议的名字模糊掉等。总体来说即使有风险，沟通的收益也比风险大。

▶ 七、课后作业

根据本节所学，制订一份自己的月度学习生活时间管理计划。

第二章 Chapter 2 格物致知——生涯规划

第一节 生涯规划的理论与理念

▶ 一、导语

凡事预则立，不预则废。

——《礼记·中庸》

生涯规划（career planning），又称生涯设计，是指结合自身条件和现实环境，确立自己的生涯目标，选择生涯道路，制订相应的培训、教育和工作计划，并按照生涯发展的阶段实施具体行动以达到目标的过程。

▶ 二、思维导图

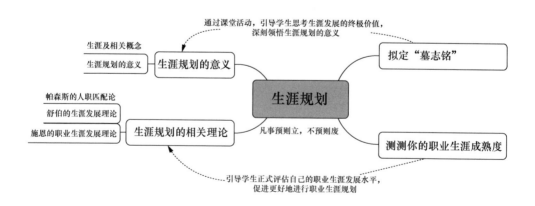

三、学习目标

本节重点介绍生涯的相关概念和生涯规划的相关理论，引导学生深入思考生涯规划的意义，帮助学生认识生涯发展的阶段任务、角色和特点，并逐步开始进行自己的生涯发展规划。

四、课程导入

龚同学自入校以来就定下目标，未来要成为一名能代表中国的服装设计师。在校期间，她积极钻研，获得国家奖学金、校奖学金、恒逸奖学金等，同时获天骥奖学金全额资助赴伦敦威斯敏斯特大学进行时尚课程暑期研学，获留学基金（CSC）资助赴芬兰交换学习。在学习基础上，她逐渐形成了"可持续发展"的服装设计理念，所设计作品先后斩获"ICEPEAK 2019 春夏设计大赛"一等奖、"LUCIA 芬兰国家小姐服装设计大赛"金奖，在企业实习时，她担任企业"可持续发展皮革"主设计师。2019 年暑期，她所参与的科技旗袍团队与德国科思创品牌合作，完成全球首款柔性 3D 打印旗袍设计，作品登陆爱丁堡艺术节展演。现在，毕业后的她已远赴美国芝加哥艺术学院求学，但初心不变，追梦依旧！

五、教学活动

（一）活动一：拟定"墓志铭"

活动目标：
通过课堂活动，引导学生思考生涯发展的终极价值，从而深刻领悟生涯发展规划的意义。

活动流程：
步骤1：给每位学生发放空白纸，让学生按以下提纲来编写自己的"墓志铭"。

基本信息：姓名、性别、生年、卒年、享年。

（1）一生的理想与目标。

(2) 在不同年纪时的成就。

(3) 对社会、家庭或其他人的贡献。

(4) 我是一个怎样的人。

起点一句话定位：_____

三十岁一句话定位：_____

四十岁一句话定位：_____

五十岁一句话定位：_____

六十岁一句话定位：_____

七十岁一句话定位：_____

步骤2：学生们互相分享并讨论上述拟好的"墓志铭"。

现场提问及讨论：

(1) 你感到哪些人的人生目标吸引你并值得尊重？

(2) 哪些人的成就是"真正"的成就，为什么？

(3) 你认为对社会或他人最有贡献的是谁？

(4) 假如你要替自己重写"墓志铭"，你会怎样写？

总结评估：

"墓志铭"是把死者在世时持家、德行、学问、技艺、政绩、功业等各方面情况浓缩为一份个人的历史档案，通过自己拟定"墓志铭"的方式可以让学生更加透彻地了解自己想要成为的样子。

（二）活动二：测测你的职业生涯成熟度

活动目标：

通过该测评，引导学生正式评估自己的职业生涯发展水平，找出可以提升的方面，为职业生涯规划提供驱动力。

活动流程：

步骤1：每位学生认真填写《职业成熟度量表》（见表2-1），测量自己的职业成熟度。答案没有好坏与对错之分，请根据自己的实际情况，对下列适合你的选项如实打"√"。

步骤2：分组后，小组分享自己的《职业成熟度量表》情况。

步骤3：选取小组代表分享小组成果。

表 2-1 职业成熟度量表

陈述	很赞同	赞同	难以判断	不赞同	很不赞同
得分	5	4	3	2	1
1. 我知道我的条件适合从事什么职业					
2. 我会搜集有关职业选择的参考资料					
3. 我清楚一些职业的薪酬待遇					
4. 我对未来充满信心					
5. 我会利用时间读一些与未来工作有关的书					
6. 我的工作能力不比别人差					
7. 当学习遇到困难时，我会想办法解决					
8. 我会向朋友打听有关职业的消息					
9. 我能够冷静、沉着地判断事物					
10. 选择工作时，首先应该考虑自己的兴趣					
11. 我会留意国际经济发展的趋势					
12. 找工作时，只要听专家的意见就对了					
13. 我会在自己的能力范围内，选择我有兴趣的职业					
14. 自己有兴趣的工作，就算薪水不多，我也愿意做					
15. 我会注意报纸、杂志上有关职业的报道					
16. 我难以自己作决定					
17. 我确定我有能力从事自己有兴趣的职业					
18. 我知道现在社会上最需要的是什么人才					
19. 我怀疑自己选择职业的能力					
20. 我会保存有用的职业资料					
21. 我对自己很有信心					
22. 找不到第一志愿的工作，我乐于接受第二或第三志愿的工作					

（续表）

陈述	很赞同	赞同	难以判断	不赞同	很不赞同
得分	5	4	3	2	1
23．我会直接向公司或工厂索取相关的职业资料					
24．我认为选择工作的时候，有必要考虑外在环境的影响					
25．事情决定以后，通常我不会轻易后悔					
26．我勇于表达自己的看法					
27．我会注意媒体报道的职业消息					
28．由于技术变化太快，就业前不必有太多准备					
29．薪水高又不必负责任的工作最好					
30．我会将各种有关职业的资料加以分类整理					
31．我会尽可能选择和自己专长有关的职业					
32．选择职业时，我会优先考虑声望较高的职业					
33．我会留意相关职业的发展动向					
34．选择工作时，只要瞄准市场上最热门的工作就对了					
35．我对许多工作好像都有兴趣，又好像都没有能力胜任					
36．我不清楚我感兴趣的职业需要哪些专业					
37．靠工作的收入养活自己比较有尊严					
38．我抱着随时换工作的心态					
39．从事一种职业，成不成功全靠机运，不必考虑太多					
40．我清楚一些职业的发展机会					
41．我知道我的条件不应该从事什么职业					
42．我清楚一些职业的工作环境					
43．我会列出我有兴趣的所有工作作为职业选择的参考					
44．我实在很难决定自己要做什么工作					

(续表)

陈述	很赞同	赞同	难以判断	不赞同	很不赞同
得分	5	4	3	2	1
45. 找工作时，我会先考虑薪水多少，再考虑有没有发展					
46. 每一个人要从事什么职业都是命中注定的					
47. 我不清楚从事我有兴趣的职业应该具备什么条件					
48. 想到选择工作就让我烦恼					
49. 我不了解为什么有些人能够那么确定自己的职业兴趣					
50. 我知道现在哪种行业最不容易找到工作					
51. 没有家人、朋友的支持，我自己实在很难选定一种合适的工作					

计分方法：

职业成熟度包括以下几个方面，对应的计分题目序号如表2-2所示，按照题号把每题的得分加起来就是每一方面成熟度的总分（题号前有"＊"的反向计分，反向计分的意思是：原来的1分变为5分，原来的2分变为4分，3分仍为3分，4分变为2分，5分变为1分），总分再除以题目数，就是每一方面成熟度的最后得分。

表2-2 职业成熟度计分表

职业成熟度指标	题号						总分	平均分
信息应用	2	5	8	20	23	30		
职业认知	3	18	＊36	40	42	43		
自我认知	4	6	10	17	＊35	＊49		
个人调适	7	11	15	27	33	＊38		
职业态度	＊12	21	＊28	＊39	＊46	＊51		
价值观念	13	14	31	＊29	32	37	＊45	
职业选择	9	＊16	＊19	25	26	＊44	＊48	
条件评估	1	22	24	＊34	41	＊47	50	

信息应用，指个人主动搜集相关的职业资料，并且加以整理、分类、保存，作为选择职业的参考。例如，经常浏览相关职业信息，关注有关职业报道，访问自己喜欢的公司网站等。

职业认知，指个人对职业实践的认识与了解。如个人对所向往的职业的知识、该职业的从业人士所需的能力等相关信息的了解程度。

自我认知，指个人对自己的认识与理解，即对自己的了解程度，包括自己的个性、职业兴趣倾向、职业价值观等方面。

个人调适，指个人从事职业选择时，对自我主观条件与外在客观条件的折中、调和。如对自己的心态、个人行动等方面进行调适。

职业态度，指个人对职业选择所持的观念或心态，包括个体积极参与职业决策过程的态度，对客观现实的接受程度，职业决策过程中不盲目依从他人的程度，在职业决策过程中根据现实状况随机应变以适应环境的程度，对自己做出符合自身特点的职业决策的信心程度。

价值观念，指个人对职业的评价以及好恶倾向，能否关注自己内在的职业兴趣、爱好。

职业选择，指个人从事职业选择时所表现的独立性与明确性，自己能否独立地判断和选择自己喜欢的工作等。

条件评估，指个人对职业市场需求的评估，能否了解某一职业的市场需求量、职业前景、职业的发展空间。

结果说明：

平均分最低为 1 分，最高为 5 分。一般而言，低于 3 分就是欠成熟的，高于 3.5 分则是较成熟的。

总结评估：

通过《职业成熟度量表》对信息应用、职业认知、自我认知、个人调适、职业态度、价值观念、职业选择、条件评估几方面情况的计量，学生进一步了解了自己的职业成熟度情况。

▶ 六、理论知识

（一）生涯规划的意义

1. 生涯及相关概念

"生涯"，顾名思义，生为"生命"，涯为"边际"，"生涯"就是指人的一生，有限的人生历程。生涯的英文是"career"，从词源上看指古代的战车。在希腊，"career"这个词有疯狂竞赛的精神的意思，最早常用于动词，如驾驭赛马（career a horse）。在西方人的概念中，使用"生涯"一词就如同在马场上驰骋竞技，隐含未知、冒险等精神。现在生涯多被引申为人生发展历程。在汉语中，"career"也被翻译成职业生涯。因为时代不同、视角相异等因素，国外学者对生涯的定义也有所不同。目前，大多数西方学者所接受的生涯的定义是舒伯的论点：生涯是生活中各种事件的演进方向和历程，它统合了人一生中的各种职业和生活角色，由此表现出个人独特的自我发展形态。生涯的发展是个性化的，即使处于同一时代或同一文化背景下的人们，其生涯也是不同的。

职业生涯是一个人一生的工作经历，特别是职业、工作待遇、职位的变动及工作理想实现的整个过程。

职业生涯规划的概念最早起源于1908年的美国，由"职业指导之父"帕森斯首次提出。自此，职业指导开始系统化，而在随后的几十年中，心理测验的蓬勃发展也同时促进了职业指导的发展。当时的职业指导主要关注人职匹配，内容以测评和提供职业咨询为主，到了20世纪五六十年代，舒伯等人提出生涯的概念，于是生涯规划不再局限于职业指导层面。

2. 生涯规划的意义

生涯规划是一个过程，规划的功能在于为生涯设定目标，并找出达成目标所需采取的步骤。在生涯规划中，目标制定的过程能帮助一个人逐渐理清生命的价值和意义，并用行动去实现它，好像为飘忽不定的人生加了一个锚，无论风雨来自何方，人生之船都自有它的方向。

米歇尔·罗兹曾指出，生涯规划有突破障碍、开发潜能和自我实现三个积极目的。（见图2-1）一个人最大的幸福，是能以自己选择的方式生活。选择所爱，爱其选择的结果，会使一个人以己为荣，并呈现出圆融、丰足、喜悦、智慧和充满创造力的气质。

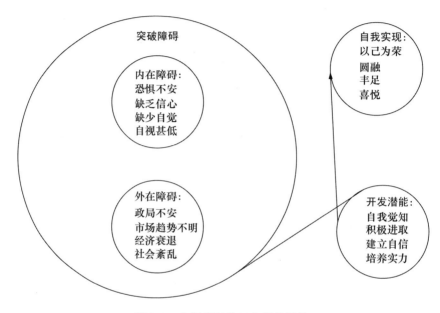

图 2-1　生涯规划的三个积极目的

在生涯发展过程中，很多学生对追求理想的工作或人生目标充满疑惑，还有的学生甚至不敢去想象或者设立理想目标，因为觉得那是不可实现的。阻碍他们插上理想的翅膀、迈出勇敢脚步的原因通常来自图2-1所示的两种原因：内在障碍和外在障碍。内在障碍通常是由于一个人对自己的不了解、低评价或者无安全感造成的。例如，有的学生很难看到自己的长处，总用自己的短处和别人的优势相比，内心从未觉得自己有可用或特别之处。所以，在找工作时，缺乏信心，没做好踏入社会的准备，从而影响自己找好工作的信心，影响自己在面试环节中的表现。这是典型的由于自我低评价而影响找工作的情况。

外在障碍则来自一个人所处的环境，通常与政局变动、市场难以预测、经济衰退和社会秩序混乱等相关。一个没有生涯目标的人，很容易受外界因素的影响。例如，两个大学生，有着同样普通的家庭背景，毕业时找到的工作也都不理想。可对自己有生涯目标的学生而言，因为对未来充满希望，所以更容易积极面对并不理想的工作，努力从工作中获得和培养自己实现目标所需的能力和资源，把这当作迈向理想目标的第一步；而另一个没有任何生涯目标的学生，可能更容易抱怨社会，哀叹自己生不逢时，没有早几年出生，没赶上"大学毕业生是天之骄子"的年代……因为看不到希望，他很难积极应对困境，对找不到好工作进行外归因。所以，两个大学生在毕业时人生的起跑线是相同的，却会因为有无生涯目标导致对人生希望的不同：一个充满力量，能克服困难、积极进取；另一个感觉被环境左右，怨天尤人、随波逐流。尼采说："懂得为何而活的人，几乎任何痛苦都可以忍受。"生涯规划可以帮助人们设立目标、带来希望，从而突破发展中的内在障碍，最终实现幸福人生。

（二）生涯规划的相关理论

1. 帕森斯的人职匹配论

职业理论最早兴起于美国，其倡导者是帕森斯。1909年，帕森斯在其《选择一个职业》一书中明确阐述了职业选择的条件：第一，应清楚地了解自己的态度、能力兴趣、智谋、局限和其他特征；第二，应清楚地了解职业选择成功的条件、所需知识，在不同职业工作岗位上所占的优势、机会和前途；第三，判断前两者之间的关系，达到上述两个条件的平衡。帕森斯的理论内涵即是在清楚认识及了解个人的主观条件和社会职业岗位需求条件基础上，将主客观条件与社会职业岗位相对照、相匹配，最后选择一个与个人匹配的职业。

人职匹配，分为两种类型：① 因素匹配。例如，需专门技术和专业知识的职业与掌握该种特殊技能和专业知识的人相匹配。如脏、累、苦，劳动条件很差的职业，需要吃苦耐劳、体格健壮的劳动者与之匹配。② 特征匹配。例如，具有敏感、易动感情、不守常规、个性强、理想主义等人格特性的人，宜从事艺术创作类型的职业。

帕森斯重视个体差异，重视对个人提供有关的职业咨询，这些都对职业生涯辅导的程序产生了巨大的影响，但是帕森斯的理论只是关注了现状，却没有关注现状的成因，也没有考虑发展的问题。

2. 舒伯的生涯发展理论

美国著名的生涯研究专家舒伯提出的人的生涯发展阶段模型，从终生发展角度出发，把整个人生分为成长阶段、探索阶段、建立阶段、维持阶段、衰退阶段，如表2-3所示。

表2-3 生涯发展阶段

阶段	主要任务
成长阶段 0—14岁	认同并建立起自我概念，对职业的好奇占主导地位，并逐步有意识地培养职业能力
探索阶段 15—24岁	主要通过学校学习进行自我考察、角色鉴定和职业探索，完成择业和初步就业
建立阶段 25—44岁	获取一份合适的工作并谋求发展，是绝大多数人职业生涯周期中的核心部分
维持阶段 45—64岁	开发新的技能，维护已经获得的成就和社会地位，维持家庭和工作两者的和谐关系，寻找接替人选
衰退阶段 65岁及以上	逐步退出职业和结束职业，开发社会角色，减少权利和责任，适应退休后的生活

每一阶段都有一些特定的发展任务需要完成，每一阶段需达到一定的发展水准或成就水准，并且前一阶段的发展任务达成与否，关系到后一阶段的发展。根据舒伯的看法，一个人一生中扮演的许许多多角色就像彩虹，会同时具有许多色带。为了综合阐述生涯发展阶段与角色彼此间的相互影响，舒伯提出"生涯彩虹图（life-career rainbow）理论"，引入生命广度（life-span）、生命空间（life-space）的概念，展示了不同发展阶段各种角色的相互作用，不同生涯发展阶段角色的继承与更替，如图2-2所示。

在生涯彩虹图中，纵向层面代表的是纵贯上下的生活空间，由职位和角色所组成。其中，角色分成子女、学生、休闲者、公民、工作者、持家者六种，他们交互影响形成个人独特的生涯类型。

他认为一个人在发展历程中，随年龄的增长而扮演不同的角色，图的外圈

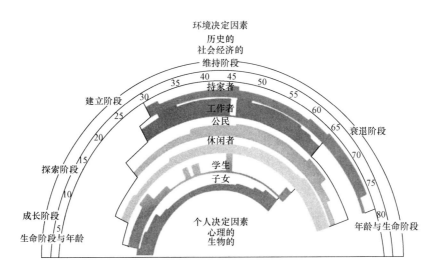

图 2-2 生涯彩虹图

为主要发展阶段，内圈阴暗部分的范围、长短不一，表示在该年龄阶段各种角色的分量不同；在同一年龄阶段可能同时扮演数种角色，因此彼此会有所重叠，但所占分量有所不同。从图 2-2 可以看出：

（1）生涯彩虹图最里层子女的角色一直存在，在 5 岁以前是涂满颜色的，之后逐渐减少，10 岁时大幅减少，到 50 岁时开始增加。这表明我们早期作为子女享受父母的照顾，慢慢与父母平起平坐，父母年迈之际，则要开始照顾、赡养父母。

（2）生涯彩虹图第二层是学生角色，学生角色从四五岁开始，10 岁以后进一步增强，20 岁之后大幅减少，25 岁以后便戛然而止，30 岁至 50 岁期间出现几次恢复，65 岁以后还会出现。这表明，学习是与人的一生相随的，离开学校工作一段时间之后，如果感觉自己已不能满足工作需要，那么重新返回学校"充电"是必需的，可以开创生涯发展新局面。

（3）生涯彩虹图第三层是休闲者角色，这一角色从 5 岁之后一直是平稳发展的，直到 55 岁之后显著增加。这表明，休闲是贯穿人一生的，是平衡工作的重要砝码，工作讲究劳逸结合，生涯发展也不能少了休闲。

（4）生涯彩虹图第四层是公民角色，这一角色从 20 岁开始，35 岁后得到加强，65—70岁之间达到顶峰，随后慢慢减退。公民是一种法律上的含义，履行公民责任是学生承担社会责任、关心国家事务的一种政治表现。

（5）生涯彩虹图第五层是工作者角色，这一角色大概从25岁开始，30岁之后得到加强，表明该阶段工作角色达到了顶峰。到45岁后，工作角色进入空白期，对比发现，学生角色和持家者角色得到增强，表明该阶段进行了工作和生活中心的调整，更多关注家庭及自身的转型。两三年之后，学生角色和持家者角色恢复平均水平，工作者角色重新占据生活的中心，直到60岁之后开始减少，65岁时终止。

（6）生涯彩虹图第六层是持家者角色，这一角色从30岁开始，一开始投入了相当多的精力，之后维持在一个适当的水平，65岁退休之后又加强了这一角色，75岁之后则没有了这一角色。

3. 施恩的职业生涯发展理论

美国著名职业心理学家施恩根据人的生命周期特点和不同年龄阶段所面临的主要心理、生理、家庭问题及其职业工作的主要任务，将职业生涯划分为九个阶段。

第一阶段，成长、幻想、探索阶段（0—21岁）

人处于这一职业发展阶段的主要任务包括以下三个方面：

（1）发展和发现自己的兴趣和需要，以及自己的能力和才干。

（2）学习职业方面的知识，寻找现实的角色模式，从测试和咨询中获取丰富信息，作出合理的教育决策，查找有关职业和工作角色的信息，将幼年的职业梦想变为现实。

（3）接受教育和培训，培养工作中所需要的基本习惯和技能。

第二阶段，进入工作世界（16—25岁）

步入该阶段的人，首先要进入劳动力市场，谋取工作；其次，个人和雇主之间达成正式可行的契约，个人成为一个组织或一种职业的成员，充当的角色是应聘者、新学员。

第三阶段，基础培训（16—25岁）

该阶段已经迈进职业或组织的大门，此时的主要任务是以下两项：

（1）了解、熟悉组织，接受组织文化，融入工作群体，尽快取得组织成员资格，成为一名有效的成员。

（2）适应日常的操作程序，应对工作。

第四阶段，职业早期阶段（17—30岁）

职业早期阶段面临的主要任务包括以下三个方面：

（1）承担责任，成功地完成与第一次工作分配有关的任务。

（2）发展自己的技能和专长，为职业成长打基础。

（3）结合自身才干和价值观，根据组织中的机会和约束，重新评估当初追求的职业，决定是否留在这个组织或职业中，或者在自己的需要、约束和机会之间寻找一种更好的配合。另外，还要体会第一次工作中的成功和失败。

第五阶段，职业中期阶段（25岁以上）

处于职业中期的正式成员，年龄一般在25岁以上。这段时期主要任务包括以下四个方面：

（1）选定一项专业或进入管理部门。

（2）保持技术竞争力，在自己选择的专业或管理领域内继续学习，力争成为一名专家或职业能手。

（3）承担较大责任，确定自己的地位。

（4）制订个人的长期职业计划。

第六阶段，职业中期危险阶段（35—45岁）

职业中期危险阶段的主要任务包括以下三个方面：

（1）正确评估自己的进步、职业抱负及个人前途。

（2）就接受现状和争取看得见的前途作出具体选择。

（3）建立与他人的良好关系。

第七阶段，职业后期（40岁至退休前）

从40岁以后直到退休，可说处于职业后期阶段，此时的职业状况或任务包括：

（1）成为一名良师，学会发挥影响，指导、指挥别人，对他人承担责任。

（2）扩大、发展、深化技能，提高才干，以担负更大责任。

（3）如果求安稳，就此停滞，则要接受和正视自己影响力和挑战能力的下降。

第八阶段，衰退和离职阶段（40岁至退休期间）

一般在40岁之后到退休期间，不同的人会在不同的年龄退休或离职。在此期间重要的职业任务包括：一是学会接受权力、责任、地位的下降；二是基于竞争力和进取心下降，要学会接受和发展新的角色；三是评估自己的职业生涯，并准备退休。

第九阶段，离开组织或职业即退休阶段

在失去工作或组织角色之后，面临两大问题或任务：

（1）保持一种认同感，适应角色、生活方式和生活标准的急剧变化。

（2）保持一种自我价值观，运用自己积累的经验和智慧，以各种资源角色对他人进行"传帮带"，回首过去的一生，感到有所实现和满足。

需要指出的是，施恩虽然基本依照年龄增大顺序划分职业发展阶段，但并未限于此，其阶段划分更多根据职业状态、任务等，所以他只给出了大致的年龄跨度。

孔子的人生阶段划分

《论语·为政篇》中论述了中国古代大思想家和教育家孔子的观点："吾十有五而志于学，三十而立，四十而不惑，五十而知天命，六十而耳顺，七十而从心所欲，不逾矩。"

第一阶段：从学前期，即从出生到15岁。这段时期人的心智开始形成，已开始学习生活中的基本知识。这一时期的学习主要是靠家长的安排或受外界环境的影响，通常并非主动学习。

第二阶段：立志学习时期，同时开始社会实践，即16—30岁。与从学前期相比，这一阶段的学习更为主动、积极，并且与个人志向相结合，是有目的的学习和实践阶段。

第三阶段：自立时期，即31—40岁。这一时期人的心智已完全成熟，懂得了很多道理，并且在经济上和人格上独立了。

第四阶段：不惑时期，即41—50岁。经过多年的学习与实践，已形成完整的个人见解，不被外界事物所迷惑，办事不再犹豫，行为果断。

第五阶段：知天命时期，即51—60岁。丰富的人生经验可以让人认识自然规律，懂得自己的人生使命。

第六阶段：耳顺时期，即61—70岁。总结经验，能够冷静地倾听别人的意见，分真伪、辨是非。

第七阶段：随心所欲、不逾矩时期，即70岁以上。随心所欲并非为所欲为，更不是为非作歹。处于这个阶段，能够做到言行自由，同时并不违背客观规律和道德规范。

资料来源：浦解明、宋丽贞主编：《大学新生生涯导航》，现代教育出版社2012年版。

 思考题

认真阅读以下案例故事，思考以下这三位学生的职业规划，对你有什么启示？

考研、出国、找工作的"大忙人"

王同学是一个成绩不错、英文也很好的上海女孩，大三下学期就有不少亲戚朋友帮她出主意，有的说出国好，有的说在国内读研究生好，有的说直接找工作好，因此，她读过雅思学习班，读过考研学习班，整个暑假忙得几乎没有休息。到大四，上课的同时还要考雅思、考研究生，有好的单位来招聘，她还要去投简历。到三四月份，考研、雅思落空，大公司招聘完毕，她只能找了一家尚在招聘的小公司。起个大早，赶个晚集。

生命不息、求学不止的张博士

张同学成绩很好,物理专业,大学一路保送至研究生。研究生毕业后成功申请到美国继续攻读博士,在美国博士一读五年,毕业时已33岁。毕业后发现由于专业原因,工作机会很少,收入也不高,转而读了当时薪资最高的计算机专业硕士学位,35岁再次步入工作岗位时,他的大学同学已经是公司业务经理了,他已经读了约30年的书,离退休还有24年。

一心想当"公务员"

这几年公务员招聘特别火热,陈同学认为公务员有社会地位、稳定、工资待遇也不错,于是全力以赴考公务员。准备好几个月,最后通过了上海市公务员考试,得到三个单位的面试机会,但一直等到四月份才知道由于自己不善言辞而全部落空。

第二节 生涯规划的内容与方法

▶ 一、导语

青年人首先要树雄心,立大志;其次要度衡量力,决心为国家、人民作一个有用的人才;为此就要选择一个奋斗的目标来努力学习和实践。

——吴玉章

生涯规划的实质是选择追求的目标和实现目标的最佳方案。因此,生涯规划就是结合自身情况及各种制约因素,为实现自己的生涯目标制订一个完备的行动方案。简而言之,就是指个人为自身的生涯发展所做的策划和准备。

二、思维导图

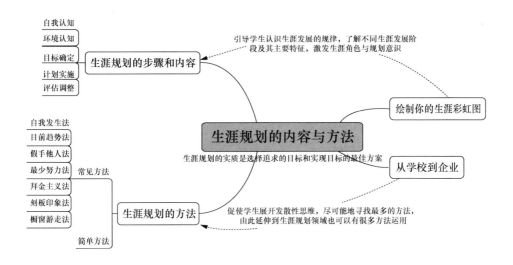

三、学习目标

本节通过讲授生涯规划的内容与方法，指导学生掌握科学的规划理念和方法，在明确生涯规划作用与意义的基础上，学会生涯规划的具体操作步骤。

四、课程导入

刘同学对自己大学生活的每个时间段都有一个具体的规划。出身物理系的他在计算机方面的基础较为薄弱，因此他使用了大量课余时间去看书学习。早在大二的时候，他就给自己设立了一个目标：大四毕业的时候进入 BAT（百度、阿里巴巴、腾讯）这种级别的公司。而要进入这种大公司，肯定也少不了一些实习经验以及一些比赛经验的积累。2017 年，他在第二届黑客马拉松比赛中获得科技奖。2018 年，他在星环科技 AI 部门实习，参与深度学习平台的研发，并在当年拿到了字节跳动的实习录用信，最终成功转正。

五、教学活动

（一）活动一：绘制你的生涯彩虹图

活动目标：

通过该活动，引导学生认识生涯发展的规律，了解不同生涯发展阶段及其主要特征，激发生涯角色与规划意识。

活动流程：

步骤1：绘制自己的生涯彩虹图。（见图2-3）思考自己过去、现在，以及未来可能承担的生活角色，在彩虹图上标注年龄阶段和你扮演的角色名称，然后在某个年龄所扮演或希望扮演的角色区域，利用彩笔和文字区分出你对这些角色的理解。

注意要点：

（1）角色扮演视个人的生理、心理因素及当时的社会环境等外在情境因素而定，该角色越成熟，代表的色带越饱满。

（2）生命中各阶段所扮演的角色延续的时间可用色带的长度来表示。

（3）可用不同的颜色代表对该角色的喜好。

步骤2：小组讨论自己的生涯彩虹图。

现场提问及讨论：

（1）你的彩虹图中，哪个年龄看上去内容最多？哪部分的空白比较多？这意味着什么？需要调整吗？

（2）现阶段的角色分配是你理想的状态吗？为什么？

（3）未来5年会发生什么变化？面临哪些问题？你做好准备了吗？

总结评估：

通过生涯彩虹图的绘制，让学生设想自己在一生中所要扮演的各种角色及其比重，加深学生对于"生涯发展阶段"的认识，并切实开始自己的生涯探索与规划。

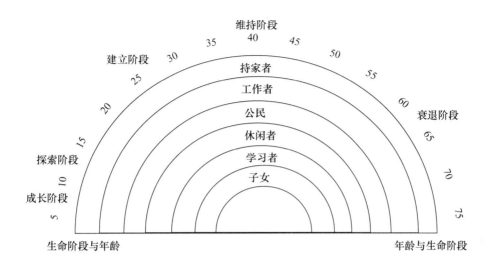

图 2-3 生涯彩虹图（练习）

（二）活动二：从学校到企业

活动目标：

通过小组竞技活动，促使学生展开发散性思维，尽可能地寻找最多的方法，由此延伸到生涯规划领域也可以有很多的方法可以运用。

活动流程：

步骤1：将学生进行随机分组。

步骤2：假设教室的一角为学校，最远的另一角为企业。每一组学生在共同努力下，想尽可能多的办法由一名学生轮流把自己的选手从学校角移动到企业角。

步骤3：每组轮流展示移动方法，移动方法不能重复，已经用过的不能再用，移动方法最多的组获胜。

现场提问及讨论：

平时想过这么多移动方法吗？

现在为何可以找到这么多方法？

这对生涯规划有何启示？

总结评估：

通过"从学校到企业"这样一种轻松游戏的方式，让学生意识到解决问题的方法有很多种，生涯规划领域也有很多方法可以运用。同时，拓宽学生的思路，培养学生的发散思维。

▶ 六、理论知识

1. 生涯规划的步骤和内容

由于生涯规划具有明显的个性化特征，不同学生在进行生涯规划时所考虑的因素不同。一般而言，有一些因素是必须考虑的，例如，对自我的全面认识、对外部环境的合理评估、个人目标的抉择以及落实目标的措施安排等，这些因素就是生源规划的基本要素。生涯规划的步骤和内容如图2-4所示：

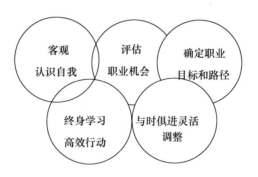

图2-4 生涯规划的步骤和内容

要制定切实可行的生涯规划，首先必须"知己"，即全面地了解自己的性格、爱好、特长、职业倾向；同时必须"知彼"，即客观分析所处的外界环境，全面了解工作要求和发展机会。其次是在这二者的基础之上作出自己的抉择，进而制定学习目标，设计学习方案，努力采取行动，以实现自己的生涯规划。具体步骤如下：

（1）自我认知

自我认知是指通过科学认知的方法和手段，对自己的职业兴趣、价值观、性格、能力等进行全面认识。它的实质就是通过自我分析，认识并了解自己，明确自己的优势与特长、劣势与不足，诊断出个人问题所在。自我认知要客观、冷静，不能以点代面，既要看到自己的优点，又要面对自己的缺点。只有这样，才能避免设计中的盲目性，达到设计高度适宜。

（2）环境认知

人是社会的人，社会是人的社会，每个人都不可避免地生活在一定的社会背景下，通过对社会大环境的分析，了解所在国家或地区的政治、经济、科技、文化、法制、政策与发展方向，有助于寻找各种发展机会。环境认知包括三个方面：

一是行业环境认知。行业环境认知是指对即将从事的目标行业的环境进行分析，包括行业的发展状况、国际国内重大事件对该行业的影响，目前该行业的优势与问题、发展趋势等。

二是职业环境认知。现代职业具有自身的区域性、行业性、岗位性等特性。进行生涯规划时要考虑到职业区域的具体特点，如该地区的特殊政策、环境特征等。不同的职业对从业者的自身素质和能力有着不同的要求，在进行生涯设计时，除了解所需要的非职业素质外，还要了解所需要的职业素质；除了解所需要的一般能力外，还要了解所需要的特殊职业能力。

三是企业环境认知。企业是从业者直接生存和发展的土壤。每个企业都有自己的发展目标、运作模式，了解企业的基本情况是进入企业的基础，有利于自己以后迅速适应新环境。

（3）目标确定

明确而坚定的目标，是进行生涯规划的基本前提。拥有明确而坚定的目标，不仅在于抓住成功的契机，让梦想一步步变为现实，更重要的是在面对种种挫折与困难时能百折不挠，身处逆境亦能产生巨大的奋进激情，使自己的潜能得到最大发掘与释放。

（4）计划实施

如果你已经充分了解了自己和外界的环境，也基本明确了自己的生涯目标，那么，就可以针对以上内容制定一套具体且行之有效的行动方案，包括学习、培训、求职、工作、生活等方面的具体行动计划与措施。制订计划与确定目标的原则基本一致,例如,适合自身的特点、结合现实环境,具体明确、切实可行。

(5) 评估调整

这是生涯规划的最后一步,是指评估实施效果并作适时调整。影响生涯规划的因素很多,有的变化因素是可以预测的,而有的变化因素难以预测。在此状况下,要使生涯规划行之有效,就需要不断地对生涯规划进行评估与修订。

2. 生涯规划的方法

(1) 生涯规划的常见方法

① 自然发生法

一切都顺其自然,尤其是在"包分配"的年代,之所以在那个年代可以使用,是因为那是一个不太强调"个体成就感"和"自我幸福感"的时期。而今天,尤其是进入 21 世纪之后,随着社会的发展、人性关注的回归,人们越来越希望可以自己为自己作出最好的选择,以体现自己的人生价值和意义。

② 目前趋势法

"从众心理"是人类自我保护的本能表现,跟随现在市场的趋势,盲目地投入新兴热门行业,如高考时追逐热门专业,这可能会暂时使心愿得到满足,但没有考虑到四年以后的变化。应当认识到没有永远的热门和冷门专业,选择时应当考虑社会发展因素,更要问一问自己:"我究竟喜欢不喜欢?我究竟适合不适合?"目前,趋势法可以降低我们的外在风险,但是这个时候容易"盲目从众",并且会忽略自己的个人感受。

③ 假手他人法

这种方法是由他人替自己作出决定和选择,这些人包括:父母或家人,因为过去细枝末节的事是由他们决定的;朋友或同学,因为他们是你最好的朋友,不会害你;老师或辅导员,因为他们是专家,能提供更加理性的见解;权威人士,因为他们事业有成、有智慧,能够洞察先机、把握事态等。

④ 最少努力法

这种方法是指选择最容易的科系或技术,总希望轻松过关。为了容易考取大学,参加小语种、艺术类考试,选择比较容易通过的专业,祈求最好的结果。需记住，天上不会掉下馅饼，一分耕耘一分收获。

⑤ 拜金主义法

合法合理地追求经济利益最大化，这一点本身没有错，但盲目选择待遇最好的行业而忽视了从事该行业会给自己的身心带来的是快乐还是痛苦，不考虑该工作与自己志趣的符合度，结果是得不偿失。

⑥ 刻板印象法

以性别、年龄、社会地位等刻板印象来选择职业，如认为女性较适合从事服务业、办公文员等辅助性工作；而男性则应该做大事，不必拘泥于小节。这样的观念早已过时，现在男性与女性的职业差异在逐渐缩小。

⑦ 橱窗游走法

到各种工作场所走马观花一番，再选择最顺眼的职业，社会需要全才，但更需要专才。当我们无法选择的时候，不妨跳出选择本身，想一想"我为什么会被选择困住"或者"我最后要达成什么样的目的，哪个选择距离我的目标更近"。

（2）生涯规划的简单方法

最简单的职业生涯规划方法，是归零思考的方法。该方法是依次问自己以下五个问题：

① 我是谁？

② 我想做什么？

③ 我能做什么？

④ 环境支持或允许我做什么？

⑤ 我的职业与生活规划是什么？

回答了这五个问题，找到它们的最高共同点，就有了自己的职业生涯规划。

取出五张白纸、一支铅笔、一块橡皮，在每张纸的最上边分别写下以上五个问题。然后，静下心来，排除干扰，按照顺序，独立地仔细思考每一个问题。

对于第一个问题"我是谁"回答的要点是：面对自己，真实地写出想到的每个答案,写完了再想想有没有遗漏,认为确实没有了,再按重要性进行排序。

我是谁?

我的性格是＿＿＿＿＿＿＿＿＿＿＿＿＿＿＿＿＿＿＿

我的能力是＿＿＿＿＿＿＿＿＿＿＿＿＿＿＿＿＿＿＿

我的理想是＿＿＿＿＿＿＿＿＿＿＿＿＿＿＿＿＿＿＿

我的未来是＿＿＿＿＿＿＿＿＿＿＿＿＿＿＿＿＿＿＿

别人认为我是＿＿＿＿＿＿＿＿＿＿＿＿＿＿＿＿＿＿

对于第二个问题"我想干什么",你可将思绪拉回孩童时代,从人生初次萌生第一个想干什么的念头开始,然后随年龄的增长,再进行认真的排序。

我想干什么?

我小时候想干的工作是＿＿＿＿＿＿＿＿＿＿＿＿＿＿＿

我中学时想干的工作是＿＿＿＿＿＿＿＿＿＿＿＿＿＿＿

我现在想干的工作是＿＿＿＿＿＿＿＿＿＿＿＿＿＿＿＿

我的父母希望我干的工作是＿＿＿＿＿＿＿＿＿＿＿＿＿

我一定要干的工作是＿＿＿＿＿＿＿＿＿＿＿＿＿＿＿＿

第三个问题"我能干什么"则是对自己能力与潜力的全面总结,从根本上说,一个人的职业定位归结于他的能力,而职业发展空间的大小则取决于自己的潜力。对于一个人潜力的了解应该从几个方面着手,如对事的兴趣、做事的韧性、临事的判断力以及知识结构是否全面、是否及时更新等。

我能干什么?

我小时候曾干成的事情是＿＿＿＿＿＿＿＿＿＿＿＿＿＿

我中学时曾干成的事情是＿＿＿＿＿＿＿＿＿＿＿＿＿＿

我大学时曾干成的事情是＿＿＿＿＿＿＿＿＿＿＿＿＿＿

我认为我能干成的还有＿＿＿＿＿＿＿＿＿＿＿＿＿＿＿

别人认为我能干成的事情是＿＿＿＿＿＿＿＿＿＿＿＿＿

对第四个问题"环境支持或允许我干什么"的回答则要稍作分析:环境,包括本学校、本城市等,只要认为自己有可能借助的环境,都应在考虑范畴之内。在这些环境中,认真想想自己可能获得什么支持,弄明白后一一写下来,再根据重要性进行排列。

环境支持或允许我干什么?

我所在的寝室支持或允许我做的是_____

我所在的班级支持或允许我做的是_____

我所在的学院支持或允许我做的是_____

我所在的学校支持或允许我做的是_____

我所在的城市支持或允许我做的是_____

我的职业与生活规划是什么?

根据前四个问题得出你的结果_____

把五张纸一字排开,然后认真比较第一至第四张纸上的答案,将内容相同或相近的答案用一条横线连起来,你会得到几条连线,其中不与其他连线相交且处于最上面的线可能就是你最应该去做的事情。在此方向上以三年为单位,提出近期、中期与远期的目标;再在近期的目标中提出今年的目标并分解出每季度目标、每月目标、每周目标、每天目标。

这样,你每天睡前就可以对照自己的目标进行反省,总结当日成就与失误、经验与教训,修正第二天的目标与方法,第二天醒过来后稍加温习就可以投入行动了!这样日积月累,你的目标与梦想终会实现的。

(3)系统的生涯规划方法

① 自我觉察

在这个阶段,你已觉悟到生涯规划的重要性,并愿意花时间规划自己的生涯。也就是说,你已建立了生涯意识,开始思考自己的未来。

② 自我探索

系统化生涯规划是一个"从内而外"的过程,因此在制订生涯规划时,要先认识自己。认识自己主要从兴趣、性格、技能和价值观四个方面进行深入探索,以此确定自己的职业选择优势与倾向,进而给自己作一个初步的职业定位。自我探索主要解决以下四个问题:

其一,我的兴趣是什么?

其二，我的性格有哪些特点？

其三，我愿意在工作中使用哪些技能？

其四，我最渴望从工作中获得什么？

③ 环境探索

生涯规划不能只从"自我"需要出发，还得结合现实的社会需要。生涯规划不能脱离现实，"闭门造车""自说自话"只会让自己的发展目标不切实际，无法实施。系统的生涯规划需要在系统的自我探索之后进行深入的环境探索，即了解工作世界。探索工作世界，主要包括建立职业的概念，了解职业的分类和人才市场的需求，把握具体职业特别是自己适合的职业对人员的各种要求，寻求适合自己的生涯发展机会。

④ 生涯决策与确立目标

在前面"知己""知彼"的基础上，就可以作出对生涯发展方向的初步选择了。综合考虑自我职业倾向与现实的生涯发展机会的匹配状况，评估生涯发展方向和机会的成功成本与概率，理性作出生涯决策。生涯目标的设立要以自己的最佳才能、最优性格、最大兴趣、最有利的环境机会等条件为依据。生涯目标是人生的发展方向，对人的一生有着重要的影响。设立初步的生涯目标后，需要对目标进行仔细分解，以利目标的澄清和评估目标实现的可行性，并根据细分目标制订实现具体计划的方案。

⑤ 求职行动

有了具体的生涯目标之后，求职行动就是检验生涯规划成功与否的实践标准。具体的求职行动准备工作包括：求职前的各种准备，工作信息的获取、筛选、利用，求职材料的撰写和投递，面试技能和求职礼仪训练。生涯规划下的求职行动有的放矢、目标清晰，有助于求职行动的成功。

⑥ 再评估

事物都是处在运动变化中的，由于自身及外部环境条件的变化，生涯规划也要随着时间的推移而变化。影响生涯规划的内外因素很多，有些变化是难以预测的。在制订生涯规划时，由于对自身及外界环境了解不够，最初确定的生涯目标往往都是比较模糊或抽象的，有时甚至是错误的，经过一段时间的实践以后，回顾一下自己的行为得失，检验自己的职业定位与职业方向是否合适。这样在实施生涯规划的过程中自觉地总结经验和教训，评估生涯规划，修正对自我的认识，通过反馈与修正，纠正最终职业目标与分阶段职业目标的偏差，保证职业生涯规划行之有效。

内职业生涯与外职业生涯

1. 内职业生涯

内职业生涯指从事一种职业时的知识、观念、经验、能力、心理素质、内心感受等因素的组合及其变化过程。内职业生涯是通过从事职业时的表现、工作结果、言谈举止表现出来的。

内职业生涯各项因素的取得，可以通过别人的帮助来实现，但主要还是靠自己的努力追求来实现。内职业生涯的各构成因素一旦获得，别人便不能收回或剥夺。

2. 外职业生涯

外职业生涯是指从事一种职业时的工作时间、工作地点、工作单位、工作内容、工作职务（含行政职务和专业技术职务）、工资待遇等因素的组合及其变化过程。外职业生涯通常可以通过名片、工资单体现出来。名片上表明工作的地点、企业的类型、担任的职务、职称等内容；工资单里写明基本工资、岗位津贴、福利待遇、奖金等，这些因素就构成了外职业生涯。

外职业生涯的构成因素通常是由别人认可和给予的，也容易被别人否认和收回。但这些因素往往与自己的付出不符，尤其是在职业生涯初期。有的人一生疲于追求外职业生涯的成功，但内心极为痛苦，因为他们往往不了解，外职业生涯发展是以内职业生涯发展为前提条件的。

3. 内、外职业生涯与职业选择

内职业生涯的发展是外职业生涯发展的前提，内职业生涯的发展带动外职业生涯发展。内职业生涯在人的职业生涯成功乃至人生成功中具有关键作用。因此，在职业生涯的各个阶段，都应重视内职业生涯的发展，把对内职业生涯各因素的追求看得比外职业生涯更重要。

资料来源：浦解明、宋丽贞主编：《大学生新生生涯导航》，现代教育出版社2012年版。

思考题

制订你的学习计划

大学四年的学习目标：

大一阶段：_____

大二阶段：_____

大三阶段：_____

大四阶段：_____

第三章 自知者明——自我探索

第一节 兴趣探索

▶ 一、导语

知之者不如好之者,好之者不如乐之者。

——《论语》

对于学习,了解怎么学习的人,不如爱好学习的人;爱好学习的人,又不如以学习为乐的人。学习知识重要的是培养学习的兴趣,俗话说"兴趣是最好的老师"。对知识的学习感兴趣,就会变被动为主动,以学习为乐事,在快乐中学习,既能提高学习的效率,还能加深对知识的理解,这样学到的知识才能够灵活地运用。

▶ 二、思维导图

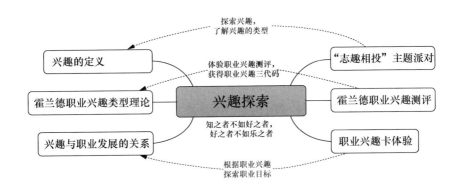

▶ 三、学习目标

通过本节内容，让学生了解什么是兴趣，了解兴趣与职业之间的关系，掌握培养兴趣的方法，初步探索自己的职业兴趣，理解"志于道，据于德，依于仁，游于艺"的内涵。

▶ 四、课程导入

约哈里之窗，是由美国的两位心理学家约瑟夫·卢夫特和哈里·英汉姆于20世纪50年代提出来的。他们通过自己知道与否和他人知道与否，把世间万事万物分隔为开放区、盲目区、隐秘区和未知区。

（1）开放区：这一区域是你自己知道、别人也知道的关于你的信息，如你的姓名、性别、年龄等。虽然并非你所有的朋友都知道这些内容，但至少你自己以及你所认识的部分人知道它们。那些易被他人获悉的信息都属于这一区域。

（2）隐秘区：这一区域是你自己知道、别人不知道的关于你的信息，如你的隐私，你的心理障碍等。

（3）盲目区：这一区域是你自己不知道、别人却知道的关于你的信息，如你嘴边粘了一小粒米饭，你自己可能没有察觉，但旁人一眼就看到了它；再如你的优缺点、你的思维定式等，别人可能看得比你更清楚，这就是当局者迷、旁观者清。

（4）未知区：这一区域是你自己和别人都不知道的关于你的信息，比如，你的潜能。

总结：每个人距离自己最近，但我们对自己却不够了解，都要用一辈子的时间去认识和了解自己，但到最后我们是否能百分之百认识自己呢？（让学生回答）其实，认识和了解自己越多，走的弯路就会越少，不管是工作、生活还是爱情。每一个成功的人都是自我了解程度比较高的，只有认识和了解自己才知道什么样的事情适合自己，才知道自己要用什么方法方式去面对。那么今天这堂课，我们就开始学习如何认识自己。

资料来源：〔美〕奥马尔·马涅瓦拉：《与自我和解：超越强迫、成瘾和自毁行为的治愈之旅》，郑炜翔译，人民邮电出版社2015年版。

五、教学活动

（一）活动一："志趣相投"主题派对

活动目标：

通过课堂活动，引导学生探索自己的兴趣，掌握兴趣类型的特点和所匹配的职业情况。

活动流程：

步骤1：明确活动引语。

假如你要参加一个"志趣相投"主题派对，有机会参与六种不同主题的派对，并与派对中的人交流交往收获的快乐。请不要考虑其他因素，仅凭自己的兴趣挑出你最想参加的主题派对。

现在需要一位主持人介绍六个主题派对。主持人要富有感情地介绍这六个派对的主题内容，此时建议学生找到自己最舒适的位置坐好，等待主持人的介绍。

步骤2：主持人介绍派对主题（各主题按霍兰德职业兴趣测试设计）。

（1）R主题：这个派对的参与者情绪稳定、有耐性、朴实、坦诚，宁愿行动，不喜多言，喜欢用实际行动表达自己的关心和爱。他们喜欢在讲求实际的动手操作中从事明确固定的工作，制造完成有实际用途的物品。他们对机械与各种工具的使用等较有兴趣。生活上很务实，相对于未来的想象更重视眼前的事，比较喜欢独自工作。参与者大都从事机械、电子、土木建筑、农业等工作。

（2）I主题：这个派对的参与者善于观察、思考、分析与推理，喜欢用头脑依自己的步调来解决问题并追根究底。他们不喜欢别人给他指引，工作时也不喜欢有很多限制和时间压力。他们做事时喜欢经过思考提出新的想法和方案，但对实际解决问题的细节兴趣不大。他们不是很在乎别人的看法，喜欢和有相同兴趣或专业背景的人讨论，否则他们认为还不如自己看书或思考。这个派对的参与者大都从事生物、化学、医药、数学、天文、哲学、宗教等相关工作。

（3）A主题：这个派对的参与者直觉敏锐、善于表达和创新。他们希望借文字、声音、色彩或形式来表达创造力和美的感受，喜欢自由自在的工作，不喜欢管人和被人管，认为在无拘无束的环境下工作最开心。他们生活的目的就是创造不平凡的事物，所以总喜欢与众不同的新创意，平时和朋友的关系比较随性。参与者大都从事音乐、写作、戏剧、绘画、设计、舞蹈等相关工作。

（4）S主题：参与者与人和善，容易相处，关心自己和别人的感受，喜欢倾听和了解别人，也愿意付出时间和精力去解决别人的冲突。他们喜欢教导别人，并帮助他人成长。他们不爱竞争，喜欢大家一起做事，一起为团体尽力，喜欢融洽和睦的和谐氛围。交友广阔，关心别人胜于关心工作。这些人大都从事教师、志愿者、社会工作、医护等相关工作。

（5）E主题：参与者精力旺盛、生活节奏快、喜好冒险竞争，做事有目标并具有行动力。他们不愿花太多时间仔细研究，希望拥有权力去改善不合理的事，喜欢掌控全局。他们善用说服力和组织能力，希望自己的表现被他人肯定，并成为团体的焦点人物。他们不因现阶段的成就而感到满足，也要求别人跟他一样努力。参与者大都从事管理、销售、司法、政治等相关工作。

（6）C主题：参与者个性谨慎踏实，做事讲求规矩和精确，喜欢在有明确规范的环境下工作，尤其热爱整理工作。他们做事按部就班、精打细算，给人的感觉是有效率、仔细、可靠而有信用，他们的生活哲学是稳扎稳打，不喜欢改变或创新，也不喜欢冒险或领导，认为安全稳妥、踏踏实实就好。参与者大都从事银行、金融、会计、秘书等相关工作。

步骤3：给六个主题派对规定区域，并引领选择同一个主题派对的学生坐到一起，选择一位派对主人，并在白纸上面画出派对的主题、口号，同时推荐一个知名人士来做代表。

步骤4：向其他主题派对的参与者作本主题派对的介绍。

步骤5：逐一介绍每个主题派对的参与者特质。

总结评估：

让学生通过对自身兴趣的探索以及小组间共同兴趣的分享交流加深对兴趣

类型的了解。同时可以让学生进一步挖掘自身的特点和优势，找到志同道合的朋友，如果出现学生对类型选择犹豫或者无法选择的情况，就需要活动主持人对相关的主题类型进行深入介绍。

（二）活动二：霍兰德职业兴趣测评

活动目标：

通过本活动，让学生体验职业兴趣测评，获得自己的霍兰德职业兴趣三代码，使自己的兴趣与职业建立连接，探索兴趣与职业发展的关系。

活动流程：

步骤1：下发《霍兰德职业兴趣自测表》（见表3-1），测评前进行测评指导：本测验可以帮助你大致确定自己的职业兴趣，对下面列举的一系列活动，如果你喜欢某一种，就在"喜欢"栏内打钩，如果不喜欢，则在"不喜欢"栏内打钩。测评分为活动兴趣和职业兴趣两页，请大家快速按自己的第一感觉进行选择。

表3-1 霍兰德职业兴趣自测表

一、活动					
A型活动	喜欢	不喜欢	C型活动	喜欢	不喜欢
绘画	(　)	(　)	保持房间、书桌整洁	(　)	(　)
阅读剧本和听歌剧	(　)	(　)	进行记账的四则运算	(　)	(　)
设计家具或住房	(　)	(　)	收款记账	(　)	(　)
弹奏乐器	(　)	(　)	整理文件档案	(　)	(　)
听音乐会	(　)	(　)	校对材料	(　)	(　)
阅读通俗小说、诗歌	(　)	(　)	统计材料	(　)	(　)
写作	(　)	(　)	打算盘	(　)	(　)
学习美术课程	(　)	(　)	练习打字	(　)	(　)
合计（次数）	(　)	(　)	合计（次数）	(　)	(　)
E型活动	喜欢	不喜欢	I型活动	喜欢	不喜欢
管理工作人员	(　)	(　)	阅读自然科学的书籍和杂志	(　)	(　)
售货	(　)	(　)	实验室工作	(　)	(　)
讨论政治	(　)	(　)	自然科学的研究工作	(　)	(　)
以个人的意志影响别人的行动	(　)	(　)	化学实验	(　)	(　)

(续表)

参加会谈	( )	( )	做数学难题	( )	( )
会见重要人物	( )	( )	学习物理课	( )	( )
找人谈话	( )	( )	学习几何课	( )	( )
管理产品	( )	( )	学习生物课	( )	( )
合计（次数）	( )	( )	合计（次数）	( )	( )
R 型活动	喜欢	不喜欢	S 型活动	喜欢	不喜欢
电器维修	( )	( )	与朋友通信	( )	( )
汽车修理	( )	( )	参加社交活动	( )	( )
做木工	( )	( )	帮助别人解决困难	( )	( )
驾驶汽车	( )	( )	照料儿童	( )	( )
使用金工工具（如钳子等）	( )	( )	参加教育宣传活动	( )	( )
摆弄收音机、自行车等	( )	( )	出席各种活动	( )	( )
操纵机器	( )	( )	结交朋友	( )	( )
学习机械制图	( )	( )	参加体育比赛	( )	( )
合计（次数）	( )	( )	合计（次数）（ ）	( )	
二、职业					
A 型职业	喜欢	不喜欢	C 型职业	喜欢	不喜欢
诗人	( )	( )	记账员	( )	( )
音乐家	( )	( )	会计员	( )	( )
作家	( )	( )	银行出纳员	( )	( )
记者	( )	( )	法庭速记员	( )	( )
歌唱家	( )	( )	成本估算员	( )	( )
作曲家	( )	( )	统计师	( )	( )
编剧	( )	( )	税务专家	( )	( )
雕刻家	( )	( )	校对员	( )	( )
漫画家	( )	( )	打字员	( )	( )
乐队指挥	( )	( )	办公室职员	( )	( )
合计（次数）	( )	( )	合计（次数）	( )	( )
E 型职业	喜欢	不喜欢	I 型职业	喜欢	不喜欢
销售经理	( )	( )	气象学研究人员	( )	( )
进货员	( )	( )	生物学研究人员	( )	( )
旅馆经理	( )	( )	天文学研究人员	( )	( )
推销员	( )	( )	药剂师	( )	( )
饭店经理	( )	( )	动物学研究人员	( )	( )
电视制作人员	( )	( )	化学研究人员	( )	( )
商品批发员	( )	( )	科学报刊编辑	( )	( )
人事安排决策者	( )	( )	地质学研究人员	( )	( )

(续表)

广告宣传员	( )	( )	植物学研究人员	( )	( )
调度员	( )	( )	物理学研究人员	( )	( )
合计（次数）	( )	( )	合计（次数）	( )	( )
R 型职业	喜欢	不喜欢	**S 型职业**	喜欢	不喜欢
飞机机械师	( )	( )	社会学研究人员	( )	( )
鱼类和野生动物专业人员	( )	( )	青少年犯罪问题研究人员	( )	( )
自动化技师	( )	( )	演讲理论研究	( )	( )
木工	( )	( )	校长	( )	( )
机床工（车工、钳工等）	( )	( )	社会科学教师	( )	( )
电工	( )	( )	精神病工作者	( )	( )
无线电报务员	( )	( )	咨询人员	( )	( )
长途公共汽车司机	( )	( )	导游	( )	( )
火车司机	( )	( )	青年管理者	( )	( )
机械师	( )	( )	福利机构主任	( )	( )
合计（次数）	( )	( )	合计（次数）	( )	( )

步骤2：请学生将探索的结果统计在汇总表中，见表3-2。

表3-2 霍兰德职业兴趣测评结果汇总表

职业类型	选择"喜欢"的次数（活动）	选择"喜欢"的次数（职业）	合计次数
R			
I			
A			
S			
E			
C			

将"合计次数"一栏中最大的三个数字的相应字母填入下方代号空格内：

职业兴趣代号　（　）　　　　（　）　　　　（　）
　　　　　　　最高次数　　　次高　　　　再次

步骤3：分享霍兰德职业兴趣代码中的典型职业，让学生了解自己职业兴趣代码所对应的职业情况。

步骤4：让学生进行小组讨论与分享。

总结评估：

通过测评问卷的方式让学生可以快速获得自己的职业兴趣三代码，然后再通过对对应职业类别的介绍与拓展，让学生对自己的兴趣与职业发展建立基本的联系。同时，通过小组讨论与分享让学生加深对兴趣代码的了解，进一步建立自己的兴趣与职业的连接。测评过程中可能出现测评结果不是很准确或测评分区分度不高等情况，这时老师可以带领学生通过分析霍兰德六个兴趣类型具体的特点以及类型之间的关系让学生加深理解，校正学生测评出来的代码。

（三）活动三：职业兴趣卡体验

活动目标：

让学生感受哪些职业是吸引自己的，寻找这些吸引自己的职业的共同点，根据自己的职业兴趣探索自己的职业目标。

活动流程：

步骤1：让所有学生将记录纸分成五列，列标题写下"感兴趣""有点感兴趣""不知道""不太感兴趣""不感兴趣"五个类型。

步骤2：主持人或邀请小组派一名代表对职业卡进行介绍（介绍职业卡名称和职业代码），让其他所有学生根据所听到职业卡的内容进行逐一归类。在归类前提醒学生必须认真投入，从自身兴趣出发，而不是从社会要求出发。（这里用到的职业卡可以使用北森生涯学院的《职业兴趣分类卡》，或提前准备职业卡，典型职业及代码可参考表3-3）

表 3-3　典型职业及代码

RIA：牙科技术员、陶工、建筑设计计员、模型工、细木工、制作链条人员。
RIS：厨师、林务员、跳水运动员、潜水员、染色员、电器修理工、眼镜制作工、电工、纺织机器装配工、服务员、装玻璃工人、发电厂工人、焊接工。
RIE：建筑和桥梁工程师、环境工程师、航空工程师、公路工程师、电力工程师、信号工程师、电话工程师、一般机械工程师、自动工程师、矿业工程师、海洋工程师、交通工程技术人员、制图员、家政经纪人、计量员、农民、农场工人、农业机械操作人员、清洁工、无线电修理工、汽车修理工、手表修理工、管工、线路装配工、工具仓库管理员。
RIC：船上工作人员、接待员、杂志保管员、牙医助手、制帽工、磨坊工、石匠、机器制造人员、机车（火车头）制造人员、农业机器装配工、汽车装配工、缝纫机装配工、钟表装配和检验人员、电动器具装配工、鞋匠、锁匠、货物检验员、电梯机修工、托儿所所长、钢琴调音员、装配工、印刷工、卡车司机。
RAI：手工雕刻人员、玻璃雕刻人员、制作模型人员、家具木工、制作皮革品人员、手工绣花人员、手工钩针纺织人员、排字工作人员、印刷工作人员、图画雕刻工作人员、装订工。

(续表)

RSE：消防员、交通巡警、警察、门卫、理发师、房间清洁工、屠夫、锻工、开凿工人、管道安装工、出租汽车驾驶员、货物搬运工、送报员、勘探员、娱乐场所的服务员、起卸机操作工、灭害虫者、电梯操作工、厨房助手。

RSI：纺织工、编织工、农业学校教师、某些职业课程教师（诸如艺术、商业、技术、工艺课程）、雨衣上胶工。

REC：抄水表员、保姆、实验室动物饲养员、动物管理员。

REI：轮船船长、航海领航员、大副、试管实验员。

RES：旅馆服务员、家畜饲养员、渔民、渔网修补工、水手长、收割机操作工、搬运行李工人、公园服务员、救生员、登山导游、火车工程技术员、建筑工作、铺轨工人。

RCI：测量员、勘测员、仪表操作者、农业工程技术员、化学工程技师、民用工程技师、石油工程技师、资料室管理员、探矿工、煅烧工、烧窑工、矿工、保养工、磨床工、取样工、样品检验员、纺纱工、炮手、漂洗工、电焊工、锯木工、刨床工、制帽工、手工缝纫工、油漆工、染色工、按摩工、木匠、农民建筑工作、电影放映员、勘测员助手。

RCS：公共汽车驾驶员、水手、游泳池服务员、裁缝、建筑工作、石匠、烟囱修建工、混凝土工、电话修理工、爆炸手、邮递员、矿工、裱糊工人、纺纱工。

RCE：打井工、吊车驾驶员、农场工人、邮件分类员、铲车司机、拖拉机司机。

IAS：普通经济学家、农业经济学家、财政经济学家、国际贸易经济学家、实验心理学家、工程心理学家、心理学家、哲学家、内科医生、数学家。

IAR：人类学家、天文学家、化学家、物理学家、医学病理学家、动物标本剥制者、化石修复者、艺术品管理者。

ISE：营养学家、饮食顾问、火灾检查员、邮政服务检查员。

ISC：侦察员、电视播音室修理员、电视修理服务员、验尸室人员、编目录者、医学实验定技师、调查研究者。

ISR：水生生物学者、昆虫学者、微生物学家、配镜师、矫正视力者、细菌学家、牙科医生、骨科医生。

ISA：实验心理学家、普通心理学家、发展心理学家、教育心理学家、社会心理学家、临床心理学家、皮肤病学家、精神病学家、妇产科医师、眼科医生、五官科医生、医学实验室技术专家、民航医务人员、护士。

IES：细菌学家、生理学家、化学专家、地质专家、地理物理学专家、纺织技术专家、医院药剂师、工业药剂师、药房营业员。

IEC：档案保管员、保险统计员。

ICR：质量检验技术员、地质学技师、工程师、法官、图书馆技术辅导员、计算机操作员、医院听诊员、家禽检查员。

IRA：地理学家、地质学家、声学物理学家、矿物学家、古生物学家、石油学家、地震学家、声学物理学家、原子和分子物理学家、电学和磁学物理学家、气象学家、设计审核员、人口统计学家、数学统计学家、外科医生、城市规划家、气象员。

IRS：流体物理学家、物理海洋学家、等离子体物理学家、农业科学家、动物学家、食品科学家、园艺学家、植物学家、细菌学家、解剖学家、动物病理学家、作物病理学家、药物学家、生物化学家、生物物理学家、细胞生物学家、临床化学家、遗传学家、分子生物学家、质量控制工程师、地理学家、兽医、放射性治疗技师。

（续表）

IRE：化验员、化学工程师、纺织工程师、食品技师、渔业技术专家、材料和测试工程师、电气工程师、土木工程师、航空工程师、行政官员、冶金专家、原子核工程师、陶瓷工程师、地质工程师、电力工程师、口腔科医生、牙科医生。

IRC：飞机领航员、飞行员、物理实验室技师、文献检查员、农业技术专家、动植物技术专家、生物技师、油管检查员、工商业规划者、矿藏安全检查员、纺织品检验员、照相机修理者、工程技术员、编计算程序者、工具设计者、仪器维修工。

CRI：簿记员、会计、记时员、铸造机操作工、打字员、按键操作工、复印机操作工。

CRS：仓库保管员、档案管理员、缝纫工、讲述员、收款人。

CRE：标价员、实验室工作者、广告管理员、自动打字机操作员、电动机装配工、缝纫机操作工。

CIS：记账员、顾客服务员、报刊发行员、土地测量员、保险公司职员、会计师、估价员、邮政检查员、外贸检查员。

CIE：打字员、统计员、支票记录员、订货员、校对员、办公室工作人员。

CIR：校对员、工程职员、海底电报员、检修计划员、发报员。

CSE：接待员、通信员、电话接线员、卖票员、旅馆服务员、私人职员、商学教师、旅游办事员。

CSR：运货代理商、铁路职员、交通检查员、办公室通信员、簿记员、出纳、银行财务职员。

CSA：秘书、图书管理员、办公室办事员。

CER：邮递员、数据处理员、办公室办事员。

CEI：推销员、经济分析家。

CES：银行会计、记账员、法人秘书、速记员、法院报告人。

ECI：银行行长、审计员、信用管理员、地产管理员、商业管理员。

ECS：信用办事员、保险人员、各类进货员、海关服务经理、售货员、购买员、会计。

ERI：建筑物管理员、工业工程师、农场管理员、护士长、农业经营管理人员。

ERS：仓库管理员、房屋管理员、货栈监督管理员。

ERC：邮政局局长、渔船船长、机械操作领班、木工领班、瓦工领班、驾驶员领班。

EIR：出版物管理员。

EIC：专利代理人、鉴定人、运输服务检查员、安全检查员、废品收购人员。

EIS：警官、侦察员、交通检验员、安全咨询员、合同管理者、商人。

EAS：法官、律师、公证人。

EAR：展览室管理员、舞台管理员、播音员、驯兽员。

ESC：理发师、裁判员、政府行政管理员、财政管理员、工程管理员、职业病防治员、售货员、商业经理、办公室主任、人事负责人、调度员。

ESR：家具售货员、书店售货员、公共汽车驾驶员、日用品售货员、护士长、自然科学和工程的行政领导。

ESI：博物馆管理员、图书馆管理员、古迹管理员、饮食业经理、地区安全服务管理员、技术服务咨询者、超级市场管理员、零售商店店员、批发商、出租汽车服务站调度员。

ESA：博物馆馆长、报刊管理员、音乐器材售货员、广告商售画营业员、导游、（轮船或班机上的）事务长、飞机上的服务员、船员、法官、律师。

ASE：戏剧导演、舞蹈教师、广告撰稿人、报刊作者、专栏作者、记者、演员、英语翻译。

(续表)

> ASI：音乐教师、乐器教师、美术教师、管弦乐指挥、合唱队指挥、歌星、演奏家、哲学家、作家、广告经理、时装模特。
> AER：新闻摄影师、电视摄影师、艺术指导、录音指导、丑角演员、魔术师、木偶戏演员、跳水员。
> AEI：音乐指挥、舞台指导、电影导演。
> AES：流行歌手、舞蹈演员、电影导演、广播节目主持人、舞蹈教师、口技表演者、喜剧演员、模特。
> AIS：画家、剧作家、编辑、评论家、时装艺术大师、新闻摄影师、演员、文学作者。
> AIE：花匠、皮衣设计师、工业产品设计师、剪影艺术家、复制雕刻品大师。
> AIR：建筑师、画家、摄影师、绘图员、环境美化工、雕刻家、包装设计师、陶器设计师、绣花工、漫画工。
> SEC：社会活动家、退伍军人服务官员、工商会事务代表、教育咨询者、宿舍管理员、旅馆经理、饮食服务管理员。
> SER：体育教练、游泳指导。
> SEI：大学校长、学院院长、医院行政管理员、历史学家、职业学校教师、资料员。
> SEA：娱乐活动管理员、国外服务办事员、社会服务助理、一般咨询者、宗教教育工作者。
> SCE：部长助理、福利机构职员、生产协调人、环境卫生管理人员、戏院经理、餐馆经理、售票员。
> SRI：外科医师助手、医院服务员。
> SRE：体育教师、职业病治疗者、体育教练、专业运动员、房管员、儿童家庭教师、警察、引座员、传达员、保姆。
> SRC：护理员、护理助理、医院勤杂工、理发师、学校儿童服务人员。
> SIA：社会学家、心理咨询者、学校心理学家、政治科学家、大学或学院的系主任、大学或学院的教育学教师、大学工程和建筑课程的教师、大学法律教师、大学数学、医学、物理、社会科学和生命科学的教师、研究生助教、成人教育教师。
> SIE：营养学家、饮食学家、海关检查员、安全检查员、税务稽查员、校长。
> SIC：描图员、兽医助手、诊所助理、体检检查员、监督缓刑犯的工作者、娱乐指导者、咨询人员、社会科学教师。
> SIR：理疗员、救护队工作人员、医生、职业病治疗助手。

步骤3：对主持人念到的不同职业卡的职业名称和代码，学生根据自己的情况分别填入五个类型列中。

步骤4：引导小组组内进行分享交流，比如，你感兴趣的职业有哪些共同点，这些职业的工作对象或工作内容有哪些相同之处等。

总结评估：

低年级学生对于具体职业名称和职业内容要求还不熟悉，需要提供一些具体的职业名称给他们作参考，职业兴趣分类卡的使用既可以单人像玩纸牌游戏一样操作，也可以团队一起来探索。对于一些学生看到名称后不熟悉工作内容的职业卡可以通过职业三代码来理解。如果遇到学生感兴趣的职业较少的情况，主持人可以通过更多职业内容的介绍和拓展来加深学生对职业的了解。同时，还可以通过对某些职业共同特点的分析来让学生探索自己的职业目标，寻找实现职业目标所需的知识、技能、资格储备等，规划自己的职业行动。

▶ 六、理论知识

（一）兴趣的定义

1. 兴趣的定义

美国芝加哥大学心理学教授米哈里·契克森米哈赖（Mihaly Csikszentmihalyi）发现，当人们在专心致志地、积极地从事某种活动，甚至忘我地沉浸在这种活动中时，他们感到最为愉快和满足。

兴趣是人们获得工作满意度、职业稳定性和职业成就感的重要影响因素，是我们动力和快乐的来源。

2. 兴趣的影响因素

（1）个人需要

无论人的兴趣是什么，都是以需要为前提和基础的，人们需要什么，就会对什么产生兴趣。由于人们的需要包括生理需要和社会需要或物质需要和精神需要，因此人的兴趣也同样表现在这些方面。人的生理需要或物质需要一般来说是暂时的，容易满足。人的社会需要或精神需要却是持久的、稳定的、不断增长的，兴趣是在需要的基础上产生的，也是在需要的基础上发展的。

（2）个人认识和情感

兴趣的形成是和个人的认识和情感密切联系的，如果个人对某项事物没有认识，也就不会产生情感，因而也就不会对它产生兴趣。同样，如果个人缺乏某种职业知识，或者根本不了解这种职业，那么他就不可能对这种职业感兴趣。相反，认识越深刻，情感越丰富，兴趣也就越深厚。

(3)家庭环境

家庭作为最基本的社会单元,对每个人的心理发展都产生了重要的影响,家庭环境的熏陶对职业兴趣的形成具有十分明显的导向作用。大多数人从幼年起就在家庭的环境中感受其父母的职业活动,随着年龄的增长,逐步形成自己对职业价值的认识,使得个人在选择职业时,不可避免地带有家庭教育的印迹。家庭因素对职业取向的影响,主要体现在择业趋同性与协商性等方面。一般情况下,个人对于家庭成员特别是长辈的职业比较熟悉,在职业规划和职业选择上产生一定的趋同性,同时受家庭群体职业活动的影响,个人的生涯决策会或多或少产生于家庭成员共同协商的基础上。

(4)受教育程度

个人自身接受教育的程度是影响其职业兴趣的重要因素,任何社会职业从客观上对从业人员都有知识与技能等方面的要求,而一个人的知识与技能水平的高低在很大程度上取决于其受教育的程度。一般意义上,个人学历层次越高,接受职业培训范围越广,其职业取向领域就越宽。

(5)社会因素

一方面,社会舆论对个人职业兴趣的影响主要体现在政府政策导向、传统文化、社会时尚等方面,其中政府就业政策的宣传是主导的影响因素,传统的就业观念和就业模式也往往制约个人的职业选择。另一方面,兴趣和爱好是受社会性制约的,不同的环境、职业、文化层次的人兴趣和爱好都不一样。

(二)霍兰德职业兴趣类型理论

20世纪60年代,美国职业指导专家霍兰德在帕森斯观点的基础上,结合当时的人格心理学概念,认为职业选择是人格的一种表现,职业兴趣类型即人格类型。大多数人的人格特质可以归纳为六种类型,即实用型、研究型、艺术型、社会型、企业型、事务型。由于同一职业吸引有相似人格特质的人,他们对情境和问题会有类似的反应,因此,职业环境也可以分为与人格类型的分类一致的六种类型。具体如表3-4所示。

表 3-4　霍兰德职业兴趣类型

类型	喜欢的活动	重视	职业环境要求	典型职业
实用型 R	用手、工具、机器制造或修理东西，愿意从事实物性的工作，喜欢户外活动或操作机器，不喜欢在办公室工作	具体实际的事物，诚实，有常识	使用手工或机械技能对物体、工具、机器、动物等进行操作，与"事物"工作的能力比与"人"打交道的能力更为重要	园艺师、木匠、汽车修理工、工程师、军官、外科医生、足球教练员
研究型 I	喜欢探索和理解事物，学习研究那些需要分析、思考的抽象问题，喜欢阅读和讨论有关科学性的论题，喜欢独立工作，对未知问题的挑战充满兴趣	知识、学习、成就、独立	分析研究问题，并运用复杂和抽象的思考创造性地解决问题的能力，谨慎缜密，能运用智慧独立地工作，一定的写作能力	实验室工作人员、生物学家、化学家、心理学家、工程设计师、大学教授
艺术型 A	喜欢自我表达，喜欢文学、音乐、艺术和表演等具有创造性、变化性的工作，重视作品的原创性和创意	有创意的想法，自我表达，自由，美	创造力及对情感的表现能力，以非传统的方式来表现自己，自由、开放	作家、编辑、音乐家、摄影师、厨师、漫画家、导演、室内装潢设计师
社会型 S	喜欢与人合作，热情，关心他人的幸福，愿意帮助别人成长或解决困难并为他人提供服务	服务社会与他人，公正，理解，平等，理想	人际交往能力，教导、医治、帮助他人等方面的技能，对他人表现出精神上的关爱，愿意担负社会责任	教师、社会工作者、牧师、心理咨询师、护士
企业型 E	喜欢领导和支配别人，通过领导、劝说他人或推销自己的观念、产品从而达到个人或组织的目标，希望成就一番事业	经济和社会地位上的成功，忠诚，冒险精神，责任	说服他人或支配他人的能力，敢于承担风险，具有目标导向	律师、政治运动领袖、营销人员、市场部经理、电视制片人、保险代理
事务型 C	喜欢固定的、有秩序的工作或活动，希望确切地知道工作的要求和标准，愿意在一个大的机构中处于从属地位，对文字、数据和事物进行细致有序的系统处理以达到特定的标准	准确，有条理，节俭，盈利	文书技巧，组织能力，听取并遵从指示的能力，能够按时完成工作并达到严格的标准，有组织、有计划	文字编辑、会计师、银行家、簿记员、办事员、税务员和计算机操作员

1. 霍兰德生涯理论假设

霍兰德生涯理论的基础主要由以下三个基本假设组成。

（1）大多数人的人格特质都可以归纳为六种类型，即实用型、研究型、艺术型、社会型、企业型和事务型。

（2）职业环境也有六种类型，其名称、性质与人格类型的分类一致。

（3）人与职业环境的类型匹配是形成职业满意度、成就感的基础。人们都尽量寻找那些能突出自己特长、体现自己价值和能令自己愉快的职业，所以一个人的行为表现是职业环境类型和人格类型相互作用的结果。

2. 霍兰德六种类型之间的关系

霍兰德以一个六边形形象地阐述了六种类型之间的关系，如图3-1所示。六种类型占据了六边形的六个角，各角间相邻类型彼此间具有较高的一致性，即相邻两种类型间有一定的共同特点，而相隔一角的类型之间一致性次之，对角之间的类型一致性最弱，用虚线表示。如以社会型与实用型为例，社会型的人喜欢帮助别人，在团体中工作，看重人际互动。实用型的人则偏好用机器来工作，而不喜欢以人群为工作的对象。从霍兰德六角形模型对人格特质和职业环境之间相似关系的描述可以看出，每一种类型与其他类型之间存在不同程度的关系，大体可描述为三类：

（1）相邻关系，如 RI、IR、IA、AI、AS、SA、SE、ES、EC、CE、RC 及 CR，属于这种关系的两种类型的个体之间共同点较多，实用型 R、研究型 I 的人就都不太偏好人际交往，这两种职业环境中也都较少有机会与人接触。

（2）相隔关系，如 RA、RE、IC、IS、AR、AE、SI、SC、EA、ER、CI 及 CS，属于这种关系的两种类型的个体之间共同点较相邻关系少。

（3）相对关系，在六边形上处于对角位置的类型之间即为相对关系，如 RS、IE、AC、SR、EI 及 CA，相对关系的人格类型共同点少。因此，一个人同时对处于相对关系的两种职业环境兴趣很浓的情况较为少见。

霍兰德的类型理论提出之后对职业指导过程的分析、解释和诊断产生了重大影响，其理论被广泛用于心理测验工具的编制和应用，并激发了众多对其理论的研究工作与报告的产生。

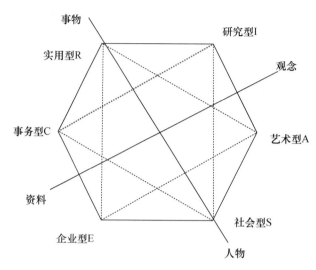

图 3-1　霍兰德六角形模型

(三) 兴趣与职业发展的关系

1. 兴趣是职业选择的重要依据

兴趣是职业选择中的重要因素,是一种强大的精神力量,可以使人集中精力去获得所喜欢的知识,启迪智慧并创造性地开展工作。根据霍兰德的理论,个体的职业兴趣可以影响其对职业的满意程度。当个体所从事的职业和他的职业兴趣类型匹配时,个体的潜在能力就可以得到最彻底地发挥,工作业绩也更加显著。

2. 兴趣是保证职业稳定、职场成功的重要因素

从兴趣的产生和发展看,一般要经历有趣、乐趣、志趣三个阶段。有趣,是出于对某一事物的好奇,随着对这一事物的逐渐熟悉和新奇感的消失而消失。乐趣是在兴趣定向发展的基础上形成的,是兴趣发展的终极阶段,这一阶段的兴趣变得专一、深入。志趣是兴趣发展的第三阶段,当乐趣同个人的社会责任感、理想、奋斗目标等结合起来时,兴趣就变成了志趣,作为志趣的兴趣可以调动人的全部精力,促进能力的发挥,兴趣和能力的合理结合会大大提高工作效率。曾有研究显示:如果从事自己感兴趣的职业,则能发挥个人全部才

能的 80%—90%，且长时间保持高效率，不感到疲劳；而从事没兴趣的工作，只能发挥全部才能的 20%—30%。

3. 兴趣与职业相互影响、相互作用

一方面，兴趣是可以通过职业生涯来培养的。兴趣的形成，是可以通过职业经历培养出来的，如由于擅长做此类工作，或者是越做越好，得到的主观、客观的回报越来越多，所以产生兴趣。而在有兴趣的前提下，人们又可以将自己的工作做得更出色、更持久。另一方面，职业也可以成为联结一个人兴趣变化的纽带。兴趣可以分为显性兴趣和隐性兴趣，人有时候对某项职业感兴趣，但并没有表现出来，这就是隐性兴趣。隐性兴趣要转化为成熟的显性兴趣就必须有一个职业催化的过程。如果人的兴趣被工作所激发的话，这种兴趣就会存在于这个人本身的气质里，最终变成显性兴趣。

 思考题

通过学校的职业兴趣测评系统，结合其他的兴趣探索方法来探索自己的职业兴趣类型。

第二节　性　格　探　索

▶ 一、导语

江山易改，秉性难移。

——《醒世恒言》

人的本性的改变，比江山的变迁还要难。语出明代冯梦龙《醒世恒言》第三十五卷："常言道得好，'江山易改，秉性难移。'"

二、思维导图

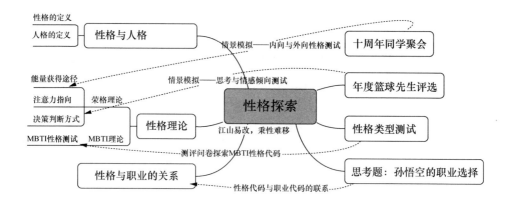

三、学习目标

通过介绍性格的相关理论，引导学生探索自己的性格特征，正确理解性格与职业之间的关系。同时，通过让学生理解性格不易改变，但人格可通过后天提高修养而不断提升，探索性格、提升人格魅力，争做担当民族复兴大任的时代新人。

四、课程导入

党的十九大报告首次提出时代新人的概念，指出时代新人是担当民族复兴大任的中国特色社会主义建设者和接班人，可以说，时代新人是新时代中国特色社会主义的理想人格。时代新人尽管是新时代的特定产物，但是时代新人作为新时代的理想人格不是凭空创造的，而是中国传统人格理想同新时代具体条件相结合的产物。君子人格是中国传统社会的理想人格，经由先秦思想家提出，在历史的发展中逐渐成为中华民族的人格理想，是中华民族区别于其他民族的文化特征。

"君子道者三，我无能焉：仁者不忧，知者不惑，勇者不惧。"大致的意思是：仁德的人不忧虑，智慧的人不迷惑，勇敢的人不畏惧。人的才智性格各异，在修养自己的时候，哪些地方需要特别用力也互不相同，但一个人要达成完美的人格修养，有三个方面是缺一不可的，即如何做到不忧、不惑、不惧。君子人格的内在品质主要包括智、仁、勇，这是儒家人格要求的三个基本要素。君子修身成就理想人格即是对智、仁、勇三种美德进行学习、实践。

其中，要重点讲的是：仁。仁是君子内在道德的核心，它作为君子德行的最高层级可以统摄君子的内在品质。仁是君子人格的最高境界。

仁的品质，一方面是君子自我的道德修养，通过长期内省和克己完成，即你是否愿意并坚持克己，即克制自己，战胜自己，不为外物所诱，而不可以任性，为所欲为，要不断修炼自己的人格；另一方面体现为君子的社会责任和道德实践，即爱其他社会成员，"仁者，爱人"。

在这次疫情中，我们就可以发现，那些"无论生死"的医务人员，那些快递小哥、社区工作人员背后的"舍己为人"精神，这种"损己利人"的行为方式背后折射的就是"关爱他人"的崇高君子人格。这就是人格的力量，一种权力之外的对他人的影响力，它润物无声，涓涓入心，更持久，也更有效。

▶ 五、教学活动

（一）活动一：十周年同学聚会

活动目标：

通过活动让学生理解性格的内向和外向之间的区别。

活动流程：

步骤1：引入活动背景，假如你要去参加高中毕业十周年同学聚会，通过提问与回答的方式进行情景模拟：

接到通知以后，你的想法是怎样的？

到达聚会地点之后，你的心情如何？

聚会过程中，你的表现如何？

从早上八点持续到晚上八点的聚会你有什么样的感受？

回到家以后你是什么状态？

步骤2：分组进行分享，每个组推选出自认为比较外向和比较内向的代表来进行情境模拟分享。

活动评估：

性格测试中内向和外向的定义往往有一些刻板，放入真实情境中感受更容易区分，外向型的人会因外界需要而精力充沛，或者因他人的鼓舞而充满活力，他们倾向于探索外部的世界。内向型的人容易从思想经验、自我意识等内部世界获得心理能量，他们相对保守、文静，对自己的情感可以有效控制。

（二）活动二：年度篮球先生评选

活动目标：

引导学生理解性格中决策判断的不同方式（思考型和情感型）。

活动流程：

步骤1：想象一下：你作为一个篮球队的队长，必须选择一名队员获得"年度篮球先生"。现在有两位候选人：A和B，你倾向于谁？

A是明星队员，虽然他还是一个低年级学生，但是他为球队赢得了许多分数，并使得全队获得年度金奖。A不但是天生的运动健将，而且他非常尽力地打好每场比赛，相信所有人都会毫无异义地同意A获得这个荣誉。

B虽然不是最佳的球手，但是他付出了超出常人的努力去练球，总是拿出百分百的努力打好每场比赛。每一场比赛他都热情高涨，并且很好地鼓动其他队友共同努力。而且B是高年级的队员，因为家境问题，高中毕业后就得找份工作，不能进入大学学习。所以，这次可能是他唯一一次获得这样荣誉的机会。另外，这次的奖金还可能使他有机会继续读书。

步骤2：让学生选择自己内心倾向的答案A或者B，并统计票数。

步骤3：选择A和B两方阵营的学生代表作发言，说明选择理由，可以让双方代表进行限时辩论陈述。

活动评估：

通过两方阵营的陈述与辩论，可以让学生清晰地看到大家各有能说服别人并自己坚信的理由，这个维度的区分是大家作决定或判断所思考的方向，思考型的人更多用客观的逻辑推理，情感型的人更多注重主观的情感和价值。虽然也有折中的方法，但总有个选择，在性格探索过程中，更多的是倾向的选择。

（三）活动三：性格类型测试

活动目标：

通过测评活动，引导学生探索自己的性格类型，掌握性格类型的特点并将其与职业建立联系。

活动流程：

步骤1：测评说明，请在心态平和、不带有价值评判的情况下完成测试，题目答案无对错之分，不需要考虑哪个答案应该或更好，需要根据你心里的第一反应作出选择。如果你觉得两个答案都能反映你的倾向，请选择一个对你来说最自然的答案。

步骤2：完成如表3-5所示的测评表，并做好统计汇总。

表3-5 性格测评表

第一维度	外倾（E）		内倾（I）	你的选择
A：	与他人相处时精力充沛	B：	独处时精力充沛	
A：	行动先于思考	B：	思考先于行动	
A：	喜欢边想边说出声	B：	在心中思考问题	
A：	易于"读"和被了解，随意地分享个人情况	B：	更封闭，更愿意在经过挑选的小群体中分享个人的情况	
A：	说的多于听的	B：	听的比说的多	
A：	高度热情地进行社交	B：	不把兴奋说出来	
A：	反应快，喜欢快节奏	B：	仔细考虑后，才有所反应	
A：	重广度而不是深度	B：	喜欢深度而不是广度	
选择A有　　项，选择B有　　项，我是　　型				

（续表）

第二维度	感觉（S）		直觉（N）	你的选择
A	相信确定和有形的东西	B	相信灵感或推理	
A	对概念和理论兴趣不大，除非它们有着实际的效用	B	对概念和理论感兴趣	
A	重视现实性和常情	B	重视可能性和独创性	
A	喜欢使用和琢磨已知的技能	B	喜欢学习新技能，但掌握之后很容易就厌倦了	
A	留意具体的、特定的事物，进行细节描述	B	留意事物的整体概况、普遍规律及象征含义，用概括、隐喻等方式进行表述	
A	循序渐进地讲述有关情况	B	跳跃性地展现事实	
A	着眼于现实	B	着眼于未来，留意事物的变化趋势，惯于从长远角度看待事物	
	选择A有　　项，选择B有　　项，我是　　型			
第三维度	思考（T）		情感（F）	你的选择
A	退后一步思考，对问题进行客观的、非个人立场的分析	B	超前思考，考虑行为对他人的影响	
A	重视符合逻辑、公正、公平的价值，一视同仁	B	重视同情与和睦，重视准则的例外性	
A	被认为冷酷、麻木、漠不关心	B	被认为感情过多，缺少逻辑性，软弱	
A	认为坦率比圆通更重要	B	认为圆通比坦率更重要	
A	只有当情感符合逻辑时，才认为它可取	B	无论是否有意义，认为任何感情都可取	
A	被"获取成就"所激励	B	被"获得欣赏"所激励	
A	很自然地看到缺点，倾向于批评	B	惯于迎合他人，着重维护人脉资源	
	选择A有　　项，选择B有　　项，我是　　型			

（续表）

第四维度	判断（J）		知觉（P）	你的选择
A	作出决定后最为高兴	B	当各种选择都存在时，感到高兴	
A	"工作原则"：工作第一，玩其次（如果有时间的话）	B	"玩的原则"：现在享受，然后再完成工作（如果有时间的话）	
A	建立目标，准时完成	B	随着新信息的获取，不断改变目标	
A	愿意知道将面对的情况	B	喜欢适应新情况	
A	着重结果（重点在于完成任务）	B	着重过程（重点在于如何完成工作）	
A	满足感来源于完成计划	B	满足感来源于计划的开始	
A	把时间看作有限的资源，认真地对待最后期限	B	认为时间是可更新的资源，而且最后期限也是有收缩的	
	选择 A 有　　项，选择 B 有　　项，我是　　型			

步骤3：确定你的性格测评结果，并记录每个维度倾向的清晰度。

活动评估：

通过测试可以获得性格四个维度的倾向结果，在区分度不明显或有疑问的情况下可以对八种偏好进行个别解释，学生通过认真地自我评估选择更接近自己的偏好描述。同时，参考MBTI测试中性格类型对应职业的讲解可以让学生更好地将自己的性格与未来的职业目标建立联系，探索适合自己的职业方向。

▶ 六、理论知识

（一）性格与人格

1. 性格的定义

性格是在后天的成长和教育环境中逐渐形成的比较稳定的对人、对事、对自己的独特的行为方式和个性倾向。江山易改，秉性难移，秉性就是性格。性格具有复杂性和独特性,每个人性格都不相同。每个人在成长经历中,可能受生理、遗传、家庭教养、文化、学习经验等因素交互作用的影响,从而形成自己的独特个性并在不同情境中表现出特定的气质。

2. 人格的定义

人格又称个性,是个人带有倾向性的、本质的、比较稳定的心理特征(兴趣、爱好、能力、气质、性格等)的总和。一个人的人格表现在知、情、意等心理活动的各个方面,包括个人的认知能力的特征、行为动机的特征、情绪反应的特征、人际关系协调的程度、态度和信仰的体系、道德价值的特征等。一般说来,人格是在一定社会历史条件下,通过社会实践活动形成和发展起来的。

(二) 性格理论

1. 荣格理论

1913年,瑞士心理学家荣格在慕尼黑国际精神分析会议上提出了内倾型和外倾型的性格。后来,他又在1921年发表的《心理类型学》一书中充分阐明了这两种性格类型,形成了性格区分的三个维度:能量获得途径、注意力指向和决策判断方式。

能量获得途径:内倾—外倾

注意力指向:感觉—直觉

决策判断方式:思考—情感

2. MBTI 理论

MBTI 的理论基础来源于荣格有关知觉、判断和人格态度的观点,经布里格斯和她的女儿迈尔斯研究发展成为心理测评工具,称作 Myers-Briggs Type Indicator。经过了长达五十多年的研究和发展,MBTI 测试已经成为当今全球最为著名和权威的性格测试。MBTI 衡量的是个人的类型偏好或称为倾向。在荣格的基础上,MBTI 测试增加了行动方式维度:判断—知觉,构建了人格理论的四维八极模型,以四组(维度)倾向二分法去评估倾向,每组倾向二分法均由两极组成。(见表3-6)

能量获得途径：外倾（E）—内倾（I）
注意力的指向：感觉（S）—直觉（N）
决策判断方式：思考（T）—情感（F）
采取行动方式：判断（J）—知觉（P）

表 3-6　MBTI 维度解释

外倾（extraversion）	内倾（introversion）
外倾者主要定位于外部世界，倾向于注意力集中在人和事上，他们具有易沟通、好交际的特点。易适应环境，随环境变化随时调整。经常（自然地）被外部的人和物所吸引。外倾者趋向于通过感受来了解世界，会更趋于参加许多活动，喜欢成为活动的焦点，而且容易接近。	内倾者主要定位于内部世界，倾向于把知觉和判断集中于观念和思想上，他们更多地依赖于持久的观念而不是暂时的外部事件。他们总是避免成为注意的中心，而且他们一般要比外倾者沉默一些。
■ 热情洋溢 ■ 生机勃勃，善于表达 ■ 听、说、想同时进行 ■ 语速快，嗓门高 ■ 注意力容易分散 ■ 喜欢人多的场合 ■ 关注问题的广度 ■ 能量来自与外界的互相作用	■ 冷静，谨慎 ■ 稳重，不愿意主动表达 ■ 先听，后想，再说 ■ 语速慢，语调平稳 ■ 注意力很集中 ■ 喜欢独自消磨时间 ■ 关注问题的深度 ■ 能量来自内心的思考与推理
感觉（sensing）	直觉（intuiton）
感觉型的人倾向于通过收集具体、特殊的信息了解外在世界，通常具有善于观察、对细节敏感、关注事物的现实性等特点。他们专注于看到、听到、感觉到、闻到及尝到的事物，他们信赖自己的经验，关注此时此刻发生的事情。感觉型的人看到一种情况时就会想精确地知道发生了什么。	直觉型的人倾向于感知外界环境的全貌或整体，关注事物的现状及发展变化，通常具有反应敏捷、思维跳跃、追求变化等特点。他们注重暗示和推理，信赖自己的灵感和预感，注重将来，喜欢预测事物，并总想改变事物。直觉型的人看到一种情况时，就想知道这意味着什么，结果是怎样的。
■ 关注事实存在 ■ 谈话目标清楚，方式直接 ■ 思维连贯 ■ 喜欢从事实际性的工作 ■ 留心细节、当下 ■ 对身体敏感 ■ 以客观现实为依据	■ 关注事物背后的意义 ■ 谈话目标宏观，方式复杂 ■ 思维跳跃 ■ 喜欢从事创造性的工作 ■ 关注总体、未来 ■ 精力集中于自己的思想 ■ 习惯比喻、推理与暗示

（续表）

思考（thinking）	情感（feeling）
思考型的人主要是以逻辑推理为基础，通过理智思考进行活动和决策。他们分析问题的解决是否符合公认的标准，具有客观、理性、有条理等特点。	情感型的人主要是通过权衡问题的相对价值和利益进行决策，他们判断时依赖于对个人价值观或社会价值观的理解，在决策时往往照顾他人的感受。他们具有同情心、渴望和谐。
■ 行为冷静，公事公办 ■ 关注事情的客观公平 ■ 很少赞扬别人 ■ 言语平实、生硬 ■ 坚定、自信 ■ 遵照客观逻辑推理 ■ 人际关系不敏感	■ 行为温和，注重社交细节 ■ 关注个人感受与价值观 ■ 习惯赞美别人 ■ 言语友善、委婉 ■ 犹豫、情绪化 ■ 倾向主观想法与道德评判 ■ 尽量避免争论和矛盾
判断（judging）	知觉（perceiving）
喜欢根据信息来作判断、计划和决定，愿意进行管理和控制，希望生活井然有序。	喜欢以自己的理解和信息作决策，灵活、试图去理解、适应环境，倾向于留有余地，喜欢宽松自由的生活方式。
■ 正式，严肃 ■ 保守，谨慎 ■ 习惯作决定，有决断 ■ 条理清楚，计划明确 ■ 急于完成工作 ■ 遵守制度、规则与组织 ■ 喜欢确立目标，然后去努力实现 ■ 外表整洁，环境干净	■ 随意，自然 ■ 开放，灵活 ■ 做事拖拉，不愿决定 ■ 缺乏条理，保持弹性 ■ 喜欢开始一项工作 ■ 常常感觉到被束缚 ■ 经常改变目标，偏好于新的体验 ■ 着装以舒服为标准，不在意环境

（三）性格与职业的关系

当我们用自己常用的那只手签名时，会感到得心应手不用费什么力气，对自己做好这件事情也很有自信。而当我们用另外一只手签名时，就会感到不习惯、别扭、费劲，而且签名会写得歪歪扭扭不自信。不过，我们发现自己其实还是可以用另外一只手签名的。通过左右手签名的例子，我们可以感觉到，做任何事情都是如此，有自己擅长的一面，也有自己不擅长的一面，没有好坏之分，但如果我们知晓自己性格上的"左右手"，并了解与之相适应的环境和职业，就能帮我们作出更合乎自己情况的职业选择，成为更高效的工作者。

通过MBTI测试，可以帮助你了解自己性格特质所对应的职业倾向。职业倾向描述大多从大的类别出发，我们参考时不要陷入类别名称的描述，重要的是要看到这一类别工作的特点。在现实工作中,工作名称千变万化,即使相同名称的职位也可能因为不同公司的要求而不一样,所以只有知晓适合自己性格类型的工作特点才能灵活地运用这一理论帮助自己选择合适的职业。

图 3-2 展示了 MBTI 测试的 16 种性格类型以及其职业倾向。其中,四种两两组合的维度 NT、NF、SP、SJ 又呈现出职业的更多共同特点。

INTP 学者型	INTJ 专家型	INFP 哲学家	INFJ 博爱型
ENTP 智多星	ENTJ 统帅型	ENFP 公关型	ENFJ 教导型
ISFP 艺术家	ISTP 冒险家	ISTJ 检查员	ISFJ 照顾者
ESFP 表演者	ESTP 挑战者	ESTJ 管家型	ESFJ 主人型

图 3-2　MBTI 测试的 16 种性格类型及职业倾向

1. SP—天才的艺术家

这种性格类型的人有冒险精神,反应灵敏。在任何要求技巧性强的领域中游刃有余,常常被认为是喜欢活在危险边缘寻找刺激的人。喜欢处理大量的事情和紧急事件,解决具体问题和面对压力能力强。如西奥多·罗斯福、富兰克林·罗斯福、肯尼迪、丘吉尔、里根等。约有 60% 左右 SP 偏好的人喜欢艺术、娱乐、体育和文学。

2. NF—理想主义者、精神领袖

这种性格类型的人热心而有洞察力,善于言辩,充满活力,有感染力,能影响他人的价值观并鼓舞他人。这类人具有煽动性,被称为传播者和催化剂,喜欢用"教导"的方式帮助他人。约有一半的人在教育界、文学界、宗教界、咨询界以及心理学、文学、美术和音乐等行业显示着他们的非凡成就。

3. SJ——忠诚的监护人

这种性格类型的人是现实的决策者，有很强的责任心与事业心，喜欢解决问题，忠诚、守时，关注细节，强调安全、礼仪、规则、结构和服从，喜欢服务于社会需要。尊重权威和等级制度，持保守的价值观。这类人充当着保护者、管理员、监护人的角色。大约有50%左右SJ偏好的人为政府部门及军事部门工作，并且显现出卓越成就。企业中层管理者大多是这种类型的人。

4. NT——科学家、思想家

这种性格类型的人有逻辑性且机敏，天生有好奇心，有梦想，有独创性、创造力、洞察力，有兴趣获得新知识，有极强的分析问题、解决问题的能力，会产出高质量的新观点，关注自己的观点和成就被他们所尊重的人看重。这类人是独立的、理性的、有能力的人，大多是思想家、科学家，喜欢物理、研究、管理、通信、法律、金融、工程等理论性和技术性强的工作。达尔文、牛顿、爱迪生、瓦特等正是这种类型的人。

思考题

以孙悟空为例，探索他的性格代码以及他所担任过职务岗位的性格代码，试分析这些代码之间有什么样的联系，对你的职业目标有什么样的启发。

第三节　技能与价值观探索

▶ 一、导语

为天地立心，为生民立命，为往圣继绝学，为万世开太平。

——《横渠语录》

选择什么样的人生目标，走什么样的人生道路，都是人们从价值角度考虑的人生问题。当代大学生只有正确理解人生价值的内涵，明是非、辨善恶、知荣辱，才能在实践中最大限度地创造人生的价值，成就人生的辉煌。价值观具有相对的稳定性和持久性，是我们在生活和工作中所看重的原则、标准和品质，是我们强大的内在驱动力。探索职业价值观有利于在生涯发展过程中更好地确定自己的职业目标，促进有效行动，作出合理决策。

▶ 二、思维导图

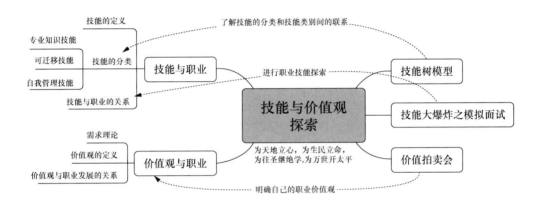

▶ 三、学习目标

了解技能分为专业知识技能、可迁移技能、自我管理技能，正确认识每种技能对个体的职业和生涯的影响，了解各类技能的获取途径。了解价值观对职业和生涯的影响，初步探索自己的职业价值观，引导学生树立正确的职业价值观。

▶ 四、课程导入

共和国勋章获得者：袁隆平——把饭碗掌握在中国人自己手上

1961年7月的一天，袁隆平在试验田选种，意外发现一株"鹤立鸡群"的稻株，穗子又大又饱满，籽粒多达230粒，仔细一推算，用它做种子，水稻亩产会上千斤，而当时高产水稻才不过五六百斤。

袁隆平说："我好高兴，把它收起来，第二年播下去，结果呢，没有一株像它老子那么好，高的高，矮的矮。我原来抱有很大的希望，结果我失望了，失望之后，突然来了灵感，正是杂交水稻才有分离现象。"

在当时，世界权威遗传学认为水稻不具有杂交优势，这次意外发现，坚定了袁隆平培育杂交水稻的信心。灵感来得突然，而研究之路漫漫。在稻田里逐一寻找三年后，1964年，再次发现一株"天然雄性不育株"，再耗时9年，杂交水稻"三系配套法"终于成功，比常规稻增产20%左右，实现了杂交水稻的历史性突破，这为从根本上解决我国粮食自给难题做出了重大贡献。20世纪90年代，美国经济学家布朗向世界发出"谁来养活中国"的疑问。在此背景下，我国提出了超级稻育种计划，袁隆平领衔的科研团队接连攻破水稻超高产育种难题，超级稻亩产700公斤、800公斤、900公斤、1000公斤和1100公斤的五期目标已全部完成，一次次刷新世界纪录。目前，我国杂交水稻种植面积超过1700万公顷，占全国水稻总面积的50%，仅每年增产的粮食就可养活7000万人。袁隆平用高产、更高产、超高产的现实，对这一世纪发问，给出了中国人自己的答案。

袁隆平说："我讲我一直有两个梦：第一个梦是禾下乘凉梦，就是追求水稻的高产、更高产；第二个梦是杂交水稻覆盖全球梦。我始终都还在努力使我的梦想成真，也希望与你们共勉，一同实现这两个梦想。"

资料来源：《共和国勋章获得者：袁隆平——把饭碗掌握在中国人自己手上》，http://tv.cctv.com/2019/09/23/VIDEWyMr8X5d3OV0aWLIXqqg190923.shtml，2020年10月3日访问。

▶ 五、教学活动

（一）活动一：技能树模型

活动目标：

让学生了解技能的分类和技能类别间的联系。

活动流程：

步骤1：提问：假如用大树来代表技能，那么树叶、树干、树根分别代表哪种技能？请几位学生回答，并解释理由，引出大树能力模型的内容：树叶——专业知识技能；树干——可迁移技能；树根——自我管理技能。

步骤2：举例启发，在树木的移栽中最重要的是保护树根，在嫁接时，只要树根和树干完好，嫁接不同种类的树枝同样可以成活。启发学生理解三种职业技能的区别与联系。

步骤3：请各位学生用五分钟的时间在组内讨论，并设计出自己心目中的能力模型，可以用任何东西来表达，并用彩笔在白纸上画出该模型。

步骤4：请在每组学生中推举一位给大家分享本组能力模型，讲解专业知识技能、可迁移技能、自我管理技能分别用什么来代表，为什么？

总结评估：

学生通过对技能树模型的理解及自我建构的过程，可以更好地理解职业技能的定义和分类。自我管理技能是根本，可迁移技能也很重要并且可以在生活学习的各种场合和情境中使用，而专业知识技能虽然是基础也非常重要，但不是在职业中起到决定性作用的部分。学生通过对职业技能分类的理解可以更好地探索学习目标和方法，提升自我的职业素养。

（二）活动二：技能大爆炸之模拟面试

活动目标：

通过活动体验让学生了解职业技能有哪些，如何获得。

活动流程：

步骤1：带入活动背景，假如我是一个超级人力资源经理，我可以给你任何你想要的职位，和其他几万名求职者一样，你有幸来到我的面前，在给你理想的工作机会之前，请如实回答我三个问题。

步骤2：请学生跟随主持人的问题在纸上开始相关内容的书写：

第一个问题，请用3—5个名词概括你所学习过的专业理论知识，它们都属于哪些学科？

第二个问题，假如我可以满足你期待的薪资要求和福利条件，请用3—5个动词描述你所能做的事。

第三个问题：假如和你应聘同一个职位的人也有着和你一样的专业知识和技术，你身上有哪些优秀的特点和品质让我有充分的理由选择你呢？请用3—5个形容词或者副词描述这些特质。

步骤3：小组内交流讨论每个问题的答案都有哪些共同点，可以通过什么样的方式获得。

总结评估：

第一个问题描述的是专业知识技能，就是你所掌握的知识，需要经过有意识的、专门的学习和记忆，常常与我们的专业学习或工作内容直接相关。它的重要性常常被求职者夸大，一般用名词来表示。第二个问题描述的是可迁移技能，即你能做的事，也称为通用技能，可以在生活的方方面面，特别是工作之外得到发展，也可以在工作内外或工作之间通用。它是用人单位最看重的部分，一般用动词来表示。第三个问题描述的是自我管理技能，即你所具有的特征和品质，是个人最有价值的"资产"，是影响职业生涯成功与否的关键，一般用形容词和副词来表示。

（三）活动三：价值拍卖会

活动目标：

通过活动，引导学生明确自己的职业价值观。

活动流程：

步骤1：介绍活动规则：以小组为单位，每个小组现有待出售职业价值16项，每个人手中有10万元拍卖金，由主持人每次拍卖1项，每项1万元起拍价，大家根据自己的需求可以加价，连喊三次无人加价即成交，由价高者获得这项"价值"。

步骤2：正式拍卖前有5分钟时间来思考自己想要拍卖的项目以及愿意出的最高价格，计入自己的记录表格中。

步骤3：每组推选一名拍卖主持人，主持人也可以参加竞拍。

步骤4：每个人将自己的出价结果记录到预先准备的表格中，小组分享价值拍卖活动的经验与感受。

价值拍卖品：

（1）工作自主性；

（2）自由支配的时间；

（3）稳定的收入；

（4）没有风险的工作；

（5）事业成功；

（6）成为某领域专家；

（7）发挥管理才能；

（8）受人尊敬与爱戴；

（9）独创自己的事业；

（10）丰富的创作；

（11）帮人排忧解难获得的满足；

（12）真挚的友谊；

（13）比赛得冠军；

（14）对潜能和难题的突破；

（15）非富也乐的生活；

（16）幸福家庭。

活动提问与分享：

你所购得的是否为原先预定的重要项目？

若未购得希望的项目，你有什么感想？

你所看重的项目在你的职业里有什么样的体现？

通过这个活动，你对于自己的职业价值观有什么样的了解？

活动评估：

活动让学生将自己的计划和实际拍卖结果进行比较，可以更好地激发学生发现问题，了解自己的价值。同时，通过价值项目拍卖价值的体现可以对价值进行重要性排序，进一步梳理自己内心的各个价值的重要性。通过跟学生讲解与分析相关项目的具体职业价值让学生更好地了解自己内心对职业价值观的看法，从而更好地树立职业目标，作好职业决策。

六、理论知识

（一）技能与职业

1. 技能的定义

技能（skill）是人们通过后天学习和练习而获得的能力，通常表现为某种动作系统和动作方式。

能力（ability）是人们顺利实现某种活动的心理条件，它不仅包含一个人现在已经达到的水平，而且包含一个人所具有的潜力。

将能力扩展称为能力倾向，它是与生俱来的，不过也有可能因未被开发而荒废。因此，这是一种潜能。比如，在14亿中国人中，虽然不是每个人都能像刘翔一样跑得那么快，但一定有一些人同样具备像刘翔那么好的节奏感和身体协调能力，只是他们从来没有机会去发展这方面的天赋。遗传、环境和文化都会影响天赋的发展。

技能是经培养而形成的能力，如阅读能力、人际交往能力、表达能力等。在个人成长的过程中，从什么也不会做的小婴儿到一个能生活自理，能够看、听、说、行走、阅读、写字的普通成年人，其实我们每个人都已经学会了无数的技能。

技能与能力既有区别，也有联系。区别在于：能力是个体固定下来的概括化的东西，是一种稳定的个性心理特征。技能是顺利完成某种活动的行为方式。能力不是这些行为方式本身，而是调节这些行为方式的心理活动的概括化。能力的发展和技能的掌握是不同步的。能力的发展比技能的获得要慢，能力并不是永远随着技能的增多而成正比例发展的。联系在于：能力为掌握技能提供内在条件和可能性，技能是能力发展的基础和表现。

2. 技能的分类

（1）专业知识技能：需要通过教育或者培训才能获得的特别的知识和能

力。知识是人类历史经验的总结，从心理学角度来说，知识是以思想内容的形式为人类所掌握。个人所掌握的知识就是信息在头脑中的储存，需要通过背诵、记忆获得，不仅要全面，还要系统。

（2）可迁移技能：可以从生活的方方面面特别是工作之外得到发展，可以迁移应用于不同的工作中，往往通过观察、实践、思考、熟练等过程掌握。因其一般具有通用性，所以被称为可迁移技能，是用人单位最看重的部分。

（3）自我管理技能：通常被看作个性品质而非技能，用来描述或说明个人具有的某些特征，涉及个体在不同的环境下如何管理自己。一个人在工作中所表现出来的特征和品质通常是通过认同、模仿、内化等途径获得。有时，自我管理技能又被为职业素养，是影响职业生涯成功与否的关键。

3．技能与职业的关系

匹配论告诉我们，如果技能与职业匹配的话我们会获得最大的效能感和自信心。

自我效能感，即个人对自己的能力，以及运用该能力将得到何种结果所持的信心或把握度。研究发现，在实际生活和工作中，对个人行为起决定作用的，往往不是个人实际能力的高低，而是个人的自我效能感。

适应论告诉我们，如果技能与职业不适应的话唯一的办法就是学习实践，提升技能。

平衡论告诉我们，可以在其他角色中获得技能的满足。工作只是生活的一部分，不是人生的全部。重要的是成就感的满足，而不是在哪里。平衡自己的生活，也是一种智慧。

认知论告诉我们，在很多阶段我们无法在工作中获得成就感，总有一些枯燥和重复的工作要做，这也是我们职业生涯的一部分，但是这并不意味着我们不能获得最终的成就感和快乐。

（二）价值观与职业

1．需求理论

需求可分为基本需求和高层次需求两类。

基本需求指向自己，是指用以维持一个人生存的需求。当一个人有了最基本的生理安全、心理安全保障，就可以满足基本需求。

高层次需求指向环境，并不直接指向人自身。高层次需求实现的前提条件是先满足其他人的需求，再由其他人对自己进行反馈，从而获得自身高层次需求的满足。比如，教师受人尊敬是由于教师的传道、授业、解惑，给他人带来知识、观念和方法，他人接收以后，感觉有帮助，从而对教师产生感激、尊敬之情。这就是说，教师受到他人的尊敬是由自己满足别人之后获得的他人的反馈，并非由直接索要得到尊敬。个人付出越多，对别人就越有帮助，所受的尊敬也就越多。因此，高层次的需求一定是一个人先满足周围其他人的需求之后，他人再对其进行折射才能得到满足。

一个人在不同阶段，其需求会有相应的变化。同时，当一个人的物质需求得到基本满足之后，便会开始追求更高层次的精神追求。"仓廪实而知礼节，衣食足而知荣辱"，百姓粮仓充足，丰衣足食，才能顾及礼仪，重视荣誉和耻辱。

在社会中，一个人的人生需求怎样得到满足？一个人职业生涯的发展程度决定了他的人生需求，特别是高级需求的满足程度。怎样才能更好地满足由基本到高级的需求？是通过职业生涯！即通过从事一个或者多个职业来满足。每个人都要认真地想一想：自己一生最高层次的追求是什么？怎样才能更多地实现自己的人生价值？需要通过什么途径来实现？有人说："我家里有钱，不愁吃穿，一生无忧。"没错，基本的温饱问题确实可以得到保障，但如果一个人不从事一个或几个职业，只在家里待着，最多满足的是自己吃饭、喝水和安全这些基本的需求，他能够满足受尊敬的需求吗？他能够感受到团队中的归属感吗？他能够去发挥自己的潜能，实现自己的人生梦想吗？他能够让别人觉得他的一生是一个求知求美的创造过程吗？很难做到，甚至说不可能做到。一个人的人生价值是通过为社会做贡献和对自我价值的不断认定过程来实现的，而这个过程就是我们的职业生涯。

2. 价值观的定义

价值观是我们在生活和工作中所看重的原则、标准和品质。

价值观指向我们内心最重要的东西，它是我们强大的内在驱动力，是引导行为的方向，是自我激励的机制。

工作价值观，是指无论从事什么工作，都会努力在工作中追求的东西或者说工作价值观就是你最期望从工作中获得的东西。

价值观念是后天形成的，是通过社会化培养起来的。家庭、学校等群体对个人价值观念的形成起着关键的作用，其他社会环境也有重要的影响。个人价值观有一个形成过程，是随着知识的增长和生活经验的积累而逐步确立起来的。个人的价值观一旦确立，便具有相对的稳定性，形成一定的价值取向和行为定势后是不易改变的。

价值观是社会成员用来评价行为、事物以及从各种可能的目标中选择自己合意目标的准则。价值观通过人们的行为取向及对事物的评价、态度反映出来，是世界观的核心，是驱使人们行为的内部动力。它支配和调节一切社会行为，涉及社会生活的各个领域。

3. 价值观与职业发展的关系

每一个求职者由于自身受教育程度的不同和所处环境的差异，在职业取向上的目标和要求也是不相同的。在许多场合，我们往往要在一些得失中作出选择，而左右我们选择的，往往就是我们的职业价值观。

职业价值观在对各种职业的认知过程中起着"过滤器"的作用，它使个体的择业行为带有一定的选择性和指向性，既是判断职业的性质，确定个人在职业活动中的责任、态度及行为方向的"定向器"，又是抉择职业行为方式并进行制动的"调节器"。

俗话说："人各有志"，这个"志"表现在职业选择上就是职业价值观，它是一种具有明确的目的性、自觉性和坚定性的职业选择态度和行为，对一个人的职业目标和择业动机起着决定性作用。

每种职业都有各自的特性，不同的人对职业意义的认识不同，对职业好坏有不同的评价和取向，这就是职业价值观。职业价值观决定了人们的职业期望，影响着人们对职业方向和职业目标的选择，决定着人们就业后的工作态度和劳动绩效水平，从而决定了人们的职业发展情况。哪个职业好？哪个岗位适合自己？从事某项具体工作的目的是什么？这些问题都是职业价值观的具体表现。

在为自己进行职业生涯规划之前，一定要清楚和明确自己的职业价值观。因为这决定了哪些因素对你是重要的，哪些是不重要的；哪些是你优先考虑和选择的，哪些不是。

对自己的价值观，特别是职业价值观进行分析时，可以参照学者们所提出的价值观类型，看自己到底属于哪一种。其实，我们可以把不同职业价值观的内容加以归结，根据它们所体现的主要内容来确定自己的职业价值观中最重要的内容是什么。

思考题

讲讲你的成就故事，可以用 STAR 法来编写一至三个自己的成就故事，内容包括当时的形势（situation），面临的任务/目标（task/target），采取的行动/态度（action/attitude），取得的结果（results）。试分析其中所反映的个人技能。

第四章 Chapter 4　先博后渊——职业探索

第一节　专业与职业

▶ 一、导语

积土成山，风雨兴焉；积水成渊，蛟龙生焉。

——《荀子》

杨昌济先生曾告诫青年毛泽东："修学储能、先博后渊。"其中，"先博后渊"中，博是基础，无博难以成渊，博学然后精进，博大然后精深，博观然后约起。

▶ 二、思维导图

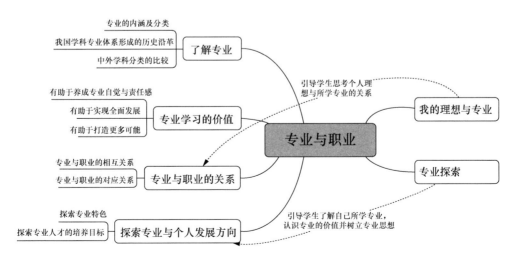

▶ 三、学习目标

本节主要讲授专业的相关概念、专业学习的价值以及专业与职业的关系，引导学生通过探讨专业与职业的对应关系，帮助学生了解专业对应的行业与职业发展前景，养成关注专业与行业发展的习惯，增强职业探索动力，为科学的生涯决策奠定基础。

▶ 四、课程导入

马同学，市场营销方向硕士毕业生，目前就职于国内知名互联网企业"小红书"的市场部门。

本科时，马同学对自己未来的职业方向一度非常迷茫。大二暑假，因为不想无所事事，于是找了一份猎头公司的实习工作。实习之后才发现这个面试门槛不高的实习岗位，工作的内容是根据客户的职位要求在简历网站上挖掘符合条件的候选人并进行沟通。这项工作非常有意思，也很有挑战，于是在实习结束时她将这个岗位列入了自己未来的职业目标清单。在大三对专业课程的深入学习后，她开始察觉自己还是对市场相关的工作更感兴趣。研究生时期，她更加专注专业的学习，开始参加各种商业计划比赛，在对专业的深入学习和实践中，她最终确定市场相关工作才是她一直想做的。她通过参加比赛参与导师课题、撰写论文、实习进一步打开自己的专业视野、提高自己的专业能力，最终在校园招聘中拿到了理想公司的市场部工作机会。

工作以后，在回顾自己大学时期的经历时马同学谈到，保持学习和积极实践这两件事情对于个人成长非常重要。喜欢学习的人才有更多机会去增长见识、提高能力。扎实掌握专业知识最直接的好处是校园招聘笔试通过的概率会大大提升。此外，企业实习、参加比赛及参与导师课题等实践不仅能帮助自己找到职业目标，也能为已有目标的人提供更多成长的舞台，得到的帮助和收益都很大。

马同学在大学本科阶段对于职业目标的迷茫是当下很多大学生的困扰。尽早探索专业学习的价值、厘清专业与职业的关系是解开上述困惑的重要途径。

五、教学活动

（一）活动一：我的理想与专业

活动目标：

通过课堂活动增强成员间的信任感，引导学生思考个人理想与所学专业的关系，启发对生涯的探索。

活动流程：

步骤1：暖身活动——猜猜我是谁

（1）请全部学生围成一个大的圆圈，为每位学生发一张白色A4纸并请学生在各自的纸上写下3—5句描述自己的话，如"我是……"（不写名字）写完后将纸折叠好，放在圆圈中央。

（2）授课教师将折好的纸张顺序打乱，然后请每位学生随机抽取一张，读出纸上的内容，让大家猜一猜这一张是谁写的。猜中的人要说理由。

（3）引导成员发表自己猜中别人或被他人猜中的感受。

步骤2：理想与专业

（1）将所有学生分组，每组6—8人。

（2）每位学生填写"我的理想与专业"调查表，填完之后在小组内分享。

我的理想和专业

我的理想：

小学三年级时：＿＿＿＿＿＿＿＿＿＿＿＿＿＿＿＿＿＿＿＿＿＿＿＿＿＿

初中一年级时：＿＿＿＿＿＿＿＿＿＿＿＿＿＿＿＿＿＿＿＿＿＿＿＿＿＿

高中一年级时：＿＿＿＿＿＿＿＿＿＿＿＿＿＿＿＿＿＿＿＿＿＿＿＿＿＿

现在：＿＿＿＿＿＿＿＿＿＿＿＿＿＿＿＿＿＿＿＿＿＿＿＿＿＿＿＿＿＿

比较之后我发现：＿＿＿＿＿＿＿＿＿＿＿＿＿＿＿＿＿＿＿＿＿＿＿＿

我的专业:

我选择现在这个专业的理由: _____

我对专业的了解情况是: _____

我的专业今后可以做: _____

如果有重新选择的机会,我会选择: _____

启发: _____

_____

_____

(3) 请每个小组选派一位代表总结小组的分享。

(二) 活动二:专业探索

活动目标:

通过课堂活动,引导学生了解自己所学专业,认识专业的价值,树立专业思想,思考未来的专业出路。

活动流程:

授课教师可邀请院系青年骨干教师,将学校的专业设置按以下方面进行解读:

(1) 专业名称;

(2) 培养目标;

(3) 核心课程;

(4) 教学方法;

(5) 知识和技能;

(6) 相关专业;

(7) 本地区产业经济结构及行业发展状况;

(8) 相应的职业领域和职业生涯路径;

(9) 近年毕业生就业状况;

(10) 学习方法建议。

六、理论知识

（一）了解专业

1. 专业的内涵及分类

"专业"是教育学领域特定词汇，是指教育部门根据社会分工需要和学科体系的内在逻辑而划分的学科门类，是高等教育的各个专门领域。高校按照专业设置组织教学，各专业依据独立的教学计划进行专业训练，培养专门人才。专业是学科和职业之间的桥梁，它按照学科进行划分，对应着一定的职业群。专业也是职业发展的基础，它为若干相近的职业群提供必要的基础知识和基本技能。

根据《普通高等学校本科专业目录》（2022年版），目前大学本科共设有12个一级学科门类，下设二级类91个，专业703种。12个专业门类分别是：哲学、经济学、法学、教育学、文学、历史学、理学、工学、农学、医学、管理学和艺术学。每个专业门类下面设有专业大类。从专业选择与转换的角度，可将专业分为三大类：理工类专业，主要包括实用技术类、公安学类、职业技术教育类、数学类、物理学类、化学类、生物学类、天文学类、地质学类等几十类专业；文史类专业，主要包括哲学类、法学类、马克思主义理论类、社会学类、政治学类、教学类、中国语言文学类、历史学类、图书档案学类等；文理兼收类专业，主要包括：经济学类、体育学类、外国语言文学类、艺术类、中医学类、药学类、管理科学与工程类、工商管理类、公共管理类、新闻传播学类等。

2. 我国学科专业体系形成的历史沿革

我国最早的学科分类可以追溯到唐代，从唐代开始的"经、史、子、集"四部分类法在我国延续千年之久。近代，随着西方文明的引入和我国工商业的发展，1904年清政府颁行《奏定学堂章程》，将中国大学堂分为经学科、政法科、文学科、商科、格致科（即理科）、工科、农科和医科，"八科之学"替代"四部之学"是我国学科发展史上的一次巨变。民国时期，北洋政府取消了经学科，将大学分为文、理、法、商、医、农、工七科，基本延续了清末学科分类的做法。[①]

中华人民共和国成立后，以1949年11月成立中国科学院为标志，逐步建立了独立的科学研究体系，以完成大规模的院校调整为标志，建立了以苏联模式为蓝本的高等教育体系。在计划经济体制的影响之下，形成了专业教育特点突出的高等教育系统。但是，随着科学技术的不断发展和社会分工的不断细化，学科呈现出不断分化与融合的趋势，新的学科不断产生，交叉学科、横断学科层出不穷，特别是随着社会对人才培养规格要求的不断攀升，传统的专业教育显然已难以适应学科发展的趋势，并与社会产生了诸多矛盾和冲突。

改革开放之后，国务院于1981年5月批准实施《学位条例暂行实施办法》，正式明确了学位授予的学科结构，即按哲学、经济学、法学、教育学、文学、历史学、理学、工学、农学、医学10个大学科门类进行授予，这是第一次对学科进行具有法规性意义的分类。1983年3月，国务院学位委员会第四次会议决定公布并试行《高等院校和科研机构授予博士和硕士学位的学科专业目录（试行草案）》，后经1990年、1997年、2011年、2022年4次调整，现设14个学科门类，117个一级学科。本科生教育的学科专业目录在学科门类上与研究生教育的一致，但不设一级学科和二级学科，而是设置专业类和专业，在定位上相当于一级学科和二级学科，具体内容有所差异。

3. 中外学科分类的比较

人类知识系统是一种客观存在，但对于知识系统的划分却是人为的。由于各国文化传统不同，各国在不同发展阶段遇到的问题和问题的解决路径不同，以及进行知识分类的目的不同，各国在知识系统划分（表现形式为学科专业体系）上必然有所区别。但科学是无国界的，学术交流是有规范的，因此，各国的学科专业体系是有联系并存在某种对应的。

有学者曾在2012年对中、日、欧盟、加拿大等国家或地区及国际组织的

[①] 参见瞿振元：《刍议学科建设历史、现状与发展思路》，载《中国高教研究》2020年第11期。

学科大类进行划分并对一级学科进行比较。（见表4-1）数据显示，我国的学科设置与其他国家或地区较少能完全对应，但大多存在映射关系，国际学科专业设置存在比较大的差异。[①]

表4-1 中外学科大类划分情况比较

国家	中国	日本	欧盟	加拿大
学科大类	哲学；文学；历史学	人文科学	人文科学	人文科学
	艺术学	艺术学		视觉与表演艺术、通信技术
	法学；经济学	社会科学	社会科学	社会与行为科学、法学
				商学、管理与公共行政
	教育学	教育学		教育学
	理学	理学	自然科学与数学	物理学、生命科学和技术；数学、计算机与信息科学；
	工学	工学	技术科学	建筑学、工程学及相关技术
	农学	农学	生物医学	农业、自然资源与保护
	医学	医疗、看护		健康及相关领域
	军事学	—	—	—
	管理学	—	—	—
	—	家政、生活科学	—	—
	—	—	—	个人服务、安全服务和交通运输服务（包含军事）
	—	—	—	其他
	—	—	—	个人发展与休闲
总计	13	9	5	13

---

① 参见张文玉：《中外学科划分情况比较研究》，http://ciefr.pku.edu.cn/cbw/kyjb/2016/kyjb_8167.shtml，2020年8月9日访问。

(二) 专业学习的价值

1. 有助于养成专业自觉与责任感

康德说：人性中有很多胚胎，我们现在要做的是让自然禀赋均衡地发展出来，让人性从胚胎状态中展开，使人达到其本质规定。人的身上有着某种特殊的存在，这种特殊的存在就是那些未经开发的萌芽。教育的作用就是促使这些萌芽茁壮成长，发展人的天赋，使得人能够完成自己的使命。而这种特殊存在的特性就是能动性、可塑性、可发展性，即可教育性。大学在专业的理性王国之内，装备一切必要的工具，提供一切可能的条件，引导每个人开辟全新的知识疆土，养成每个人独特的思想特点，更激励我们产生一种对于专业目标的执着信念。

当今时代是一个拥抱创新的时代，《国家中长期教育改革和发展规划纲要（2010—2020年）》将"创新人才培养模式，培养创新型人才"作为我国当前高等教育改革的主要目标。经济社会发展对创新的需求会促使专业教育与时俱进、不断变革，而专业领域中新的学习目标、新的思维技巧、新的知识和新的技术也将会不断唤醒学生的专业责任感，使其提升专业素养，达到清晰的专业认同。

2. 有助于实现全面发展

君子需要器，但应不器。大学教育不同于中学阶段以基础知识传授为主的教育，它更是一个人全面发展和全面塑造的开始。一般来说，一个具有完善人格的个体是由知识体系、能力体系和价值观体系共同构筑而成的，三者应均衡发展。首先，任何一门学科领域都是由基本概念、基本理论和基本方法构成的，通过学习任何一个专业，都可以达到掌握一套"如何学习的方法"的目的。在这个以终身学习、终身教育为背景的社会里，只有学会"如何学习"才能让我们在变动不居的未来局势中作出有意义的自我选择。其次，大学阶段的专业教育并不说明大学教育已经进入专才教育阶段，在大多数情况下还应属于通才教育。学生有必要接触各个学科领域，包括自然科学、社会科学、人文科学等，成为一个具有知识、能力和正确价值观的人。从职业生涯规划的角度来说，就是在当今社会上最受青睐的"复合型人才"。

3. 有助于打造更多可能

专业可以使我们的人生有更多的可能。专业性的人生，也许就在不同专业的排列组合间进行。专业不能给我们提供任何进入某个行业或者从事某个职业的保证，但是却可以为我们打开一扇通往某个职业目标的大门。相关专业知识为进入某个职业打下基础，许多职业的入门专业并不都是学生脑海中的模糊印象，专业知识的应用范围其实很广泛。如果进行合理规划，可以试想出更多的可能性。学工商管理的学生担当"网红博主"，自己为自己做营销方案，做自由职业者；学计算机的学生进入互联网公司，从事内容营销，每天都要从数据的反馈中分析商品的"卖点"；学社会学的学生从事市场调查工作；学教育学的学生从事人力资源工作……经济学家林毅夫本科读的是农业工程，后来学的是企业管理，其工科背景和管理学思想对后来他从事经济学研究带来极大的益处。其实，专业打开的门并不仅仅是一扇，选择哪个方向，还得靠自己去慢慢探索。

（三）专业与职业的关系

1. 专业与职业的相互关系

首先，专业包容职业。在这种情况下，个人的职业发展一直在所学专业的领域内，选择的职业与学习的专业相吻合，能够做到学以致用。

其次，专业为核心，职业包容专业，指以专业为核心发展职业，个人的职业发展以所学专业为核心，向外扩展。这种情况下，选择的职业与学习的专业虽然方向一致，但职业发展超出所学专业领域。

再次，专业与职业交叉，指以专业为基础发展职业，个人的职业发展在所学专业基础上有重点地沿某一方向拓展，可以在学好本专业的基础上，同时辅修或自学自己规划的其他专业课程。

最后，专业与职业分离，指个人规划要从事的职业与所学专业基本无关，所学专业的某些方面在个人职业发展中有一定的重要性，但方向并不一致。

2. 专业与职业的对应关系

首先，一对一的关系。这种情况最为简单。一个专业方向对应一个职业目标，这种情况一般存在于中职学校或高职学院，培养目标相对单一明确。此类职业的技术含量相对比较高，也较单一，一般适合于专业技术人员，如数控机床专业学生毕业后最适合的就是在企业中成为数控机床的操作与维护人员，最后发展成为高级技师。

其次，一对多的关系。这类专业一般都存在于普通高校中，人们常说的宽口径、厚基础就是指这类专业。一个专业可以对应一个职业群，职业群一般由基本操作技能相通，工作内容、社会作用以及从业者所应该具备的素质接近的若干个职位所构成。职业群横向划分，是相同的职业存在于不同的产业或行业之中，如人力资源专业所对应的职业群广泛分布于国民经济的各个产业和行业之中。纵向划分，是同一职业存在于同一行业若干个不同的岗位及其可能晋升的职务之中，如人力资源专业的职业发展路线为：人力资源助理—人力资源专员—人力资源主管—人力资源经理—人力资源总监。

最后，多对一的关系，就是多种专业都可以发展到某一种职业的形式。这类一般属于管理型人格的职业。比如，高校教师、科研人员、新闻记者、编辑人员、营销主管、企业管理人员等。以新闻记者为例，它可以接收经济、新闻、中文、哲学、历史等许多专业的学生。

（四）探索专业与个人发展方向

1. 探索专业特色

首先，要清楚所修专业属于哪一学科门类和哪个一级学科类别，要对一级学科的基本特色有所了解，对其相近学科和本学科的前沿知识和发展动向有所了解。在对学科的内涵及其生存发展的广度和深度进行了解的基础上，有效把握所学专业在学科中的位置和生存发展空间。

其次，从专业特色的角度探索专业对应行业的特殊领域，以及专业特色对应岗位的特殊专业知识与专业技能。掌握了专业特色，就把握了人才需求的核心。

2. 探索专业人才的培养目标

不同高校同一专业的人才培养目标会有所不同，通常，各院校会根据自身的学术水平、社会影响、社会需求等对毕业生有一个基本定位，专业人才培养目标都是根据这个定位来确定的。

首先，要明确本专业是为谁培养毕业生，也就是明确本专业人才对口的主要行业领域；其次，要明确本专业所培养的是哪种类型的人才，是基础理论型还是应用推广型，是单一型还是复合型等。了解培养目标时，可结合学校的办学层次和学历层次，探索未来可以选择的用人单位及其起点岗位，为职业规划做好准备。

拓展阅读

职业环境分析清单

1. 基本职业信息

（1）职业名称：

（2）定义：

（3）所处行业：

（4）薪资状况（最高、平均、最低）：

（5）职业所满足的需求：

（6）职业（职位）概述：

2. 任职资格与工作描述

（1）职责范围与主要工作内容：

（2）任职资格：

① 教育背景（知识、学历）要求：

② 能力、技能要求：

③ 工作经验要求：

④ 工作态度和心理素质要求：

⑤ 其他要求（身体、年龄、性别等）：

(3) 工作设施设备条件和工作环境等（含职业病危险性）：

3. 工作地点

(1) 工作组织的类型：

(2) 职业存在的地理位置（全国性、仅存在于某个特定的区域或城市）：

4. 该职业中典型人群的人格特征

(1) 支配该职业环境的人或该行业中大多数人的人格特征：

(2) 年龄范围，男性和女性的比例，少数民族工作者的数量：

5. 职业发展

(1) 入门职位：

(2) 典型发展通道与时限：

(3) 非典型发展通道与时限：

(4) 适宜的职业资格，教育、培训和认证情况：

(5) 职业前景：

6. 外部环境对该职业的影响评估

(1) 行业总体发展趋势影响：

(2) 经济形势影响：

(3) 科技、教育、政治、军事等影响：

 思考题

结合本节所学，做一份自己所学专业的探索报告。

第二节 探索工作世界

▶ 一、导语

> 知彼知己者，百战不殆。
>
> ——《孙子兵法》

大学是人生的关键阶段，是连接"基础学习"与"进入社会"的重要时期。在进入社会之前，职业探索的充分与否对于个人制定科学合理的职业决策至关重要。对于职业探索来说，知己知彼即在充分探索个人兴趣、能力与价值观的基础上，能够清晰、全面地了解工作世界。

▶ 二、思维导图

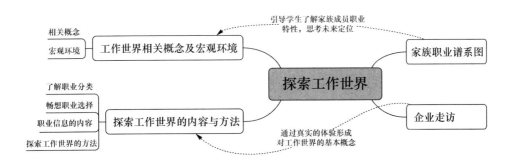

▶ 三、学习目标

本节主要讲授工作世界的概况和探索工作世界的方法，帮助学生在了解工作世界的相关概念与宏观背景的前提下，利用职业分类的方法拓展对工作世界的认知，通过一系列方法与策略获取职业信息，让学生了解工作世界的意义，产生探索工作世界的动力。

▶ 四、课程导入

小志（化名），信息管理与信息系统专业本科毕业生，在毕业当年的秋季招聘中"面"无败绩，累计斩获字节跳动、京东、麦德龙、达能、中国电信、中国移动、搜狐、格力、艾瑞等十余家公司的录取通知书，最终就业于字节跳动总部。

能在秋季招聘时有不俗的成绩，得益于小志同学一直以来对自己和工作世界的不断探索。他认为，了解自己是确定职业方向的开始，职业生涯是人生中很长的一段旅程，真正了解自己热爱什么，才能在职业道路上更好地发展。小志在大学生活的前两年，除了高质量地完成学业之外，还主动参加学校社团活动。在一次次活动的锻炼中，他逐渐懂得如何和他人协调沟通，逐渐乐于表达自己的想法；他学会了如何高效完成工作内容，提升了组织能力和领导能力。

大二下学期，他开始有意识地了解未来的职业方向，在向专业教师、辅导员、本专业的学长咨询之后，了解到自己所学的专业本科阶段的课程体系涉及范围广且全面，经过四年的系统学习之后可以从事的职业方向有很多，如软件开发、数据分析、管理、产品、运营、咨询……那到底哪个方向是自己能做、喜欢做并适合做的呢？他决定通过实习来真切体验不同职业的细节，从而帮助自己明确职业目标。

从大三开始，他先后在 5 家公司（其中 4 家为世界 500 强企业）从事了 5 个不同岗位的实习工作，在不断实践的体验与沉淀后，小志同学结合所学专业，逐渐将职业目标聚焦在产品、运营、战略这几个方向，并开始有针对性地了解这些岗位在不同行业的职责，根据自己的期望薪资和期待前景去匹配，最终选定了互联网行业，也选择了商业产品这条发展的"快车道"。在字节跳动实习期间，他面对自己缺少商业产品和互联网工作经历的短板，通过不断摸索与努力，在一个月后画出了字节跳动全系商业产品内容的架构图，这张图不仅作为一个加分项在面试时助力他获得字节跳动总部的青睐，更是他构想的商业产品的全景。

小志同学将大学期间的职业探索过程定义为"入局试错",在这个过程中,期待同失望往往接踵而至,他不盲目乐观,也不沉浸于失落,画出了"不断问清内心道路和持续实践沉淀"的属于自己的"精彩画卷"。

从小志同学的经历中,你有没有得到启发呢?在大学期间,如何了解自己所学专业的职业方向?如何探索工作世界?

▶ 五、教学活动

(一)活动一:家族职业谱系图

活动目标:

通过绘制家族成员的职业谱系,了解他们的职业特性、家族成员对自己的期待等,引导学生了解工作世界,思考未来定位。

活动流程:

步骤1:将学生按照每6—8人分组,请每人完成各自的家族职业谱系图(见图4-1),在横线上写上相应人物的职业。与父母并列以及与自己并列的其他成员请按照各自的实际情况填写,如父亲有两个弟弟,那就可以填两人的身份及职业。

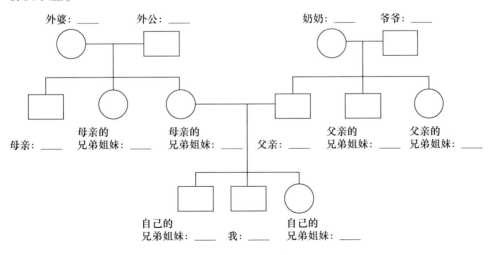

图4-1 家族职业谱系图

步骤2：请每位学生在小组内分享：

（1）请挑出家族职业谱系图中的至少三名成员，谈一谈你觉得他们对表4-2中问题的看法。

表 4-2　家族成员职业观点搜集

问题的看法	成员一	成员二	成员三
关于工作			
关于金钱			
关于成就			
关于所谓的好人			
对我未来工作的建议			

（2）我的职业方向，有可能与家中这些成员的某些职业是一样或者相似的吗？

（3）这些成员的职业观念对我有重要的影响，是如何影响的？

（4）我有哪些职业价值观是来自家人的？

（5）家人对我有哪些期待？我是否要按照家人的期待发展？如果真是如此，我可能会……

步骤3：请每个小组选一名代表总结并进行讨论。

（二）活动二：企业走访

活动目标：

引导学生通过企业走访，真实体验工作，了解企业文化、管理模式和对人才的需求等，使他们形成对工作世界的基本概念。

指导语及说明：

在企业走访的过程中，主要从以下十个方面去考察企业，对走访结果作摘要记录。

（1）企业简介；

（2）企业产品或服务；

（3）企业经营战略；

（4）企业组织结构；

（5）企业文化；

（6）企业人才需求；

（7）企业薪酬福利；

（8）企业员工；

（9）企业物理环境（图片）；

（10）企业其他信息。

▶ 六、理论知识

（一）工作世界相关概念及宏观环境

1. 相关概念

职位（professional position）是和分配给个人的一系列具体任务直接相关的。因此，职位和参与工作的个人相对应，有多少参与工作的个人，就有多少个职位，例如，一个足球队需要 11 个队员，意味着这个足球队中有 11 个职位，无论这些职位是前锋还是后卫。

工作（job）是由一系列相似的职位所组成的一个特定的专业领域，例如，足球队中有左前锋和右前锋，它们都是一个职位，即前锋。

职业（occupation）是在不同的专业领域中一系列相似的服务。例如，运动员是一种职业。

通过图 4-2 我们可以直观地理解上述概念，对这些概念的理解可以帮助我们更好地按照职业、工作、职位、职责等顺序去探索了解工作世界，也才能更详细地了解你探索的目标职业所能提供的岗位及所应具备的能力。

2. 宏观环境

如前文所述，社会认知生涯理论认为个体职业选择是个人、行为、环境三方面复杂交互的结果。宏观环境对整个就业环境及职业机会的影响是非常巨大且不可抗、不可逆转的。作为大学生，深刻理解宏观环境对个人的影响就等于掌握了职场的大趋势，在一段职业生涯还没开始之前，你已经能够赢在制高

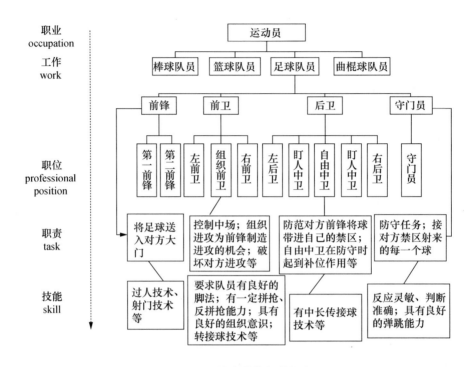

图 4-2 工作世界的相关概念

点。宏观环境对就业环境的影响大概有以下几个方面：

（1）全球化的经济环境：时代发展急需创新能力

"一花独放不是春，百花齐放春满园。"2013年，习近平总书记在二十国集团领导人峰会上指出："各国经济，相通则共进，相闭则各退。"当今，全球化促使全球范围内的国家共同参与生产和消费，各种生产要素在全世界范围内自由流动和优化配置，世界各国经济密切相连、相互依赖、相互影响。随着我国GDP位列全球第二，我国参与全球经济建设的广度和深度也进一步提升，经济全球化观念深刻影响着人们的价值观念、思维方式和行为选择。

经济全球化是与生产的信息化、知识化、自动化相联系的，随着生产的信息化、知识化、自动化程度的提高，人的知识、才能和适应市场的敏锐性在生产中的作用越来越突出，知识创新和适应全球化市场的敏锐性越来越成为经济发展的关键，市场竞争越来越发展成为人才的争夺战。同时，我国开始进入中上等收入阶段，与发达国家的技术差距缩小，在国际市场甚至国内市场竞争激烈起来，发达国家向我国转让技术的步伐放缓，贸易摩擦变得频繁。① 我国不再像过去那样可以便利地购买发达国家的技术，追赶需要更加依靠自己的研发投入。然而，我国高等教育虽然扩张迅速，但教育质量提高却相对滞后。目前的教育体制是作为技术上的追随者而设计的，对人才的创新能力要求不高。部分高新技术企业一方面从国际市场上吸引人才，另一方面呼吁投入基础性研究的重要性，要求政府推进教育体制改革，加强创新型人才的培养。

（2）劳动力市场的变化：老龄化时代到来与高学历群体增多

2012年至2018年，我国劳动年龄人口数量和比重连续7年出现双降，劳动年龄人口在7年间减少了2600余万人，主要原因是计划生育政策的滞后效应。从年龄段来看，16—24岁青年劳动力的劳动参与率因高等教育的普及而不断降低。基于计量模型的预测显示，青年劳动力的劳动参与率将在2026年下降到33%；25—54岁壮年劳动力的劳动参与率基本保持不变；55岁以上老年劳动力的劳动参与率因我国近年来不断改进退休福利而呈明显的下降趋势。伴随着劳动年龄人口以及劳动参与率的下降，我国就业市场的就业总量在2018年也开始出现下降，这也是自1960年至1962年发生就业人数下降以来第一次出现这种现象。② 劳动供给的持续下降在减少就业市场压力的同时也意味着老龄化的到来。相应地，老年产业及老年产业的服务人才就会得到更大的发展。

2000年高校扩招后，劳动力市场供给结构发生改变，我国人力资源的禀赋结构发生了巨大变化。2014年高校本专科招生超过700万人，2019年超过900万人。从2015年的1%人口抽样调查数据看，在20岁人口队列中，接受高等教育者所占比重超过了50%，已接近发达国家水平。政府对就业问题的关注重点，从农民工和下岗人员转向高校毕业生群体。越来越多的高学历人群进入劳动力市场。我国的产业结构发生变化，有利于高校毕业生就业。工资水

---

① 参见吴要武：《70年来中国的劳动力市场》，载《中国经济史研究》2020年第4期。
② 参见曾湘泉：《中国就业市场的新变化：机遇、挑战及对策》，载《中国经济报告》2020年第3期。

平提高推动产业向资本技术密集型转化，给高人力资本的劳动者带来更多的就业机会。尽管高校毕业生的供给持续增长，但被技能偏向型需求增长所吸纳，表现出来的结果为：高校毕业生的工资优势相对于中学及以下者在增大，劳动参与率维持在很高的水平上，而失业率在下降。

（3）平台型就业的蓬勃发展：雇佣关系日益灵活化

"十三五"时期，我国平台型企业在用工规模方面增长迅速，经济价值在创新发展驱动下连年提升，成为我国经济最活跃的新动能。① 平台型就业与传统就业有本质的区别，传统就业是一个企业与个人签订合同，企业面向市场；而平台型就业则是很多人与平台之间建立经济联系，通过平台面对市场，摆脱了空间和时间的限制，就业的灵活性、自主性增加，突破了传统雇佣关系的束缚。

平台型就业对就业市场有双重影响，新技术革命一方面带来了技术规模的扩大和就业机会的增多，另一方面也对传统就业产生了冲击。如电商平台的兴起导致了部分实体店倒闭，进而给就业带来了一些负面影响，但其综合影响还需进一步研究。平台直接创造的就业并不是很多，但是间接创造的就业规模非常大，这是平台型就业的重要特征。

平台在创造就业的同时也带来了一些挑战，主要表现在就业极化与就业质量低两方面。就业的极化现象是指如果按照能力将职位分成低、中、高三档，则较低端的职位和高端的职位在不断增加，而中间的职位在减少甚至消失。美国的一项研究发现，20世纪90年代以来，由于新技术革命的影响，就业市场出现了明显的极化现象。此外，互联网平台就业中的社会保障、劳动关系等问题也是世界性难题。目前，我国未将平台型就业视为雇佣关系纳入《劳动合同法》调节的范围，而是依《民法典》按照业务合同来处理。如何解决平台型就业的社保，这是一个巨大的挑战。

（4）结构性矛盾持续：群体和区域差异较大

结构性矛盾是过去十几年我国就业市场的一个突出特征，在群体及区域两

---

① 参见肖红军、阳镇、姜倍宁：《平台型企业发展："十三五"回顾与"十四五"展望》，载《中共中央党校（国家行政学院）学报》2020年第6期。

个层面均有所体现。首先是农民工数量庞大,但其受教育程度、技能水平与职业化程度均不高。目前,我国城市就业人口约有 4 亿多,其中农民工占 70% 左右。从受教育程度看,这些农民工的学历水平普遍较低。其次是大学毕业生规模庞大与工作能力缺乏的问题。我国自 2000 年起实行高校扩招,大学生群体规模巨大,但是工作能力却严重缺乏。2004 年,麦肯锡咨询公司通过对上海 75 家跨国公司人力总监访谈后发现,我国每年培养了 160 万名年轻工程师,但其中只有 10% 能满足跨国公司对人才的实用技能与语言技能要求,而印度的这一比重则是 25%。中国就业研究所 2010 年的一项调查显示,大学生就业难的原因有很多,首要因素是就业能力缺乏。[①] 2019 年,麦可思公司采用美国劳工部技能指标,共五大类 35 项指标,对中国本科和高职毕业生的工作能力和岗位要求能力进行评价,发现过去 7 年毕业生的整体工作能力有所提高,但基本工作能力满足度的提升程度有限,仅为 4%。最后是区域不平衡问题。我国不同行政区域之间的"就业市场景气指数"(CIER)差异极大,东部就业情况好得多,中西部稍差,东北地区问题比较突出。自 2019 年第四季度以来,东北地区 CIER 指数始终小于 1,这意味着在东北地区求职者的数量超过了工作职位空缺的数量。

(5)培训和再教育成为常态:终身学习的大趋势

终身学习是贯穿人的一生的自我提高、自我完善的学习过程,是获得职业技能或提高个人素养的持续学习过程。"学习革命"与"再培训"是近年来被持续关注与热议的话题。随着自动化与人工智能的高速发展,将会淘汰许多手动性、重复性流水作业的人力岗位,或许将有数以百万计的人面临职场淘汰的危机。大学或者研究生毕业便意味着正式教育的结束,要想让职业规划与时代保持一致,就必须终身更新自己,通过再学习与再培训不断适应新变化。终身学习对学生的学习能力提出了新的要求,它要求学生不仅能够对教学大纲的知识内容进行记忆和简单应用,还要求学生能够在自身内部激发出一种自主的学习动机和倾向,也就是能够将学习的内容与自我相联结。终身学习不单是我国

---

① 参见曾湘泉、李晓曼:《破解结构矛盾,推动就业质量提升》,载《中国高等教育》2013 年第 13 期。

面临的问题，更是全球技术变革的必然趋势。未来企业管理关注的重点，一方面是福利待遇，另一方面是对员工进行终身培训的承诺，二者都具有强大的吸引力。

（二）探索工作世界的内容与方法

如果学生能够清晰、全面地了解工作世界，仔细了解企业用人要求及工作发展的普遍路径和规律等，就能够结合自己的特点作出合理的生涯决策，所以探索工作世界可以促进作出正确的生涯决策。

可是在不断创新和充满变化的时代，任何资料都很难穷尽所有的职业信息，本节将帮助学生了解探索工作世界的方法。学生可以通过掌握这些方法，在学习生活中不断积累相关的职业信息。

1. 了解职业分类

在开始缩小并确定最适合自己的职业选择之前，你需要扩展自己对职业的认知。很多人很难做到这一点，源于对可选择的职业种类了解甚少。为职业进行分类是有效了解职业的方法。由于职业具备多重属性，因此认识职业的视角和职业分类的方法有很多种。本节将展示几种常见的职业分类方法，也是理解职业的几种常见视角。

视角一：按从业人员所从事的生产或其他社会经济活动的性质划分。

行业是社会分工的大类，通过了解行业能让个人更好地了解工作世界。在给自己进行职业定位时，我们大致的顺序是：行业—职业—企业—职位，所以了解"行业"的概念和分类是十分必要的。根据国民经济行业分类国家标准（GB/T 4754-2017），我国将国民经济各行业划分为 20 个大门类。

A. 农、林、牧、渔业

B. 采矿业

C. 制造业

D. 电力、热力、燃气及水生产和供应业

E. 建筑业

F. 批发和零售业

G. 交通运输、仓储和邮政业

H. 住宿和餐饮业

I. 信息传输、软件和信息技术服务业

J. 金融业

K. 房地产业

L. 租赁和商务服务业

M. 科学研究和技术服务业

N. 水利、环境和公共设施管理业

O. 居民服务、修理和其他服务业

P. 教育

Q. 卫生和社会工作

R. 文化、体育和娱乐业

S. 公共管理、社会保障和社会组织

T. 国际组织

视角二：依据各个职业的主要职责或工作性质划分。

该分类方式采用了以从业人员工作性质的同一性作为职业划分标准的原则，并对各个职业的定义和社会特征、职业功能、完成相应职业所需的知识技能等作了具体描述，体现了职业活动本身固有的社会性、目的性、规范性、稳定性和群体性的特征。2015 版的《职业分类大典》依据从业者所从事的工作性质的统一性进行分类，将我国职业由大到小、由粗到细分为 8 个大类、75 个中类、434 个小类、1481 个职业。8 大类的排列顺序是：

第 1 大类：党的机关、国家机关、群众团体和社会组织、企事业单位负责人；

第 2 大类：专业技术人员；

第 3 大类：办事人员和有关人员；

第 4 大类：社会生产服务和生活服务人员；

第 5 大类：农、林、牧、渔业生产及辅助人员；

第 6 大类：生产制造员及有关人员；

第 7 类：军人；

第 8 类：不便分类的其他人员。

视角三：按个性心理的个别差异划分。

如前文所述，帕森斯提出的特质—因素理论强调每个人进行职业决策时，要根据自己的个性特征来选择与之相对应的职业种类。霍兰德的人格—职业类型匹配理论，把人格类型划分为 6 种，即现实型、研究型、艺术型、社会型、事业型和常规型。同时对应这几种人格类型，把职业环境划分为 6 大类型。这种分类，把个性心理特征与职业类型二者统一起来，便于根据兴趣进行职业选择和生涯辅导，可促成人们在有兴趣的职业环境中学习和工作。如社会型的人可以做教师、咨询师等；艺术型的人可从事演艺、主持和设计等，研究型的人可以做科学家、工程技术人员等。因此，在职业选择和职业规划中，个性心理的差异也可以作为一个重要的参考因素。

2. 畅想职业选择

通过职业分类对职业有了初步的认知之后，接下来需要形成自己预期的职业库，头脑风暴法是构思职业选择的最好办法之一。头脑风暴的具体做法是，就某个特定的问题放松思想，让思维自由驰骋，从不同角度、不同层次、不同方位，大胆地展开想象，想出尽可能多的解决方案（这里指择业的各种可能选项）。

头脑风暴的过程中一定要遵循以下两条原则：首先，此时此刻你应该更关注的是量而不是质，你的目标是搜集尽可能多的心中所想的职业，然后再进行压缩筛选。其次，要把那些平时脑海中令人无法容忍的想法考虑进来，比如，成为宇航员、酒店试睡员、探险者等。这些乍一看似乎都是不切实际的职业目标，但它们可能会碰撞出新的思想火花。

如果你很难想象该怎么进行头脑风暴，也许可以尝试以下维度：

从他人的职业中筛选，包括家人、亲戚、朋友，也包括从书籍、资讯或影视作品了解到的人，还包括其他不熟悉但是认识或者听说的人等，可以想象一下在这些人的职业中，哪些是让你向往的，可以把它们列出来。

从自己的兴趣、性格探索对应的职业进行筛选，前面章节中有关兴趣、性格的探索，每一部分最后都有相应适合的职业，这些职业都有可能成为你未来的职业方向。

此外，每个人心目中还有自己理想的职业……

将这些职业列出来，就会获得自己的职业清单，看看这些职业有什么共同点，就可能启发你想到更多值得探索的职业。结合你的能力和价值观再次从职业清单中进行筛选，最终就会得到你预期的职业库。在形成自己的职业库的时候，库的大小要根据自己的情况而定，通常5—10个职业是比较适中的。

3. 职业信息的内容

形成预期的职业库之后，获取某一具体职业的有效信息就尤为重要了。信息获取在信息爆炸的时代早已不是难题，但是有效信息的获取却需要一定的信息搜集及分辨能力。那什么是有效的信息呢？考察一个职业，首先要做的就是搜集整理相关职业信息，具体来说，主要有以下三个方面：

一是招聘信息，即企业发布的第一手信息，这是个人了解社会，推敲自己的能力、性格、兴趣等自我概念，开拓自身职业发展前途的重要素材，也是了解某个具体职业最便捷的信息来源。

二是职业相关的信息，是比招聘信息更全面具体的信息，包括具体职业的任职要求、工作内容、个人素质、晋升发展渠道、工作待遇、机会与挑战、工作环境（物理环境与人际环境）、职业发展趋势、就业单位的产业类别等。对这些信息的深入了解将有助于提高个人职业选择与决策的明智程度和成功率。

三是就业机会相关的信息，包括职业素养养成与求职能力提升的信息、职业介绍与中介机构方面的信息等。探索工作世界的最终目标是获取工作机会，在了解清楚职业的信息之后，就可以有针对性地提升自己的匹配要求，并且增加获取就业机会的途径。

4. 探索工作世界的方法

到目前为止，你可能对自己想要进入的某个或者某些职业领域以及需要了解哪些信息已经心里有数，那么，针对某一具体的职业，如何获取这些职业的信息呢？这里可采用由近至远的探索方法。

所谓近和远，是指信息与探索者的距离。通常近的信息比较丰富，远的信息更为深入；近的信息较易获得，远的信息则需要更多的投入和与环境的互动。所以，从近至远的探索是一个范围逐渐缩小、认知逐渐清晰、感受逐渐丰富的过程。图 4-3 中列举了从近至远获取信息的一些方式。

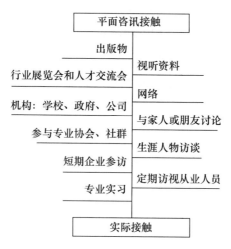

图 4-3　由近至远的探索方法

在以上方法中，通过出版物、视听资料、行业展览会和人才交流会、网络、机构等方式获得的一般是静态信息。如通过网络查询目标职业的招聘信息、反映就业市场景气程度的"中国就业市场景气指数"（CIER）、相关机构发布的大学生就业研究相关数据等；通过查阅或问询了解反映毕业生就业去向和质量的各高校就业质量报告；在行业展览会或人才交流会上，直接向政府有关部门、公司与机构等了解最新的职业资讯；通过职业生涯规划等相关书籍了解生涯规划的知识等都非常方便、快捷、信息量大、成本也低，但是这种方式得到的信息是间接的、疏离的，可能与现实感受有差距。

与家人或朋友讨论、参与专业协会或社群、参加生涯人物访谈进行短期企业参访或专业实习等几种方法可以帮助个人真切地了解职业相应工作的性质、内容、环境及氛围，对职业的感受也更加直接。其中，通过参与线上社群来讨论和交流感兴趣的职业问题对于"00 后"的网络原住民来说可能是便捷、也更容易接受的方式。个人的探索总是有局限性的，与他人共享探索成果，会发现更多的前进道路，通过企业实习、企业参观等实践活动来了解职业信息是最有效、也是最直接的途径。俗话说"隔行如隔山"，通过真实进入具体工作场景，确认自己的兴趣和技能，判断是否喜欢和热爱所实践的职业，是否有相应的能力可以匹配职位要求。通过现实的体验认知职业的优势和挑战，这也是社会认知职业理论的精髓。通过实践，不仅可以获得工作世界的真实信息，而且可以检验我们的梦想和感受，进而帮助我们进行理性决策。

生涯人物访谈相较于讨论、参观、实习等方法，具有思考主动、话题聚焦度高、细节丰富、耗时短、成本低等诸多优势，是一种客观而高效的信息搜集方式。

生涯人物访谈是很重要的一种获取职业信息的方法，是指通过对一定数量的目标职业的职场人士进行访问、面谈，获取该目标职业的准入条件、核心知识结构、必备职业技能、职务升迁路线、薪资情况等信息，更客观地为以后是否从事这一职业提供全面的信息参考。延伸到高校在读学生，也可引申为学生群体之间的访问、面谈，从而获取目标学生群体的学涯规划、知识技能储备等具体信息。生涯访谈的核心是了解他人的"鲜活"经历，促进自己认知和行动的调整。

了解到生涯人物访谈是什么之后，就要解决跟谁谈、谈什么的问题。

找到合适的访谈对象是访谈成功的关键，通常值得访谈的对象是在某个领域比较有代表性的人物，如企业总经理、部门主管、业务骨干、核心员工等。对即将进入职场的大学生来说，选择一些工作3—5年的前辈进行访谈更能获得直接有用的信息。在现实的应用中，学生往往会由于接触工作世界的渠道有限而比较难找到合适的访谈对象，从而导致访谈无法开展。建议学生不要忽略自己的校友资源，可以通过学校的教师联系到合适的校友，尤其是青年校友，他们的经历和建议对在校学生而言更有借鉴意义。

访谈前，首先应该电话被访谈对象，进行自我介绍并说明意图，提一下你是如何找到他的。然后告知被访谈对象做这个访谈的原因以及所需要的时间（通常20—30分钟）。如果被访谈对象可以接受访谈，则需要和他确认访谈方式。一般面对面访谈的效果优于电话访谈，视频在线访谈的效果介于上述两种形式之间。如果被访谈对象很忙，就请他介绍一位与他所做工作相似的人。如果需要录音，需要提前获得被访谈对象的同意。最后，感谢他能够接受访谈并确定访谈的日期、时间和地点。如果他不能见你，就表示遗憾，如果得到了被推荐人的名字，应表示感激。

由于被访谈对象通常工作繁忙，所以访谈一定不能迟到，过程要尽可能紧凑，尽量少占用对方时间。事先准备好访谈提纲，确定访谈方向，提前做好预约，这会让访谈更加顺畅。下面介绍一些常见的访谈内容供参考，可根据访谈主题及实际情况编排出适合自己的提纲。

① 姓名、单位名称、行业、职位等基本信息。
② 你的主要职责是什么？
③ 通常你一天的工作时间是怎么度过的？
④ 本工作的哪部分让你最满意（最喜欢），哪部分最有挑战性？
⑤ 在未来6—12个月内，你面临的主要挑战是什么？你会怎样面对？迎接这些挑战时的障碍有哪些？
⑥ 你日常面临的问题和挑战有哪些？
⑦ 平时的工作环境是什么样的？工作强度大吗？作息时间是否规律？
⑧ 你是如何为实现组织的总体目标或使命贡献力量的？
⑨ 个人的主要成就是什么？
⑩ 组织发展的前景如何？
⑪ 在这个职位上，如果想获得成功最关键的素质（能力）是什么？如何获得？
⑫ 在你的组织中，能够在同样一个岗位上区分成功与否的行为是什么？
⑬ 你是如何找到这份工作的？
⑭ 本职业需要什么样的人（任职资格、所需技能等）？
⑮ 什么样的个人品质或能力对本工作的成功来讲是重要的？
⑯ 本工作需要特别的知识、技能和经验吗？
⑰ 这种工作需要什么样的教育或培训背景呢？
⑱ 公司对刚进入该领域的员工提供哪些培训？
⑲ 工作中解决问题的自由度如何？
⑳ 什么样的初级工作最有益于学到尽可能多的知识？

㉑ 本领域初级职位和略高级别职位的薪水是多少？

㉒ 你所在领域的"职业生涯通道"是什么样的？

㉓ 你如何看待该领域（职业）将来的变化趋势？

㉔ 你认为推动本领域持续发展的动力是什么？

㉕ 将来本领域潜在的不利因素是什么？

㉖ 对于一个即将进入该领域的人，你有什么特别的建议？

㉗ 哪些渠道能帮助我深入了解该领域？

㉘ 你的熟人中有谁能够成为我下次访谈的对象吗？当我打电话给他时可以用你的名字吗？

㉙ 根据你对我的教育背景、技能和工作经验的了解，你认为我在作出最终决定之前还应在哪些领域或哪些工作上进行深入调查研究呢？

㉚ 其他任何你感兴趣的或是特别想了解的内容。

 思考题

根据所学知识，结合自己的职业倾向，思考自己的职业定位和发展方向。

第五章 Chapter 5　自胜者强——决策行动

第一节　生涯决策与行动

▶ 一、导语

鱼，我所欲也；熊掌，亦我所欲也。二者不可得兼，舍鱼而取熊掌者也。生，亦我所欲也；义，亦我所欲也。二者不可得兼，舍生而取义者也。

——《鱼我所欲也》

"鱼与熊掌"的确是我们的生命历程中经常遇到的二难选择，探索自己的决策风格，了解决策原理与方法可以让我们更好地作好生涯决策，促进有效行动。

▶ 二、思维导图

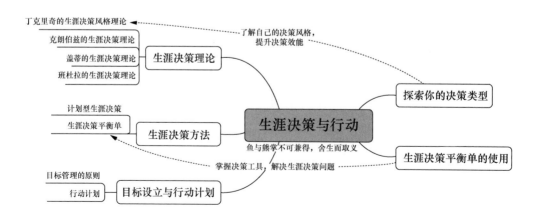

▶ 三、学习目标

本节通过介绍生涯决策任务和方法,引导学生探索自己的决策风格,掌握正确的决策方法,提升自己的决策效能,尝试进行生涯决策和开展生涯行动,从而树立信心,为自己承担责任,自主决策。

▶ 四、课程导入

(一)杨澜的职业选择

杨澜曾说:"一次幸运并不可能带给一个人一辈子好运,人生还需要你自己来规划。"她的职业生涯是当代职业女性的一个典范,下面依次讲解她的五次转型。

第一次转型:从大学生到央视节目主持人。曾经在北京外语学院因为听力课听不懂有些自卑的她,勤勉努力,大胆直率,坚信主持人不一定非得漂亮,但头脑一定要聪明,因此,这一时期的一切挫折都没有影响到她后面的成功。四年的主持人生涯开阔了她的眼界,更坚定了她要做一个传媒人的心。

第二次转型:从主持人到美国留学生。当杨澜在主持方面取得了极高的成就后,她没有选择原地踏步,而是选择急流勇退,前往美国哥伦比亚大学国际传媒专业深造。与此同时,她在课余时间与上海卫视联合制作了共计40集的《杨澜视线》,同时担任节目策划、制片、撰稿和主持多个角色,实现了从节目底层开始"垒砖头"的想法。

第三次转型:从留学生到凤凰卫视主持人。回国后的杨澜选择了加入刚刚成立的凤凰卫视,在那里她不仅仅是一个主持人,更是《杨澜工作室》的当家人。在凤凰卫视的两年中,她共采访了120多位名人,为她后面进军商界带来了丰富的人脉经验和莫大的精神收获。于她而言,进军商界差的只是资本,而在美国留学期间遇见的她的先生——吴征,刚好是这方面的高手。

第四次转型:从主持人到阳光卫视的当家人。2000年,杨澜收购了良记集团,将其更名"阳光文化网络电视控股有限公司",并成功上市,自此开始了从一个传媒出来的人到传媒人的转变。公司在经历了两年的亏损后，最终成功在 2003 财务年度获得盈利。

第五次转型：重回电视圈。2006 年年底，杨澜宣布放弃从商，回归文化圈，全身心投入电视节目的制作当中，并主持了《杨澜视线》《杨澜访谈录》《天下女人》等节目。这个决定是当时大众未曾预料到的，但却是杨澜根据自身的职场优势、职业环境、职业性格等所作出的一个职业角色的转变。

资料来源：韩春丽：《杨澜：一次幸运并不可能带给一个人一辈子好运》，载《中国青年报》2003 年 3 月 10 日。

（二）钱学森的人生选择

钱学森从 1923 年进入北京师范大学附属中学开始，就立下了要用所学的科技知识报效国家的志向。可见他在很早的时候就已经确立了人生的目标，并且心系国家，一直在践行。1929 年，钱学森考入上海交通大学机械工程系学习机车制造专业，后来，受到淞沪抗战中中国军队航空力量太弱的刺激，他决心改变自己的专业方向，努力掌握飞机制造的尖端技术。他无时无刻不关心着国家的安危，将自己的生涯选择同国家的前途命运绑在一起。

1934 年，钱学森考取清华大学公费留学生，次年 9 月进入美国麻省理工学院航空系学习，两年后，他转入美国加州理工学院航空系，师从世界著名空气动力学教授冯·卡门，先后获得航空工程硕士学位和航空、数学博士学位。

1938 年至 1955 年，钱学森在美国从事空气动力学、固体力学和火箭、导弹等领域研究，并与导师共同完成高速空气动力学问题研究课题和建立卡门—钱学森公式，在 28 岁时就成为世界知名的空气动力学家。

尽管在美国有着优厚的工作和生活待遇，然而，钱学森却始终关心着祖国的发展。1955 年 10 月，钱学森终于冲破种种阻力回到祖国。回国后，他和钱伟长合作筹建中国科学院力学研究所，并出任该所首任所长。不久后，他就全面投入中国的火箭和导弹研制的工作之中。

1956 年初，钱学森向中共中央、国务院提出《建立我国国防航空工业的意见书》，对发展我国的导弹事业提出了长远规划。同年，国务院、中央军委根据他的建议,成立了航空工业委员会,并任命他为委员。

资料来源:李清华、田兆运:《钱学森》,载《光明日报》2009年12月14日。

五、教学活动

(一)活动一:探索你的决策类型

活动目标:

通过活动,引导学生了解自己的决策风格,提升决策效能。

活动流程:

每天上学时,你可以勇往直前,毫不停留地来到学校而不会迷路,因为你很清楚学校的位置在哪里,你有明确的目标。但是在人生路上,你知道自己的目标在哪里吗?我们现在走的每一步都会对未来产生深刻的影响,在你的人生十字路上,你是如何决策的?

步骤1:请你试着按图5-1所示的路线走,看看会找到什么样的宝藏。

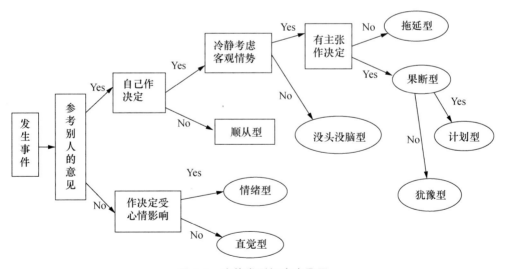

图5-1 决策类型探索步骤图

步骤2:看看你在日常生活中作决策的特点。

虽然我们作决定的方式通常都有模式可循,但也不是一成不变的。有时遇到不同的问题，我们也可能以不同的方式作决定。所以图 5-1 中的七种不同的决策风格，我们都有可能在不同的时机、不同的情境中加以运用。

在表 5-1 的各项情境中，选出自己在日常生活中通常使用的决策方式，并在该类型下的空格中打"√"。

表 5-1　日常生活的决策类型表

项目	计划型	没头没脑型	犹豫型	情绪型	顺从型	直觉型	拖延型
早晨起床的时间							
三餐吃什么							
下课时间做什么							
放学后什么时候开始学习							
如何安排交作业							
如何准备考试							
是否要去打工							
选择什么职业							
零用钱如何分配							
业余时间如何安排							
结交什么朋友							
报考哪一类学校							
解决心中疑惑							

你的发现：

（1）根据以上结果，在日常生活中你作决定，倾向于：_____

（2）这个类型的优点是：_____

缺点是：_____

（3）你的决策方式（从过去的一些经验看）对你的影响是：

正面：_____

负面：_____

（4）你觉得_____类型对你在日常生活中解决问题的帮助将是最大的。

（5）在以后学习、工作、生活中，如何发扬你作决策的优点，改善缺点？

_____

_____

_____

提示：同样的事件，不同的决定方式，所造成的结果可能不一样，但审慎而理性的决策方式将可使情况最符合我们预期的目标。

（二）活动二：生涯决策平衡单的使用

活动目标：

通过案例体验的方式让学生掌握生涯决策平衡单的使用方法，解决生涯决策问题。

活动流程：

步骤1：给出生涯决策案例基本情况：莎莎大学三年级，会计专业。她心里很矛盾，既希望工作稳定，又希望工作能有挑战性。她的性格外向、活泼，个人能力强、自主性高，目前她考虑的三大方向是：考公务员、国内读研究生以及到国外读MBA。

步骤2：给出莎莎考虑的具体情况和背景，如表5-2所示。

表5-2 生涯决策案例分析单

考虑项目	考公务员	国内读研究生	国外读MBA
优点	（1）满意的工作收入 （2）铁饭碗 （3）工作稳定轻松，工作压力较小 （4）一劳永逸	（1）和国内产业发展不会脱节 （2）能建立与师长、同学、朋友的人际关系网 （3）较高文凭 （4）日后工作升迁较容易	（1）圆一个国外留学的梦 （2）增广见闻、丰富人生 （3）英文能力提高 （4）训练独立能力 （5）日后工作升迁较容易 （6）激发潜力 （7）旅游
缺点	（1）铁饭碗会生锈，容易产生厌倦 （2）不易升迁 （3）不容易转业，而且无法想象自己会做一辈子的公务员 （4）不符合自己的个性	（1）课业压力大 （2）没有收入	（1）课业压力大 （2）语言、文化较不适应 （3）花费较大（一年可能需要几十万元） （4）挑战性较大 （5）没有收入
其他	爸妈支持	男朋友的期望（男朋友也是研究生并已工作）	自己一直想到国外学习

步骤3：让学生根据案例的具体情况为三个选择进行生涯平衡单得与失的分数计算，可以给出计分的参考因素，如表5-3所示。

表5-3 生涯决策平衡单探索示例

考虑项目 （加权范围1—5倍）	第一方案 （考公务员）		第二方案 （国内读研）		第三方案 （出国留学）	
	得（+）	失（-）	得（+）	失（-）	得（+）	失（-）
1. 适合自己的能力		-4	5		6	
2. 适合自己的兴趣		-3	4		8	
3. 符合自己的价值观	5		3		7	
4. 满足自己的自尊心		-2	3		7	
5. 带来较高的社会地位		-5	3		6	
6. 带给家人声望	2		1		2	
7. 符合自己理想的生活状态	3		5			-3
8. 得到优厚的经济回报	7			-1		-8
9. 拥有足够的社会资源	2		8			-1
10. 适合个人目前处境	5		2		1	
11. 有利择偶以建立家庭	7		5			-5
12. 未来有发展		-5	5		8	
合计	31	-19	44	-1	45	-17
得失差数	12		43		28	

总结评估：

因为大部分学生还没遇到职业选择的问题，在进行生涯决策平衡单探索时会出现没有选项的情况，活动可以抛出一个典型案例，还原学生未来可能会遇到的生涯抉择问题，引导学生沉浸在案例环境中真实体验。生涯决策平衡单的使用难点还在于考虑因素的列举以及加权分的设置，需要体验过程中引导学生进一步探索和思考。活动结束后可以给学生提供一份生涯决策平衡单样表，让学生用自己生活中真实的选择案例再进行一次体验，进一步巩固学生的学习体验成果。

六、理论知识

（一）生涯决策理论

1. 丁克里奇的生涯决策风格理论

决策风格是影响决策效果与决策效率的一个重要因素。丁克里奇在1968年通过访谈研究，将人们进行职业生涯决策时所采用的风格归结为八类。

（1）冲动型：抓住遇到的第一个选择，不再考虑其他选择或收集信息，其想法是"先决定，以后再考虑"。比如，先找到一份工作再说。这种决策方式风险太大，等看到有更好的选择时自然追悔莫及。

（2）宿命型：将决定留给境遇或命运，迷信"我这个人永远也不会走运"，人生态度消极低沉，这样的人容易成为环境的"受害者"。

（3）顺从型：顺从别人的计划而不是独立地作出决定，相信"他们都觉得好，我就觉得好"。从众的人固然在追随群体的过程中获得了一种虚拟的安全感，但却忽略了自身的独特性，其选择在很大程度上并不适合自己。

（4）延迟型：把问题往后推迟。如"我还没有准备好工作，所以打算先考研"。拖延型的人总是希望事情过几天就自动解决了。

（5）烦恼型：过度搜集信息，使用信息时又顾虑重重，反复比较，当断不断，常常觉得"我就是拿不定主意"。

（6）直觉型：因为"感觉到是对的"而作决策，但不能说明原因。直觉对人们在根据环境情况无法获得充分信息时会有效，但可能会不符合事实。

（7）瘫痪型：接受作决策的责任，但是感觉过于焦虑而不能对决策做出有建设性的工作。他们知道自己应该开始了，可能内心深处总是笼罩着"一想到这种事就害怕"的阴影。结果，他们无法真正为决策和决策的后果承担责任。

（8）计划型：使用如同标准化决策模型所推荐的理性策略。

上述八种决策风格没有绝对的优劣之分，各有其适用的范围和局限性。例如，直觉型决策反映了决策者具有迅速提取相关信息的能力，或者也可以说他是一个反应快的理性决策者。那种喜欢到处咨询或模仿他人者，有依赖的倾向，但也有可能把个人的认知偏差降到最小。决策风格既受个性的影响，又受环境的塑造，并非绝对无法改变。

2. 克朗伯兹的生涯决策理论

美国心理学家克朗伯兹在其职业生涯决策的社会学习理论中指出，职业选择过程受到四类因素的影响：

（1）遗传和特殊能力，即个人来自于遗传的一些特质，如种族、性别、外表特征、智力、天赋等，在某种程度上决定了个人的职业表现或影响到个人的生涯。

（2）环境条件与事件，包括人类活动（如社会、文化、政治、经济活动和家庭、教育活动）的影响和自然力量（如自然资源的分布或自然灾害如地震、洪水以及干旱等）的影响。很显然，家庭的社会经济地位（偏远农村还是沿海城市，是否贫困）、家庭对于个人的期望（如是否重视教育）、所在地区的教育水平等，都会很大程度地影响到个人的求学背景和发展机会。

（3）学习经验。这里所说的"学习"是广义的学习，即每个人在日常生活中不断积累的经验和认识，包括各种工具性学习、行为和认知反应、观察学习等。例如，一个孩子在与小伙伴玩耍的过程中，发现如果自己愿意与伙伴们分享玩具，别人就会更乐意跟自己玩。那么，这个孩子可能由此学到了"分享""合作"。而如果父母总是为自己的孩子包办代替一切，不允许他有自己独立的想法或喜好，那么这个孩子就学到了"不负责任"。这样的孩子长大到该独立进行职业决策的时候，就很难承担决策的责任，也没有自己的主见。一个人是自信还是自卑、敢于冒险还是畏惧变化，他怎样看待他人，对于教师、医生、警察等各种职业有什么样的印象，更看重工作带来的成就感还是与家人相处的时间，这一切，无不与个人的学习经验有关。

（4）完成任务的技能。受到上述种种因素的作用，个人在面临一项任务时，会表现出特定的工作习惯、解决问题的能力、心理状态、情绪反应和认知的历程，这称为"完成任务的技能"。

克朗伯兹和贝克于1977年提出了决策模式，包括七个步骤：（1）界定问题：描述必须要完成的决策，估计完成所需时间并设定确切的时间表；（2）拟订行动计划：描述决策所需采取的行动，并估计所需时间及完成的期限；（3）澄清价值：描述个人将采取哪些标准，以作为评价各种可能选择的依据；（4）描述可能作出的选择，确认选择方案；（5）依据所定的选择标准、评分标准，逐一评价各种可能选择，找出可能的结果；（6）比较各种可能选择符合价值标准的情况，从中选取最能符合决策者理想的选择；（7）描述将如何采取行动以达成选定的目标。

3. 盖蒂的生涯决策理论

PIC 模型是以色列职业心理学家盖蒂提出的一种系统的职业决策方法。其理论基础是排除理论，该理论认为，决策方案的选择通常都是多属性的，在选择过程的每一阶段，要挑选出某一属性或某一方面，可以根据其重要性对之作出评价，对不符合决策要求的属性应予以排除，即不再在以后的比较选择中继续加以考虑，直到剩下某种未排除的方面或属性时，再作出最后的选择。该模型涉及七个基本概念，它们是职业的相关方面、可选职业的核心方面、方面对个体的相对重要性、方面内水平、方面内偏好、有结构和无结构信息、敏感性分析。职业决策过程可分为三个阶段：是排除阶段（pre-screening）、深度探索阶段（in-depth exploration）和选择阶段（choice of the mostsuitable alternative），PIC 是这三个阶段的英文缩写。

4. 班杜拉的生涯决策理论

美国著名心理学家班杜拉的一般社会认知理论（social cognitive career theory, SCCT）强调在指导人的行为过程中，自我效能和社会过程是相互作用的，强调个人、背景和学习对职业选择行为的影响，并提出选择过程可以分为三个部分：表达初步的选择或目标；行动，如为自己的选择而参加特定的培训；后来的完成情况，即成功或失败。完成情况构成反馈回路，影响将来职业行为的形成。

在 SCCT 中，职业选择过程嵌入在个体的整个职业发展过程之中，可以结合 SCCT 的整个职业发展模型来说明职业决策过程。

对许多人来说，职业选择不是在理想的状态下作出的。经济需要、教育条件的限制、缺乏家庭支持等将阻碍个体追求最初的兴趣或喜欢的职业目标。SCCT 考虑到了这一点，除了说明自我效能和结果期待对职业目标和行动的直接影响外，还提出现实世界的许多因素将影响职业兴趣，要求人们在选择职业时作出妥协。在这种情况下，符合自我效能和结果期待的工作可得性比职业兴趣对目标和行为的影响更大。

SCCT 还指出，背景因素对职业选择的影响主要通过两条途径：一是机会结构影响人将兴趣转化为目标、将目标转化为行动的能力和意愿；二是某些环境条件对形成和实施选择将产生直接而重大的影响，如雇佣中的歧视，父母及长者对选择的干预等，还有一些环境的影响可能是偶然的、不可预见的。

（二）生涯决策方法

1. 计划型生涯决策

计划型生涯决策由沟通（communication）、分析（analysis）、综合（synthesis）、评估（evaluation）、执行（execution）五个步骤组成，即 CASVE 循环。

（1）沟通

沟通，包括内部和外部的信息交流，通过交流使个体意识到理想和现实之间存在的巨大差距。内部的信息交流，是指个体自身的身心状态，如在毕业找工作的时候，你可能在情绪上会感到焦虑、抑郁、受挫等，在躯体上会有疲倦、头疼、消化不良等反应，这些情绪和身体状态都是一些提醒你需要进行内部交流沟通的信号。外部的信息交流，是指外界对你产生影响的一些信息，如宿舍同学开始准备简历就是给你提供了一种外部信息，你也需要开始准备找工作了；又如在求职过程中父母、老师、朋友给你提供的各种建议。通过内部和外部沟通，你意识到自己需要解决某些问题，这样的交流对开始生涯选择十分重要。

（2）分析

分析，是通过思考、观察和研究，对兴趣、能力、价值观和人格等自我知识以及各种环境知识进行分析，从而更好地理解现存状态和理想状态之间的差距。在分析阶段主要运用的是前两章认识自我和认识职业环境中提到的方法。

在分析阶段需要对两方面的知识进行了解。首先是自我知识，包含：一是兴趣。我喜欢做什么？做什么事情的时候我最投入？做什么事情能让我感受到享受？二是能力。我擅长做什么？什么事情是我能做得比别人好的？我都掌握了哪些专业知识？三是价值观。我看重什么？我这辈子希望达到的目标是什么？我希望工作可以带给我什么？四是人格。我是内向的还是外向的？我关注宏观抽象的事物还是具体细节？我倾向理性思考还是感性体验？我习惯于有条不紊还是随机应变？

其次是环境知识，每一个选择处于什么样的环境？会带来什么样的生活？需要付出哪些努力？比如，对于考研来说，需要付出哪些努力并花多长的时间准备？读研之后的生活是什么样的？研究生毕业之后的求职情况如何？对于找工作也需要了解每一份职业相关的信息。

（3）综合

综合，是根据分析阶段所得出的信息，先把选择范围扩展开来，然后再逐步缩小，最终确定几个最可能的选项。这个先扩大后缩小的过程非常重要。通过分析阶段，我们对自我的各方面都有了很多了解，每一个方面都分别对应着很多职业，把这些职业都列出来，就会得到一个范围很广的选择列表；然后选取其中的交集，就得出了缩小的职业选择范围；再把最可能从事的职业限定到三至五个；最后可以问自己："假如我有这三至五个选择，是否可以解决问题，消除现实和理想状态的差距？"如果可以，就进入评估阶段选出最适合的选择，如果还是不能解决问题，就需要重新回到分析阶段了解更多信息。

（4）评估

评估，对于综合阶段得出的三至五个职业进行具体的评价，评估获得该职业的可能性，以及这个选择对自身及他人的影响，从而进行排序。比如，可以问："对我个人而言什么是最好的？""对我生活中重要的人而言什么是最好的？""对我所处的环境而言什么是最好的？"还可以通过生涯决策平衡单和SWOT分析等方法进行评估。

（5）执行

执行，是整个 CASVE 循环的最后一部分，前面的步骤只是确定了最适合的职业，还不能带来职业选择的成功，需要在执行阶段将所有想法付诸实践，比如，开始具体的求职过程；也为再一次回到沟通阶段提供线索，以确定沟通阶段所存在的职业问题是否得到了很好的解决。在执行阶段，需要制订计划，进行实践尝试和具体行动。如果这些职业问题没有解决，可以再次回到沟通阶段，重新开始 CASVE 循环，直到解决为止。

2. 生涯决策平衡单

生涯决策平衡单将重大事件的思考方向集中到四个主题上：

（1）自我物质方面的得失；

（2）他人物质方面的得失；

（3）自我精神方面的得失（自我赞许与否）；

（4）他人精神方面的得失（社会赞许与否）。

生涯决策平衡单使用方法：

第一步：在第一行列出你的可选职业生涯方向的方案。

第二步：在"考虑项目"一列中，根据个人关注的内容，填入在选择中需要考虑的因素。

第三步：将表的各项加权打分。

（1）根据各方案具有的优势（得分）、缺点（失分）来考量，给出每个项目的得分或失分，计分范围为 -5—5 分。

（2）给每个考虑项目赋予权重：重要性因人、因时、因地而不同。对于此刻的你，可以根据考虑项目的重要性与迫切性，乘上权数，加权范围为 1—5 倍。

第四步：合计每个方案的优势总分和缺点总分，正负相加，算出得失差数。（参见表5-4）

表 5-4　生涯决策平衡单样单

考虑项目		重要性的权数(1-5倍)	职业选择一		职业选择二		职业选择三	
			+	-	+	-	+	-
自我物质方面的得失	1. 收入							
	2. 工作的难易程度							
	3. 升迁的机会							
	4. 工作环境的安全							
	5. 休闲时间							
	6. 生活变化							
	7. 对健康的影响							
	8. 就业机会							
	其他……							
他人物质方面的得失	1. 家庭经济							
	2. 家庭地位							
	3. 与家人相处的时间							
	其他……							
自我精神方面的得失（自我赞许与否）	1. 生活方式的改变							
	2. 成就感							
	3. 自我实现的程度							
	4. 兴趣的满足							
	5. 挑战性							
	6. 社会声望的提高							
	其他……							
他人精神方面的得失（社会赞许与否）	1. 父母							
	2. 师长							
	3. 配偶							
	其他……							
加权后合计								
加权后得失差数								

（三）目标设立与行动计划

1. 目标管理的原则

SMART 原则是目标管理需要遵循的重要原则，目前在企业界广泛应用。目标管理的任务是有效地进行成员的组织与目标的制定和控制以达到更好的工作绩效，由管理学大师彼得·德鲁克于 1954 年首先提出。

（1）明确性（specific）

明确性是指目标设置要有项目、衡量标准、达成措施、完成期限以及资源要求。明确的目标几乎是所有成功人士的一致特点。很多人不成功的重要原因之一是目标定得模棱两可，比如，时间、地点、事件等要素不明确具体。

（2）衡量性（measurable）

目标只有量化，总结评估时才有标准，才能准确衡量结果。如果制定的目标没有办法衡量，就无法判断这个目标是否实现。目标应该有一组明确的数据作为衡量是否达成的依据。目标的衡量标准应遵循"能量化的量化，不能量化的质化"的原则，使制定时与评估时有一个统一的、标准的、清晰的可度量的标尺，杜绝在目标设置中使用形容词等概念模糊、无法衡量的描述。

（3）实现性（attainable）

目标应通过努力可以实现，也就是目标不能偏低和偏高，偏低了无意义，偏高了实现不了。目标应是能够被执行的，不能一厢情愿地制定不可实现的高目标，不然热情还没点燃就先被畏惧给打消了。目标设置要坚持联系实际，使拟定的目标既要内容饱满，也要具有可达性。例如，可以制定跳起来"摘桃"的目标，不能制定跳起来"摘星星"的目标。

（4）相关性（relevant）

目标与个人长期规划、现实条件有相关性，不要设定与自己职业生涯无关的目标。要考虑达成目标所需要的条件，包括资金、时间、人力、硬件条件、技术、信息、社会环境因素等。目标要有实际意义和效果，要考虑成本和结果的效益，取得投入和结果的平衡点。

（5）时限性（time-based）

目标要有时限性，即要有完成目标的时间要求。要在规定的时间内完成，时间一到，就要看结果。没有时间限制的目标没有办法评估，也会导致我们对目标轻重缓急的认识出现偏差，从而影响计划执行和结果。应定期检查目标的完成进度，及时掌握目标的进展，根据计划执行过程中出现的异常情况及时调整计划。

只有使自己的目标符合SMART原则的要求，目标才可能是客观的、科学的，具有指导意义的。

2. 行动计划

行动计划分为短期计划、中期计划和长期计划。长期计划一般是职业规划和设计中要达到的最高点，一般为5—10年要达到的计划；中期和短期计划是指在实施长期计划的过程中必须要经历的阶段计划，从时间上来讲，中期计划一般为3—5年，具有一定的战略规划价值；短期计划又有日、周、月、年计划之分，一般应该清晰、明确、切实可行。制订职业生涯规划行动计划，通常遵循以下步骤方法：

（1）行动计划思考准备

① 个人发展计划必备的要素有哪些？

② 我的职业目标是什么？

③ 怎样才能实现职业目标？

（2）制订行动计划书

完整的行动计划书应包含：题目、职业方向与总体目标、社会环境分析、学校分析、自身条件及潜力测评、角色及建议、目标分解、成功标准、差距、缩小差距的方案。

（3）实施行动计划

① 实际行动；

② 做好记录；

③ 分析行动结果；

④ 利用一切资源和机会。

（4）反思改进

反思一下：发生了什么事？为什么会发生？结果如何？现在怎么办？该如何改进？

亚里士多德有句名言：奥林匹克的桂冠只会颁发给竞技场上的参赛者，场边的俊男美女跟它没有任何关系！这句话的道理不难理解——行动才会有结果！成功不是靠别人的帮助，也不是靠机会的垂青，而是靠自己实实在在的行动。一个具有高效行动力的人，会对目标和任务积极主动地执行，如若没有具体的行动措施来保证，规划也就没了意义。

拓展阅读

洛克菲勒给儿子的三十八封信之第四封：现在就去做……

亲爱的约翰：

我一直相信，机会是靠行动得来的。再好的构想都有缺陷，即使是很普通的计划，但如果确实执行并且继续发展，都会比半途而废的好计划要好得多，因为前者会贯彻始终，后者却前功尽弃。所以我说，成功没有秘诀，要在人生中取得正面结果，有过人的聪明智慧、特别的才艺当然好，没有也无可厚非，只要肯积极行动，你就会越来越接近成功。

遗憾的是，很多人并没有吸取这个最大的教训，结果将自己沦为了平庸之辈。看看那些庸庸碌碌的普通人，你就会发现，他们都在被动地活着，他们说的远比做的多，甚至只说不做。但他们几乎个个都是找借口的行家，他们会找各种借口来拖延，直到最后他们证明这件事不应该、没有能力去做或已经来不及了为止。

…………

人们用来判断你的能力的真正基础，不是你脑子里装了多少东西，而是你的行动。人们都信任脚踏实地的人，他们都会想：这个人敢说敢做，一定知道怎么做最好。我还没听过有人因为没有打扰别人、没有采取行动或要等别人下令才做事而受到赞扬的。那些在工商界、政府、军队中的领袖，都是很能干又肯干的人，百分之百主动的人。那些站在场外袖手旁观的人永远当不了领导人物。

要有现在就做的习惯，最重要的是要有积极主动的精神，戒除精神散漫的习惯，要决心做个主动的人，要勇于做事，不要等到万事俱备以后才去做，永远没有绝对完美的事。培养行动的习惯，不需要特殊的聪明智慧或专门的技巧，只需要努力耕耘，让好习惯在生活中开花结果即可。儿子，人生就是一场伟大的战役，为了胜利，你需要行动，再行动，永远行动！这样，你的安全就能得到保障。

爱你的父亲

资料来源：〔美〕约翰·D. 洛克菲勒：《洛克菲勒写给儿子的38封信》，梁珍珍译，古吴轩出版社2015年版。

思考题

1. 进行下面的自我决策练习，感受自己的决策风格：

请回想迄今为止在你人生中所作的三个重大决定，按以下几个部分进行描述并写在下面：

(1) _____

(2) _____

(3) _____

当时的目标或情境是什么？

_____

你所拥有的选择是什么？

_____

你作出了什么样的选择？你作出该选择的依据是什么？

_____

现在你对当时的选择有什么评价？

_____

当完成对三个重大决定的描述之后，再综合分析一下，上述三个事件中的决策有什么共同之处，从中可以看出你在决策时，有什么特点？

_____

2. 用你理想的三个职业分别代替生涯决策平衡单中的"职业选择一、职业选择二、职业选择三"，然后通过综合分析得出你最理想的职业，最后用100字左右简述一下你选择这个最理想职业的理由。

第二节 生涯评估与调整

▶ 一、导语

路是脚踏出来的,历史是人写出来的。人的每一步行动都在书写自己的历史。

——吉鸿昌

在人生的不同发展阶段,由于社会环境的变化和一些不确定因素的存在,会使我们与原来制定的生涯目标与规划有所偏差,这就需要我们对生涯目标与规划进行评估并适当调整,以便更好符合自身发展和社会发展的需要。生涯规划的评估与调整过程是个人对自己不断认识的过程,也是对社会的不断认识过程,是使职业生涯规划更加有效的手段。

▶ 二、思维导图

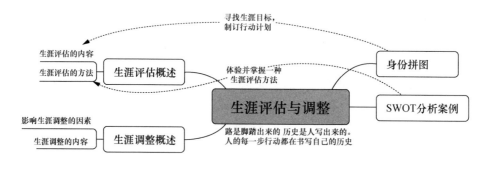

▶ 三、学习目标

本节通过介绍生涯决策的评估和调整的方法,引导学生认识到在生涯发展的不同阶段,需要对生涯目标不断地进行评估与修正,以符合个体发展和社会发展的需要。

▶ 四、课程导入

一次，一位老教授在与他的学生交流时问道：如果你去山上砍树，正好面前有两棵树，一棵细一棵粗，你会砍哪一棵？问题一出，学生一致回答砍粗的。老教授又问：若粗的那棵不过是一棵普通的杨树，而细的那棵却是红松，你们会砍哪一棵？学生们认为红松比较珍贵，就说当然砍红松了。老教授继续问：若红松长得歪七歪八，而杨树是笔直的，你们会砍哪一棵呢？学生回答：那还是砍杨树，红松弯曲的什么也做不了。老教授问：若杨树年头太长，中间都空了，你们砍哪一棵？学生答：砍红松。老教授又问：若红松上有个鸟巢，几只幼鸟正躲在巢中，你们又作何选择呢？学生疑惑：您一个接一个地追问，究竟让我们砍哪一棵呀？老教授说：为什么不问一下自己，到底为什么砍树呢？虽然我的条件不断变化，可是最终结果取决于你们最初的动机。如果想做工艺品，就砍红松；想要取柴，就砍杨树。

生涯规划的制订，如同砍树，也应先问问自己的目标，有了目标后决定使用什么样的策略和方案。我们不难看出目标是多么重要，对于生涯发展具有何等重大的指导意义。然而，很多时候，大家忙忙碌碌，选修各种课程，参加各种活动，准备各样考试，却没有目标。

现实中很多大学生一方面感到迷茫；另一方面却又不知停下来花一点时间看清楚自己的方向，只是盲目地胡乱奔跑。"忙、盲、茫"的现象在当代大学生中屡见不鲜，这种"边跑边看路"的做法无异于缘木求鱼。就像电影《爱丽丝梦游仙境》里猫对爱丽丝说的那样：如果你不知道自己想去哪儿，那么走哪条路都无所谓。只要一直往前走，哪怕是胡奔乱跑，也总可以到达某个地方，但你对自己的处境满意与否可就是另一回事了；并且如果连你都不知道自己要什么的话，那么别人也不可能给你有效的帮助。只有当个人在头脑中对自己的职业发展方向有清晰的认识，他的生命才会有意义和方向，而这也许是人生中最珍贵的财富之一。

五、教学活动

(一) 活动一: 身份拼图

活动目标:

通过该活动,引导学生重新认识自我,分析可能的角色,找到自己最想扮演的角色,找到真正的生涯目标,并制订行动计划。

指导语及说明:

生涯是由生命中各个不同的角色组合而成,在你的生命中,是否曾想过自己扮演过哪些角色呢?按照图 5-2 的提示,对自己生涯的各方面进行全面思考,并制订比较详尽的行动计划。

学习进修	职业发展	人际交往
个人情感	身心健康	休闲生活
经济财富	家庭生活	社会服务

图 5-2 生涯九宫格

就让我们一一将它写下来,想一想,它们对你的影响是什么?

(1) 我曾经拥有过的身份:
_____

(2) 我目前所具有的身份:
_____

(3) 我最喜欢的身份:
_____

为什么? _____

(4) 我最不喜欢的身份:
_____

为什么? _____

如果没有这个身份,好处是: _____

不过也有坏处：_____

（5）我最想拥有的身份：_____

为什么？_____

_____

（6）我的心得与发现：

_____

_____

（二）活动二：SWOT 分析案例

活动目标：

通过本活动，让学生体验并掌握一种生涯评估方法。

活动流程：

步骤 1：发放案例：一名师范大学心理学专业毕业的研究生，在校期间专业成绩优秀，曾多次获得奖学金，发表论文若干且一直担任学生干部，但是性格急躁，容易冲动，而且没有直接的工作经历，唯一的工作经历是二年级时在一家大型电子公司的人力资源部实习了半年。现在他想谋取一份人力资源管理的工作。

步骤 2：让学生将一张 A4 纸分成四个部分，分别对外部因素（机会、威胁）、内部因素（优势、劣势）几个方面进行逐一分析讨论，列出该案例的 SWOT 分析表。

步骤 3：引导学生通过分析获得评估结论，从而调整该案例的职业目标，明确行动。

步骤 4：引导学生对 SWOT 分析方法进行延伸讨论。

总结评估：

经过小组讨论和组间分享，让学生了解并体验 SWOT 分析方法。掌握一种生涯评估的方法可以在以后的生涯活动中使用，同时，可以让学生了解这种方法的优势和局限，探索其他更多生涯评估方法。

六、理论知识

（一）生涯评估概述

为了确保规划的可行性和有效性，需要随时对职业规划的内容和成效加以评估。在实施的过程中，也会发现当初规划时未曾想到的问题与执行时的困难。为保证生涯规划的效果，在每实施一段时间后，有必要对计划执行的方法和结果进行评估。

1. 生涯评估的内容

（1）职业生涯目标评估（决定是否需要重新选择职业）

假如一直无法找到我们所希望的学习机会和工作，那么将根据现实情况重新选择职业生涯目标；如果一直无法适应或胜任我们设计的职业生涯目标，在学习工作中得不到应有的发展，导致我们长期压抑、不愉快，我们将考虑修正和调整职业生涯规划；如果结婚后，职业给家庭造成极大的不便，或者家人反对所从事的职业，也将考虑修正和调整职业生涯规划。

（2）职业生涯路径评估（决定是否需要调整发展方向）

当出现更适合自身发展和职业生涯发展的机会或选择，而原定发展方向缺少发展前景的时候，就尝试调整发展方向。

（3）实施策略评估（决定是否需要改变行动策略）

如果在其他地方可以找到一份令你和家人都十分满意的工作，就前往该地；如果家人无法在你工作的地方定居、工作，在征询家人意见后，你可以考虑改变已定计划，前往它地；如果在已定区域和职业选择上实在得不到发展，你可以考虑改变行动策略。

（4）其他因素评估（身体、家庭、经济状况以及机遇、意外情况的及时评估）

如果家庭需要更多的照顾，你可以把更多的精力放在家庭，甚至暂时放下工作；如果身体条件不允许，可以放低对自己的职业要求；如果还有其他意外产生，可能会使你不得不调整职业生涯规划。

2. 生涯评估的方法

（1）SWOT 分析法

所谓 SWOT 分析，即基于内外部竞争环境和竞争条件的态势分析，就是将与研究对象密切相关的各种主要内部优势、劣势以及外部的机会和威胁等，通过调查列举出来，并依照矩阵形式排列，然后用系统分析的思想，把各种因素相互匹配起来加以分析，从中得出一系列相应的结论，而结论通常带有一定的决策性。

运用这种方法，可以对研究对象所处的情境进行全面、系统、准确的研究，从而根据研究结果制订相应的发展战略、计划以及对策等。

S（strengths）是优势、W（weaknesses）是劣势、O（opportunities）是机会、T（threats）是威胁。按照企业竞争战略的完整概念，战略应是一个企业"能够做的"（即组织的强项和弱项）和"可能做的"（即环境的机会和威胁）之间的有机组合。

近年来，SWOT 分析法常被个体作为生涯规划决策分析方法使用，用以检查个体的技能、能力、喜好和职业，分析个体的优点和缺点，评估个体感兴趣的不同职业道路的机会和威胁。

从表 5-5 所示的矩阵模型中，我们可以清楚地看到自己的竞争力和发展机会，从而制定出恰当的生涯目标；同时还能清晰地认识到自己的不足和外在的威胁，从而为提升自己提供良好的现实依据。

个体在进行 SWOT 分析时，可以采取多种方法来确定自身的优势与劣势、机会与威胁。目前最常使用的是关键提问法，即连续不断地向自己提问，从答案中进一步了解自己。例如，个体可以通过向自己提一系列问题来逐步确定自己所面对的外在环境和机会：我最有希望的前景在哪里？我的专业领域中目前最先进的知识技术是什么？我是否尽了一切努力来让自己朝它靠近？什么样的培训和再教育能够让我增加更多的机会？MBA 或其他学历是否能够增加我的优势？就目前工作而言我多久能够得到提升？技术和市场、政府政策以及社会形态、人口状况、人们生活方式的变化是否会给我带来机会？……

表 5-5　SWOT 分析矩阵

	优势 指个体可控并可利用的内在积极因素： 1. 丰富的工作经验 2. 良好的教育背景 3. 丰富的专业知识和技能 4. 特定的可转移技巧（如沟通、团队合作、领导能力等） 5. 正面的人格特质（如职业道德、自我约束、承受工作压力的能力、创造性、乐观等） 6. 广泛的个人关系网络 7. 在专业组织中的影响力	劣势 指个体可控并努力改善的内在消极因素： 1. 缺乏工作经验 2. 学习成绩差，专业不对口 3. 缺乏目标，且对自我的认识和对工作的认识都十分不足 4. 缺乏专业知识 5. 较差的领导能力、人际交往能力、沟通能力和团队合作能力 6. 较差的寻找工作的能力 7. 负面的人格特质（如职业道德败坏、缺乏自律、缺少工作动机、害羞、情绪化等）
内部因素		
外部因素	机会 指个体不可控但可以利用的外部积极因素： 1. 就业机会增加 2. 再教育的机会 3. 专业领域急需人才 4. 由于提高自我认识、设置更多具体的工作目标带来的机遇 5. 专业晋升的机会 6. 专业发展带来的机会 7. 职业道路选择带来的独特机会 8. 地理位置的优势 9. 强大的关系网络	威胁 指个体不可控但可以使其弱化的外部消极因素： 1. 就业机会减少 2. 由同专业的大学毕业生带来的竞争 3. 具有丰富技能、经验、知识的竞争者 4. 拥有较好的寻找工作技巧的竞争者 5. 名校毕业的竞争者 6. 缺少培训、再学习造成的职业发展障碍 7. 晋升机会十分有限或者竞争激烈 8. 专业领域发展有限 9. 公司不再招聘与你同等学历或专业的员工

（2）其他生涯评估的方法

① 反思法。对职业生涯规划实践进行回顾：职业生涯规划中计划的学习时间达到了没有？学习上有什么收获？还有哪些问题？方法上有何体会？

② 调查法。在生涯规划近期目标实现后，应对下一步的主（客）观环境、条件进行调查、分析，看看条件是否发生变化，哪些变好或变坏，总体情况如何；然后，根据变化了的情况，恰如其分地修改下一步拟订的计划。

③ 对比法。每个人有自己追求的方法，所以在职业生涯规划时应多比、多思、多学，借鉴别人科学的方法。对别人职业生涯规划的分析，往往有助于

自己对职业生涯规划进行修改。

④ 求教法。自己应把职业生涯规划及追求告于知己学友,让他们思考自己,注意自己。往往自我反思十分困难,但别人能从旁观者的角度清楚地看到自己的弱点。虚心、主动、积极、经常地征求别人对自己规划的看法及修改意见,往往会受益匪浅。

⑤ 评价法。评价法具体有定性评价法和定量评价法。建议学生综合运用定性和定量两种方法,对实施结果作科学的评估。同时,可采用自我评价和他人评价相结合的360度评估方法,保证评估结果的客观和全面。

(二)生涯调整概述

1. 影响生涯调整的因素

(1) 生涯目标因素

职业生涯规划是基于已知信息面向未来的冒险,这就可能出现既定的目标随时间而不断变化。例如,期待获取的学习机会或工作机会一直无法达到,需要调整新的目标;现有的工作无法适应或胜任,需要考虑修正职业规划;人生遇到大的调整或变化,如结婚、生子、大病等,都会影响到职业的目标。

(2) 生涯路径因素

当出现更好的发展机会,或现有的工作遇到瓶颈的时候,需要重新调整发展方向。

(3) 环境组织因素

环境因素包括社会环境、政治环境、经济环境、科技环境、自然环境、法律环境等。从宏观层面认识到职业生涯发展的局限和可能,个人只能适应而不可改变。组织因素包括组织规模、组织结构、组织文化、组织发展状况、人力资源规划、人力资源管理系统类型、晋升政策、人际关系等。

(4) 个人因素

个人因素包括年龄、性别、学历、工作经历、家庭背景、人格等。一方面要正确认识自己,另一方面要不断完善自己,寻求个人发展和环境发展的最佳匹配。

2. 生涯调整的内容

(1) 计划调整

计划受阻的时候，要么是自我认识有了偏差，要么是外界环境发生了变化。一旦发现存在的问题，就应及时分析原因、找出对策，对整个计划进行适当的调整，及时弥补差距和不足。

(2) 策略调整

在计划实施过程中，若总是不能很好地完成目标，那么可能是指向目标的策略和方法出了问题。因此，必须对实现目标的相应措施进行重新认识并作出相应的修正。

(3) 目标调整

目标一旦确定，就应该充分地去履行和实现，但是，目标是否适当，也需要客观的评价。适时对目标进行调整，摒弃不切合实际的目标，轻装上阵，反而更有利于职业行动的开展。

(4) 方向调整

通过对评估结果的分析，有可能发现在开始阶段，职业行动的方向就弄错了。方向的正确与否是职业生涯成功与否的关键。因此，需要重新对职业发展方向进行审视，重新作出科学的职业选择。

(5) 时间调整

通常，行动的目标会被分解和组合，在不同的时间段实现。如果在限定的时间内目标完成较为顺利，说明计划合理、目标适当、行动有效、方向正确；如果限定的时间内目标无法达成，那么就要仔细考量到底是行动目标的问题还是时间的原因，并找到针对性的解决方案。

(6) 心态调整

在评估调整过程中，发现职业行动不顺利，还有可能是心态导致的。因此，要善于调整心态，保持最佳状态。

通过反馈评估和修正，应该达到下列目的：对自己的强项充满自信，知道自己的强项是什么；知道自己什么地方还有待改进，找出关键的有待改进之处，为这些有待改进之处制订详细的行为改变计划；以合适的方式答复那些给予反馈的人并表示感谢；实施行动计划，确保能取得显著的进步和职业成就。

总之，职业生涯规划是一个持续动态的过程，有效的职业生涯规划需要不断地反省修正职业生涯目标，反省策略方案是否恰当，是否适应环境的改变，同时可以作为下一轮规划的参考依据。

思考题

结合自己的实际，撰写一份个人职业生涯规划书。

一、建议大纲

（一）自我评估

（1）性格特征；

（2）职业兴趣；

（3）职业价值观；

（4）技能和能力；

（5）综合优势和劣势。

（二）环境及职业评估

（1）政治、经济、社会因素对职业发展变化的影响；

（2）目标职业所处行业、企业的具体情况，包括行业发展现状及趋势、组织实力与经营战略、组织结构、领导人分析、组织文化。

（3）目标职位的具体情况，包括工作环境、薪酬水平、培训机构、发展途径。

（三）职业定位与目标确定

（1）优势；

（2）劣势；

（3）机会；

（4）威胁。

（四）计划执行

（1）积极计划，长期计划，短期计划，突击计划；

（2）为争取职业目标的实现所采取的各种行动和措施，包括参加专业学习、爱好特长培养、个人能力拓展训练，构建人际关系网络，参加业余时间的课程学习，掌握额外的技能与知识等。

（五）反馈修正

随着自己及外部条件的变化，修正自己的职业生涯规划。

二、职业规划书撰写的注意事项

（1）切忌目标宏大，不切实际；

（2）注重内在能力素质的规划发展；

（3）做好自我评估和职业环境分析等基础工作；

（4）必须考虑未来的风险与变数。

第六章 Chapter 6　知者不惑——职业适应

第一节　职业机会获取

▶ 一、导语

仰认睿智，深惟匿瑕，其如天道人心，难以违拒，须知机不可失，时不再来。

——《旧五代史·晋书·安重荣传》

大学时光，如白驹过隙，你有哪些毕业去向的选择？如果要找工作，有哪些途径？要做哪些准备才能助力找到自己满意的工作？本节会给出以上一系列问题的答案。

▶ 二、思维导图

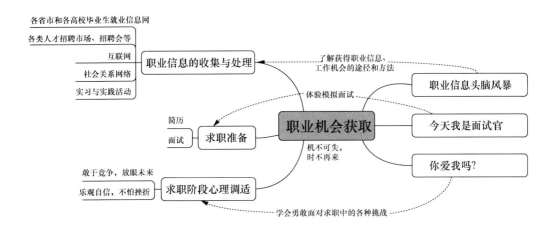

三、学习目标

让学生初步了解就业信息的获取渠道、就业信息筛选与检索的有效方法、就业过程中可能出现的心理压力及调试方法，引导学生未雨绸缪，积极把握就业机会。

四、课程导入

孙同学，纺织品零售与商品策划专业毕业生，毕业签约于亿滋（中国）有限公司管培生项目。

孙同学在进入大学之后就一直把解决这四个问题作为大学生涯规划最重要的一环：我喜欢做什么？我擅长做什么？我适合做什么？我讨厌做什么？所以，在大三身边人纷纷加入考研大军的时候，她决定毕业后直接工作。她认为，如果没有思考清楚考研的价值而盲目地认为学历越高找工作越有优势，这种无目的的深造是另一种浪费时间的方式。只有认识自我、明确目标才是走好人生路的第一个关键。

孙同学在明确毕业后直接工作的目标后，采取了一系列的行动。她大二开始实习，大三进入两家世界500强实习，并顺利拿到其中一家的暑期实习生机会。

之后，孙同学及时把握这次宝贵的机会，提前四个月开始关注求职公众号的相关信息，不断优化中英文简历，有目的地广泛投递简历，通过模拟面试来提高自己的逻辑表达能力、团队合作能力。

最终，她顺利进入自己期待的公司，实现了从学生到职场人的圆满过渡。

那么，我们该怎么去寻找未来的方向？该怎么去搜寻就业市场的信息来明确未来的方向？想要找到一份满意的工作，我们该积累哪些求职技巧？

五、教学活动

（一）活动一：职业信息头脑风暴

活动目标：

通过本活动，让学生了解获得职业信息、工作机会的途径和方法。

活动流程：

步骤 1：分组后，给小组发放空白纸，以小组为单位在规定时间（通常 5—8 分钟）写出尽可能多的获得职业信息和工作机会的途径。

步骤 2：小组成员一起讨论这些途径的优缺点，并按照小组共同意见的选择顺序来排序，并给出理由。

步骤 3：小组陈述理由，根据途径多少、理由是否充分，决出获胜队伍。

总结评估：

经过小组讨论和组间分享，学生了解了获得职业信息和工作机会的途径和方法，并且初步掌握了这些途径的优缺点。亲属朋友等人际关系带来的工作机会较容易获得，但受到亲属朋友工作类型的限制、他人价值观和喜好的影响，未必能满足个人的期待。互联网等渠道的招聘，有求职陷阱的可能性，信息庞杂，需要个人做好甄别。同时，规模较大的公司都采用网站或微信小程序端的网申渠道形式招聘，想要进入这些公司，要做好信息的获取工作。另外，新型的招聘形式，如 AI 面试、智能筛选，也需要提前掌握渠道信息。政府、学校平台发布的就业信息，相对来说比较可靠，但可能符合个人期待的信息不够多。

因此，想要找到一份满意的工作，需要从多个渠道收集信息，做好信息甄别并把握时间节点，不要错过重要信息。

（二）活动二：今天我是面试官

活动目标：

让学生从求职者、面试官、旁听者三个不同角度体验模拟面试的环节，了解面试官视角下什么样的求职者才是企业需要的，同时了解求职者的心态，从而明确该怎样呈现自己来赢得面试机会。

活动流程：

步骤 1：根据任务要求，在小组内依次扮演求职者、面试官和旁听者三个角色。

步骤 2：扮演求职者时，尽量站在自己理想职业的角度来呈现自己的职场胜任力，尽可能完整、真诚地回答面试官的提问。然后，请旁观者和面试官依次点评表现。

步骤3：扮演面试官时，尽可能根据求职者提供的信息和你感兴趣的话题来提问。特别是那些你期待得到解决却还没有答案的问题，可以抛出来请求职者来回答，通过别人的答案和其他人的点评，可以吸取更多的信息来帮助自己解决这个问题。

步骤4：扮演旁听者时，要做到正反两个方面的评价。向求职者和面试官表扬3个点，再提出1—2个最值得改进的问题。在这个过程中，通过细致的观察，提升总结归纳能力。

步骤5：老师及到场的企业人士、校友可以重点围绕大学生群体共性的问题来引导各个小组模拟面试及提问。

现场提问及讨论：

（1）你觉得大学生在求职时最会被问到的问题有哪些？

（2）你认为大学生在求职时，哪些问题需要用面试技巧来回答？请详细说说。

（3）参加面试时你觉得哪些方面需要认真准备？请具体阐述。

总结评估：

因为学生对职场和求职过程的不了解，绝大多数学生对踏入职场有着恐惧和焦虑的心态。因此，可以通过模拟面试的练习，帮助学生来熟悉面试的基本流程，了解回答问题的思路，提高应变和语言表达能力。

（三）活动三：你爱我吗？

活动目标：

通过参加本活动，体验被拒绝的挫败感，了解在求职中、职场上被拒绝是平常的事情。需要学会勇敢面对，用平和的心态迎接求职过程中的各种挑战。

活动流程：

步骤1：每次活动按照小组人数减1的数量准备椅子，围成一圈。

步骤2：先选择一位学生当发言人，让她站在圆圈内正中心，请她选择一位她期待的、最有可能不被拒绝的对象,并对其说:"某某某(他/她的姓名),我爱你,你爱我吗?"

步骤3:如果该对象给了肯定的答案,那两人交换位置,继续重复步骤2。如果该对象拒绝了发言人,则需要给出一个具有共同特征的人群,并说:"我认为他们会爱你。"例如:"我不爱你,但我觉得全场男士(穿红毛衣的人、戴眼镜的人等)都爱你。"此时,具备统一特征的人要全体起立,一起抢椅子。最后,未抢到椅子的人重新开始新一轮的提问。

步骤4:按上述游戏程序反复循环进行。

现场提问及讨论:

(1)当有人说不爱你,你有什么样的感受?

(2)如果这算作一次小小的挫折,你是怎么看待这件事情的?

(3)你怀着什么样的心情参加这个活动,和你预想的一样吗?

(4)这样的挫折使你联想到了什么?在求职中如果没被录取你准备怎么办?

(5)遇到挫折你能够勇敢面对吗?你是选择逃避现实还是接受挑战?

总结评估:

在人的一生中,没有谁能一帆风顺。每个人都难免会面临困境、遭遇挫折。遇到挫折并不可怕,关键是要看我们用怎样的心态去面对它。对有的人而言,挫折是一剂良药,它帮助他们在困境中振作,在逆境中奋发。挫折也是一本智慧之书,它蕴含了过往的经验和教训,帮助我们走向成功。长风破浪会有时,直挂云帆济沧海。希望每一个走向职场的学生都能有勇气面对挫折,不悲观、不消极,砥砺奋进,这样才能不断靠近自己的目标,最终实现自己的梦想。

▶ 六、理论知识

(一)职业信息的收集与处理

收集职业信息是大学生求职的第一步。职业信息的广泛性和有效性,决定了求职者的视野和成功率。以下是大学生常见的收集职业信息的主要途径：

1. 各省市和各高校毕业生就业信息网

全国各省市高校毕业生就业指导中心、各高校毕业生就业信息网及官方公众号等途径是大学生收集职业信息最方便、最直接、最有效的途径。通过这些途径收集的职业信息，可靠性高、针对性强、成功率大。

2. 各类人才招聘市场、招聘会等

人才招聘市场、招聘会等形式，也是职业信息收集的重要途径。各高校会根据就业招聘的时间节点，举办毕业生就业招聘会。另外，各省市也会根据不同类别、不同群体召开招聘会，例如，上海市漕河泾开发区技术人员招聘会、张江高科生物人才专场招聘会、招才引智省市岗位推介会，等等。随着互联网的发展，线上线下结合形式的招聘会、招聘市场也应运而生。很多公司会在招聘现场面试，甚至当场签订三方协议书，因此受到很多学生的青睐。

3. 互联网

互联网逐渐成为获得职业信息最主要的途径。知名的网络招聘如前程无忧、智联招聘、BOSS直聘、猎聘网等网站，实习僧、梧桐果等微信公众号，学生通过输入关键词来筛选地区、行业、岗位、公司类型等信息，可以获得海量的职业信息。智能推荐、AI筛选、空中面试等新技术也广泛应用在招聘的各个环节。越来越多的公司选择利用互联网渠道来发布职业信息、筛选候选人、安排面试等。当然，信息太多，如何选择真实、有效的信息就要充分做好信息甄别。总之，要利用好互联网招聘的主渠道，才能获得理想的职业信息。

4. 社会关系网络

人脉资源是走入职场、走稳职场非常重要的资源。对于即将进入职场的学生，家人、亲友、学校老师、校友都是帮助自己拓宽职业信息的来源。这些社会关系网络能为学生提供有效的就业信息使其增加求职的成功率、更充分了解专业在具体行业的工作和发展状况。

5. 实习与实践活动

大学生要充分利用实习和实践的机会去了解行业、企业和职场。在实习或实践过程中，努力赢得用人单位的好感、信任，争取获得职业信息和留任机会。

掌握信息后，信息的处理更加重要。常见的职业信息处理方法有以下几种：

（1）做好信息甄别

面对海量的职业信息，学生要做到实事求是，既不要毫无防范，也不能过度防范。对职业信息既不能不加分析照单全收，也不能无端猜疑，全盘否定。学生要谨防就业信息陷阱，防止损失钱财，保障安全。

（2）做好信息匹配

要充分利用生涯规划的知识和方法，做到知己知彼，之后决策行动。在了解自己的职业兴趣、价值观、技能、性格的基础上，筛选符合自己预期的职业信息，从而做好匹配。

（3）提高就业信息使用率

学生要充分利用获得就业信息的各种渠道。特别是学生在实习活动中，要主动把握相关职业信息，做求职的有心人。在实习过程中，踏实工作、认真表现，当有求职机会的时候，就可以把握住。

（二）求职准备

获得一份工作，"简历"是敲门砖，"面试"是入场券。因此，准备一份好的简历、做好面试的准备是每一位大学生求职的必修课。

1. 简历

简历是把过往人生经历用简短文字呈现的一种形式。大学生的简历，一般主要包括学习经历和工作实习经历。简历需要呈现和岗位用人需要匹配的内容。

简历一般包括以下几个方面：个人基本信息（姓名、性别、年龄、电话、邮箱、政治面貌及个人照等）、求职意向、背景（学校、学习时间、专业、成绩等）、实习和实践经历（公司部门岗位信息、具体工作内容、工作成效或他人评价)、校园经历(学生组织或社团经历、竞赛经历、项目经历、志愿者经历等)、技能及特长(计算机水平、外语水平及其他专业证书或特长)、所获荣誉、自我评价等。

学生在撰写简历时,应该遵循真诚、有效、重点突出、言简意赅等原则。在撰写简历时,首先,选择一个清晰的版面,在字体、行间距、语法等方面设置统一的标准。语言言简意赅、流畅简练,让面试官一目了然。简历的内容要做到真实,不能过分美化,向面试官传递出有效的信息,明确表达自己的求职意向、工作意愿、个人能力、团队协作等。其次,在撰写简历时,要充分了解企业和职位的要求,巧妙突出自我优势,用关键语句表现个性,尽量做到深思熟虑、不落俗套。最后,简历需要多次修改,时常更新。应聘不同岗位,需要修改和调整简历相应内容。

2. 面试

面试是指用人单位向求职者发出邀请,在规定时间、地点由指定人员开展的面对面或视频交流的形式。一般,面试分为一对一面试、一对多面试、无领导小组面试等。面试也可以分为结构化面试、半结构化面试和非结构化面试。结构化面试是面试官根据提前设计好的测评试题向求职者提问的形式。进一步根据面试官的不同,可分为人力资源面试、业务面试、总裁面试等。

学生在面试前需要做好充分的准备,包括对应聘公司的情况做全面了解、熟悉面试形式、准备可能被问的问题、练习面试流程等。在面试前应准备个人证件、简历、学历证明及证书等。如果去公司或指定地点面试,还需提前查好路线,提早到现场,不要迟到。

面试时,学生应尽量自信地展现自己,围绕过往经历和应聘单位用人需要,将已经准备的自我介绍内容熟记于心,重点突出自己的优势。回答面试官的提问时,要做到扬长避短、随机应变。在面试过程中,无论遇到何种情况,都要保持镇定和积极,有礼貌地回应面试官的各种问题。面试最后,一般都会留1—2个问题让求职者提问,这个部分可以提前思考,也可以根据现场面试情况灵活调整。

（三）求职阶段心理调适

学生求职，既有即将结束学生生涯走向社会的兴奋，又有面对激烈竞争和未知的彷徨和不安。对此，学生必须正视现实，从实际出发，充分考虑自己的兴趣、性格、价值观和技能，发挥自我优势，找到满意的工作。另外，学生要主动融入国家重点领域、地区的发展和建设，积极将自我发展和国家社会的发展融合在一起，志存高远，这样才能在广袤的祖国大地上发挥更大的价值。

学生求职应该避免放任自流、盲目自大、与人攀比、急功近利的心态，应该具备以下心态：

1. 敢于竞争，放眼未来

学生应主动展现自己、积极参与竞争，用朝气和锐气赢得期待的工作机会。要有敢想、敢说、敢做、敢于人先的精神。对于基层工作岗位，要充分认识到这是锻炼人的最好地方。另外，要树立先择业再就业的观点，清楚认识到实践的重要意义，在实际工作过程中，不断积累经验、提高能力，未来的前景将会是更加光明和广阔的。

2. 乐观自信，不怕挫折

学生在求职过程中，挫折在所难免。学生要提前做好受挫折的思想准备，在遇到挫折后，积极复盘，总结经验，虚心求教，不断调整，这样才能积累经验，积攒能量，越挫越勇，走向成功。求职的过程是对学生综合素质的一次深层次考验，具备怎样的心理素质，可以说决定了怎样的结果。很多原本条件不错的学生，由于缺乏自信、紧张焦虑，导致发挥失常，错失良机。因此，学生要乐观自信、坦然面对，这样才能获得想要的结果。

拓展阅读

面试中常见的问题：

（1）你为什么来应聘这项工作？

（2）大学期间你最有成就感的事情是什么？

（3）你的职业理想是什么？

（4）你最大的优势是什么？

（5）如果加入了公司，你能带给公司什么？

（6）你最大的兴趣爱好是什么？

（7）能说说你在大学期间参加了什么学生组织吗？你在其中发挥了什么作用？

（8）如果你如愿来到了公司，让你在基层锻炼2年，你怎么看？

（9）你的职业规划是什么？

（10）你的工作目的是什么？

（11）迄今为止，你最大的失败是什么？这件事情对你意味着什么？

（12）请你说说自己的优缺点。

（13）你有男/女朋友吗？他/她工作情况怎么样？

（14）你对本公司有什么了解，可以具体说说吗？

（15）你认为胜任本项工作，最重要的能力是什么？

（16）你能用英语简单谈谈你的大学学习课程吗？

（17）对于本行业，你认为它的前景如何？

（18）你能举例说说你的抗压能力和适应能力吗？

（19）你最崇拜的人是谁？为什么？

（20）总结一下大学的收获和遗憾。

思考题

假设你现在即将大学毕业，请设计一份自己的简历。这份简历中的内容，就是你大学期间最期待完成的几件事情。

第二节 职业适应与发展

▶ 一、导语

君子谋时而动，顺势而为。

——《吕氏春秋》

人生在世，个人不过是茫茫宇宙中渺小的一个小沙粒。顺大势而为，人似乎就有了无穷的力量。逆势而行，似乎永不自由，处处受制。看清了势，才能有好的行动、好的决策。你顺势而为，便可以体会，时来天地皆同力，逆势而动，便可能只是，远去英雄不自由。

▶ 二、思维导图

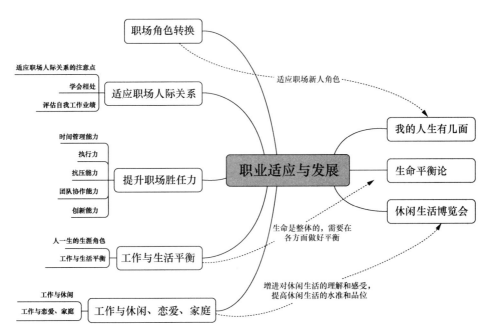

三、学习目标

从校园到职场，如何做到良好过渡，需要了解职场的规则、人际交往的方式，积累时间管理、团队合作、压力管理等技巧，尽快实现从校园人到职场人的转变。

四、课程导入

刘同学，英语翻译专业本科毕业生，签约于强生（上海）医疗器械有限公司。

从进入大学开始，刘同学就制订了每年的行动计划：大一熟悉大学生活、丰富知识储备；大二接触企业、增加实践锻炼；大三带领团队参与职场项目，提升领导力、扩大人际圈；大四到名企实习，实现从学生到职场人的转变。

大二参与职场项目，刘同学抓住这次接触各行各业职场人士的机会，锁定了感兴趣的行业——医疗行业，并进入强生医疗市场部实习。为期一年的实习，成堆的医疗文献、完全不懂的专业器械设备、频繁的市场活动，跨行业、快节奏、高难度的工作方式，使刘同学快速成长。刘同学掌握了医疗行业的业务知识、职场规则，熟悉了与客户、同事、上级领导的人际交往方式，了解了市场活动所需的执行力、团队协作能力和领导力。这一年"痛苦"的实习，让刘同学在压力中积累了很多经验，这些都在她真正求职时成了获胜的优势。她比其他应聘者更了解职场，更接近职场。毕业时，她拿到4家医疗公司的工作机会，最终顺利和强生（上海）医疗器械有限公司签约。

听完刘同学的故事，你设想一下自己在进入职业生涯之后，该以怎样的状态和行动去适应职场生活？对于职场，你将带着怎样的心情走入呢？你该如何与同事相处？又该如何应对竞争者的挑战？

五、教学活动

（一）活动一：我的人生有几面

活动目标：

通过参加本活动，让学生思考进入职场后拥有的新角色，并思考该怎么适应这一角色。

活动流程：

步骤1：在白纸上列出初入职场时拥有的各种新角色。

步骤2：在白纸上画一个大的圆形，根据你认为应在各个角色上分配的时间和经历，划分若干个扇形。

步骤3：选择所占扇形比例最高的2—3个角色，在扇形里填上可能面临的困难及你准备如何克服困难。

总结评估：

大学毕业顺利找到工作的你对未来充满希望，准备在职场上大展才干，但职场和校园生活有很多不同，也许会遇到预想不到的问题，所以你要为即将面对的新角色做好充分的准备。

（二）活动二：生命平衡轮

活动目标：

通过这个活动，让学生直观地看到生命是一个整体，需要在各个方面做好平衡。同时引导学生思考什么是最重要的？最想做的是什么？最想成为什么样的人？最需要在哪些方面有所改变？

活动流程：

步骤1：在白纸上绘制一个圆形，并等分成八份。

步骤2：按照"什么对你来说是最重要的"填在等分圆中。多数学生会写学习、朋友、社交、家庭、健康、未来发展、个人成长、休闲等。

步骤3：每一方面的满意度是多少？如果十分是满分，你给每一方面打多少分？在图6-1中按照分数绘制阴影面积。

步骤4：你对目前的状况满意吗？如果选一个最想改变的部分，会是什么？

步骤5：这一部分如果改变了，其他部分会有什么变化？

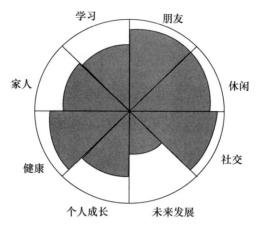

图 6-1　生命平衡轮

现场讨论：

（1）通过绘制生命平衡轮，你有什么发现？

（2）你最希望哪些部分发生改变，为什么？

（3）你想要有什么样的改变？

（4）你做些什么可以实现这些改变？

总结评估：

生命平衡轮是对当前生活状态的"快照"，可以让学生全面审视当前的生活、学习和工作状态，帮助学生看清现状，觉察平时容易忽略的部分，找出希望有所改变的部分，然后制订计划，采取行动。

（三）活动三：休闲生活博览会

活动目标：

通过这个活动，学生可以展示自我特长，发现自身潜能和优势，增进学生之间的相互了解，进而提高学生培养健康、高尚志趣的意识，增进学生对休闲生活的理解和感受，提升学生休闲生活的水准和品位。

活动流程：

步骤1：进行个人展示。在展示前，征询家人、朋友、同学的意见，介绍你的展示内容，进一步完善个人展示项目。休闲生活博览会参展项目应尽可能打开思路，形式、内容没有限制，可以多样化。

步骤2：按照学生参展的项目统一分类，形成摄影展、绘画展、手工展等不同的展览区间。

步骤3：参加展览。参展学生要介绍自己的休闲生活、分享作品创意及参展感受。

步骤4：由班级不参展学生组成采访电视台，记录本次博览会内容，采访参展人，总结并报道本次展览盛况。

步骤5：活动结束后，学生相互交流感受。

现场讨论：

（1）休闲生活博览会给你留下印象最深的是什么展示，为什么？

（2）通过本次展示，你最大的收获是什么？你发现自己有什么优点？

（3）你发现了同学身上哪些以前没被发现的优点？

（4）你认为什么样的休闲生活是健康的、合理的，应该如何处理好学习、工作和休闲生活的关系？

总结评估：

工作和休闲应相互补充、相互促进。人生应该是平衡的，这样才能做更多充实而有意义的事情，才能收获真正的幸福。

▶ 六、理论知识

（一）职场角色转换

角色，在心理学中的定义是个体在特定社会关系中处于一定位置时所执行的职能。人处于社会之中，角色不是孤立存在，而是与其他角色联结在一起的。任何人都不能仅承担一种角色，而是必须承担多种社会角色，各种角色之间相互联系。

学生进入职场后，开启了人生的新阶段，拥有了新的社会角色——工作者。新的角色意味着新的责任，在工作中要对公司负责、对自己负责，未来还要对家庭负责，最终要对社会和国家负责。新的环境需要适应和转换，作为职场新人需要尽快适应企业文化，可以从以下几个方面着手：

（1）积极参加岗前培训，迅速了解企业价值观、企业情况、可用资源等。

（2）工作中勤学多问，积极了解和学习公司制度、流程、岗位要求等，虚心向资深员工学习请教。

（3）主动融入组织，培养归属感。积极参与公司的各种活动，拓展自己的公司人脉，尽快适应公司文化。

（二）适应职场人际关系

在实际工作中，人际交往能力是非常重要的职场能力，很多学生学习成绩很好，但初入职场人际交往能力较弱，不能适应职场环境。因此，在大学期间要多参加各种形式的人际交往活动，锻炼提高自己的人际交往能力。

1. 适应职场人际关系的注意点

在职场中，要主动建立人际关系，积极主动和团队的同事真诚沟通，主动建立自己的职场网络，在职场获得支持、安全和快乐。职场中难免会遇到矛盾和冲突，可以通过积极有效的沟通，体察他人的情绪、理解他人的感受，换位思考处理问题，维护好职场关系。从初入职场开始，就应该建立并管理自己的人脉资源数据库，积极拓展人脉，建立志同道合的人脉网络。

2. 学会相处

在职场中要学会和上司相处，做到尊重和体察上司。对上司提建议时，要尽可能谨慎一些，不要当面顶撞；受到上司批评时，应虚心思考自己的问题在哪里。职场新人要低调做人、高调做事；虚心聆听和沟通，不断建立信任。与同事相处时，要以互动互惠、相互合作为原则；与同事之间存在竞争关系时，要透明公正；与同事交友，要适度，保持合理距离，避免不合群、不交往、不沟通、在背后议论等问题。与客户交往时，保持热情、专业、真诚、友好的态度；经常问候客户、尊重客户隐私，帮助客户实现共赢。

3. 评估自我工作业绩

初入职场，可以通过以下方式快速完成工作要求，检验工作成效：第一，对照岗位职责内容，了解工作的重点评估部分，从而指导自己开展工作的质量和效率。第二，在工作中注意细节，细节决定成败，要避免出现迟到、早退、工作细节错误等情况。第三，做好向上管理，主动与上级沟通，听取他人反馈。第四，主动自我评估，积极进行复盘，及时发现不足与问题并及时调整与改进。

（三）提升职场胜任力

"胜任力"这个概念最早由哈佛大学教授戴维·麦克利兰提出，是指能将某一工作中有卓越成就者与普通者区分开来的个人的深层次特征，它可以是动机、特质、自我形象、态度或价值观、某领域知识、认知或行为技能等任何可以被可靠测量或计数的并且能显著区分优秀与一般绩效的个体特征。但有的学者从更广泛的角度定义胜任力，认为胜任力包括职业、行为和战略综合三个维度。职业维度是指处理具体的、日常任务的技能；行为维度是指处理非具体的、任意的任务的技能；战略综合维度是指结合组织情境的管理技能。从系统性、相关性和可操作性的原则看，胜任力的特征结构包括个体特征、行为特征和工作的情境条件三个方面。

第一，个体特征：可以（可能）做什么，即胜任力中的"力"。它表明人所拥有的特质属性，是一个人个性中深层和持久的部分，决定了个体的行为和思维方式，能够预测多种情境或工作中的行为。

个体特征分为五个层次：

① 知识（个体拥有特定领域信息、发现信息的能力，以及能否用知识指导自己行为的能力）；

② 技能（完成特定生理或心理任务的能力）；

③ 自我概念（个体的态度、价值观或自我形象）；

④ 特质（个体的生理特征和对情境或信息的一致性反应）；

⑤ 动机/需要（个体行为的内在动力）。

第二，行为特征：会做什么。它可以看作是在特定情境下对知识、技能、态度、动机等的具体运用。有理由相信，在相似的情境下这种行为特征可能反复出现。与胜任力关联的行为特征即指在相似情境下能实现绩优的关键行为。

第三，工作的情境条件：胜任力是在一定的工作情境中体现出来。研究发现，在不同职位、不同行业、不同文化环境中的胜任特征模型是不同的，这就要求我们将胜任力概念置于"人—职位—组织"三者相匹配的框架中。

进入职场较为重要的胜任力有：

(1) 时间管理能力

时间管理是指在日常事务中执着并有目标地应用可靠的工作技巧，引导并安排、管理自己的生活，以合理有效地利用可支配的时间，达到有效果、高效率。对于职场新人，非常有必要学习和提高时间管理的能力。时间管理，可以从计划清单着手，根据轻重缓急安排计划。之后要加强组织管理，调整自身工作方式方法，提升工作效率。在工作中加强沟通管理，与人沟通过程中提升控制时间的能力。

(2) 执行力

执行力是指贯彻战略意图，完成预定目标的实操能力，也就是把想法变成行动，使行动产生结果的能力。提高执行力要先加强学习、更新观念，不断提高自身能力。在具体工作中以热情、责任想方设法做好工作，迎难而上，解决问题。

(3) 抗压能力

职场压力是指由于职业相关因素引起的个人对威胁性刺激作出反应时的内心感受与体验。压力无处不在，虽然每个人处理压力的方式不同，但应该努力去控制、管理、克服它。如果有效管理好压力，则压力能变成动力。减压可以通过以下方式：做好职业生涯规划，找到最恰当的职业定位点；提升工作能力，努力寻找工作中的乐趣；建立和谐的人际关系，营造良好的氛围；明确区分工作与生活，分解压力，发泄压力。

(4) 团队协作能力

团队协作能力，指发挥团队精神、互补互助以达到团队最大工作效率的能力。对于团队的成员来说，不仅要有个人能力，更需要有在不同的位置上各尽所能，与其他成员协调合作的能力。对于团队而言，团队大于个人，其本质是共同奉献，激发成员的潜力，核心是协同合作。职场新人要努力融入团队，在团队中要包容成员、获得支持、保持谦虚和资源共享，与团队成员保持尊重、互相欣赏、宽容平等、信任沟通。

（5）创新能力

创新能力是指在技术和各种实践活动领域不断提供具有经济价值、社会价值、生态价值的新思想、新理论、新方法和新发明的能力。创新能力是民族进步的灵魂、经济竞争的核心。工作创新能力是指在工作岗位上创新自己的工作能力，产生新的思路、方法、措施，产生新的工作效果，产出效益。在工作中创新能力也非常重要，要提高个人的创新能力，需要注意总结前人的经验和教训。

（四）工作与生活平衡

1. 人一生的生涯角色

舒伯的职业生涯发展理论说明生涯是人一生中不同角色的组合，任何人的一生都会扮演孩子、学生、休闲者、公民、工作者、持家者、父母等不同的角色。对于初入职场的人，新增加了工作者的角色，身上增添了更多的社会责任。因此，处理好工作与家庭、工作与生活、工作与休闲的关系非常重要。

2. 工作与生活平衡

随着时代的发展，工作的压力和竞争越来越大，为了在职场有更好的发展，很多人会认为要投入更多的时间和精力在工作上。但同时有的人也选择过高品质的生活，愿意给自己留更多时间在生活上。那怎样做到工作与生活的平衡呢？

（1）投入工作

在工作时，全身心投入；在生活时，避免分心。适时说"不"，懂得拒绝。在工作和生活中，弄清楚自己最想要的是什么。找寻平衡是一个需要反复实践的过程。

（2）时间管理

时间管理，不仅仅能决定事业的成败，还是做好生活和工作平衡的有效方式。一个好用的方法是利用"二八原则"，即生活中80%的结果几乎源于20%的活动，因此，要用80%的时间来做20%最重要的事情。在"二八原则"指引下，根据轻重缓急将事情分类，再按照不同分类安排时间来处理。

(五)工作与休闲、恋爱、家庭

1. 工作与休闲

工作和休闲都是人生不可或缺的一部分,休闲能让人放松身心,恢复体力和精力,让人获得喜悦和满足,进而收获平衡的人生。休闲的方式有很多种,有的人通过休闲能获得身心的放松,有的人在休闲中积累了知识,有的人结交了朋友、强健了体魄。因此,我们需要建立的是健康的休闲方式,让其帮助我们舒解压力、提高乐趣、促进和谐、增长见识、结交好友,让我们的生活更丰富,增强我们对社会环境的适应能力。

健康的休闲方式有很多,包括旅游类,如郊游、旅行、露营、远足等;体能类,如打球、游泳、健身、骑马、登山、瑜伽等;收藏类,如收集钱币、邮票、模型、简报、徽章等;思考类,如围棋、桌游、拼图等;创作类,如插画、绘画、书法、摄影、乐器、写作等;社会服务类,如参加志愿者、社团组织等;栽培饲养类,如种花、种菜、养宠物等;娱乐类,如观影、看戏剧、参观展览等。

2. 工作与恋爱、家庭

职场新人工作不久之后就会面临恋爱、婚姻、生子等重要大事,这就需要我们处理好工作与恋爱、家庭的关系。职场新人投入工作的时间和精力较多,所以在恋爱关系上,应该要珍惜机会,培养健康的恋爱心理,学会爱与被爱。先要了解自己、学会爱自己,之后要学会爱他人。在恋爱中,要保持合适的仪表,充实个人内涵,双方应坦诚相待、相互尊重、给予彼此空间。要不断体会爱的真谛,摆正爱情在人生的位置,摆正爱情与工作的关系。

在成家立业后,如何找到工作和家庭的平衡点,是十分重要的议题。职场新人要充分认识到工作与家庭的冲突,学会正视矛盾,积极对待和处理。要认清自己真正需要的是什么,根据自身特点和情况,妥善安置各自的位置,处理好两者的关系,让丰富的家庭生活与充满活力和挑战的工作相得益彰。

拓展阅读

适应能力测试

请在下列各题所列备选答案中选择最符合你的一项。

1. 假如你的朋友突然带来一个你最不喜欢的人到你家里，你会：

（1）暂时忍耐，以后再把实情告诉你朋友

（2）把你的感觉完全隐藏着

（3）表示惊奇

2. 对自己的某次失败，你：

（1）只要别人有兴趣随时都会告诉他

（2）只在谈话时顺便说出来

（3）绝不说，怕会被别人抓住弱点，对自己不利

3. 遇到难题时，你：

（1）毫不犹豫地向学习好的同学请教

（2）经常向熟人请教

（3）很少麻烦别人

4. 你骑车去一个较远的地方参加社交活动，中途找不到路标，你：

（1）赶快查自带的地图

（2）等待过路车或有人走过时问清楚

（3）大声埋怨，不知何时才能到达目的地

5. 当你选择衣服时，你：

（1）跟随新潮流，希望适合自己

（2）选定前听取陪同朋友或售货员的意见

（3）总是固定在一种款式上

6. 当你知道将要有不愉快的事时，你：

（1）感觉完全有办法应付

（2）相信事实并不会如预料的那样严重

(3) 自己进入紧张状态

7. 在嘈杂、混乱的环境里，你：

(1) 不受影响，照常学习

(2) 仍能集中精力学习，但效率降低了

(3) 总觉得很烦，不能静下心来读书

8. 和别人争吵起来时，你：

(1) 能有力地反驳对方

(2) 能反驳但无多大力量

(3) 常常语无伦次，最后才想起如何反驳对方，可是已经晚了

9. 每次参加正式的考试或竞争，你：

(1) 比平时成绩更好些

(2) 和平时成绩差不多

(3) 常不如平时成绩

10. 必须在大庭广众面前讲话时，你：

(1) 侃侃而谈

(2) 感觉虽难但还是完成

(3) 怯场，说话结结巴巴

11. 对团体或社会性的集会，你：

(1) 总是想领导讨论

(2) 只有在知道讨论题目时才参加

(3) 讨厌在集会上说话，所以不参加

12. 受到别人的批评，你：

(1) 想听一下批评的理由

(2) 想查明受批评的原因

(3) 想找机会反过来批评他

13. 当情况紧迫时，你：

(1) 仍能注意到该注意的细节

(2) 粗心大意，丢三落四

（3）慌慌张张

14. 参加各种比赛时，赛场越激烈，群众越加油，你：

（1）成绩越好

（2）成绩不受影响

（3）成绩越上不去

15. 碰到阻力或困难时，你：

（1）越有干劲

（2）不改变既定的主意

（3）经常改变既定的主意

16. 你符合下面哪一种情况：

（1）礼貌要讲，但事也要办

（2）不安于现状，总想改变点什么

（3）凡是只求"规范"，不办破格的事

17. 你赞成下面哪一种说法：

（1）只要是正确的就坚持，不怕打击与孤立

（2）在矛盾面前让一让就过去了

（3）尽量求和平，把批评和斗争降到不得已的程度

18. 假如自己登报时，你：

（1）有点自豪但不以为然

（2）很高兴，想让朋友也看看

（3）完全不感兴趣

19. 为了给人留下好印象，你：

（1）想方设法，并花一定时间考虑计划

（2）不特意去做但有机会就利用

（3）根本不想在别人面前做这种事

20. 你同意下列哪一种观点：

（1）为了深入地了解自己的国家，学习外国的东西是件好事

（2）外国的事与我们没有任何关系

(3) 学习外国的东西比学习本国的东西更有兴趣

说明：态度越积极，就表明你的适应能力越强。

选择（1）得3分，（2）得2分，（3）得1分。

40—60分，说明你的适应能力很强；20—40分，说明你的适应能力尚可；20分以下，则说明你的适应能力还需要大力加强。

 思考题

根据职业生涯阶段的不同，结合自己的价值观，讨论你的财务规划、恋爱与家庭规划，并回答以下问题：

(1) 在不同人生阶段，你的目标是什么？你将如何制订计划？

(2) 谈谈理想实现的可能性与达到不同阶段、不同目标的要素有哪些？

第三节　就业风险防范与应对

▶ 一、导语

居安思危，思则有备，有备无患。

——《左传》

居安思危提醒人们在安定的环境中要想到可能产生的危难和祸害。在大学求学阶段，前瞻性地了解和认识毕业时需要完成的任务和面临的挑战，做到未雨绸缪，这样在遇到突发情况时才不至于手忙脚乱。

居安思危也是一种超前的危机意识和忧患意识，从生涯发展的历程看，人的一生当中不可能始终一帆风顺，总会有曲折与风雨相伴，坎坷与逆境相随。只有居安思危，才能有备无患，防患于未然。

▶ 二、思维导图

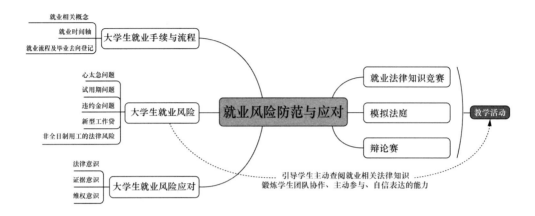

▶ 三、学习目标

学生需熟悉毕业时的就业流程，了解就业相关政策法规，增强法律意识，做到知法、懂法，在求职时遵纪守法，并学会用法律维护自己的合法权益。

▶ 四、课程导入

在求职过程中，很多同学都会遇到这样的情况：

公司：李同学，恭喜你被我司录取了，请于下周一前来公司报到，报到前请缴纳资料费。

李同学：入职还需要缴资料费吗？

公司：我司每名员工入职时都缴纳了费用，属于正常费用。

李同学：好的，我会按时缴纳。

不知道大家遇到这种情况会怎么办？李同学缴纳完所谓的"资料费"后，该公司没再联系过他。后期，他试图联系该公司，发现完全联系不上。李同学这才醒悟自己是被骗了。李同学后期回忆，其实公司和他第一次提要缴资料费时他就觉得很奇怪，但他没有继续追问，也没有向家人、同学、老师反映问题。

同学们，在大家求职过程中不法分子很容易利用学生法律意识淡薄、社会经验缺乏、求职心切等，设置求职陷阱，让人猝不及防。那要怎样警惕和识别就业风险呢？

▶ 五、教学活动

（一）活动一：就业法律知识竞赛

活动目标：

通过参加本活动，让学生熟悉就业相关法规和手续流程，以便求职时能甄别就业风险，保护自身权益。

活动流程：

步骤1：按照小组团战形式答题，角逐冠亚季军。

步骤2：老师围绕就业法规、就业手续流程出题，主要题型设置为判断题、选择题、问答题。

步骤3：以抢答形式答题，得分最高的一对获胜。

总结评估：

通过就业法规和手续流程知识竞赛，可以引导学生熟知就业法规和手续流程。

（二）活动二：模拟法庭

活动目标：

通过参加本活动，让学生主动查阅就业相关法律知识，让自己知法、懂法，从而做到守法、用法，增强学生法律意识，让学生学会运用法律武器维护自身合法权益。在此过程中，也锻炼学生信息检索、主动参与、自信表达的能力。

活动流程：

步骤1：提前做好角色分配。法官1名，被告2名，原告2名，律师4名，记者2名，其余为陪审团和群众。

步骤2：开庭，辩论。

（1）传入被告、原告、律师，宣布法庭纪律。

（2）原告陈述，被告辩解。

（3）双方律师辩论。

（4）合议庭讨论（群众发表意见、陪审团发表意见）。

（5）法官作出判决。

（6）记者报道本次庭审内容。

步骤3：回归小组讨论，讨论事件经过、人物行为和结果及过程中涉及的法律知识。

步骤4：小组总结发言，如各小组意见不一致，可以适时开展组间辩论。

小组讨论：

（1）该案例对大家有何启示？通过该案例，大家了解了哪些法律知识？

（2）如果遇到这种情况，应如何用法律武器维护自身利益？

总结评估：

通过模拟法庭、小组讨论、组间辩论能够让学生了解并熟知就业法规和手续流程，培养学生团队协作能力、口语表达能力和灵活应变能力，增强学生维权意识，使学生学会用政策法规保护自己。

（三）活动三：辩论赛

活动目标：

通过辩论，让学生主动查阅就业相关法律知识，引发学生思考，在遇到类似问题时，能够更理性、更全面地思考问题。在此过程中，也锻炼学生信息检索、团队协作、主动参与、自信表达的能力。

活动流程：

步骤1：将班级学生分为六组，派代表抽取选题和持方。小组内自己商量确定角色：一辩、二辩、三辩、结辩。

步骤2：各持方提前准备查阅资料，要求把辩题中的就业法规和手续流程知识点融入其中。

步骤3：现场三组分别辩论。顺序为正方一辩陈述，反方一辩陈述，自由辩论，反方总结陈述，正方总结陈述。

步骤4：观众投票与提问，角逐冠军。

辩题：（1）毕业生应该先就业还是先择业？

（2）就业双向选择，利大于弊还是弊大于利？

（3）就业机会是否男女平等？

总结评估：

通过就业辩论赛让学生了解并熟知就业法规和手续流程。

▶ 六、理论知识

（一）大学生就业手续与流程

1. 就业相关概念

（1）应届毕业生及应届毕业生身份

根据学籍管理办法的相关规定，经学校教务部门对毕业生进行毕业资格审核并获得批准的即为当年的应届毕业生。一旦通过了学业资格审核，即使毕业时未能获得相应学历、学位，仍属于当年的应届毕业生。应届毕业生身份涉及申请户籍、派遣等重要手续办理。有些地方的考试资格审核会强调凭应届毕业生身份才能报考，这里主要指该毕业生是否具有派遣资格，即是否可以打印报到证，每位毕业生需对自己的情况进行了解后再报考。

（2）生源地

与高考所在地不同，生源地指常住户口所在地。本科毕业生的生源地是指学生入学前户籍所在地。如学生入学后户籍所在地发生变更，在毕业阶段核实生源信息时，需向学院和学校学生就业服务中心出具相关证明。本科毕业后直接攻读研究生的毕业生，其生源地为本科入学前户籍所在地；研究生入学前有工作经历并已经在工作地落户的毕业生，原则上以其工作单位户籍所在地为生源地，如毕业时能明确不回原工作所在地工作的，则生源地确认为本科入学前的户籍所在地。

（3）就业形式

包括签订就业协议、签订劳动合同、开具单位用人证明、出国、升学、赴国际组织任职实习、自主创业、自由职业。其中，签订劳动合同、开具单位用人证明、自主创业、自由职业统称为"灵活就业"。

（4）就业协议书

《就业协议书》俗称"三方协议"，该协议书一式三份，毕业生、用人单位和学校三方各持一份。《就业协议书》通常用于解决落户、落档等问题，签约时原则上由用人单位和学生先签字盖章，学校学生就业服务中心最后审核盖章。

（5）报到证

《报到证》，也称"派遣证"，全称是《普通高等学校毕业生就业报到证》，分上下两联，上联交毕业生本人转寄户口及报到使用，下联由学校装入毕业生人事档案。《报到证》是毕业生转移人事档案关系和户口关系的重要凭证。

（6）培养方式

培养方式有统招、定向、委培、自费等。学生培养方式是在招生时确定的，所有数据均在生源省市招生办和教委备案，无法更改。毕业生应根据国家政策规定，严格按照原培养方式就业。

（7）就业推荐表

《就业推荐表》是经过学校相关部门审核盖章的用于毕业生就业的推荐材料，包含毕业生本人的基本信息，主要用于落户审批和各地人事主管部门接收毕业生落户审批，具有一定的权威性。就业推荐表每人只有一份，毕业生求职时可保留原件，先使用复印件。

2. 就业时间轴

每年9月，《就业推荐表》制作完成；

每年10月，求职高峰期；

每年11月，可以开始签订《就业协议书》，现推荐网上签约；

次年3月，春季毕业研究生离校；

次年3—4月，求职小高峰；

次年5月底，夏季毕业生毕业去向核对；

次年6月，夏季毕业生离校；

第三年1月1日，应届毕业生变为往届生。

3. 就业流程及毕业去向登记

（1）签订《就业协议书》需注意以下内容：

一是每个学生只能领取一份《就业协议书》，签约需谨慎，应注意就业协议上单位的统一信用代码是否有效，并关注有无关于违约责任的条款。

二是《就业协议书》填写时特别提醒：公司名称和公司公章必须是同一个名字，盖章必须是公司公章，凡是有"合同专用章"字样的请一律退回公司重新盖公章；学生签名、日期必须填写。

（2）毕业去向登记及审核需注意以下内容：

每一种毕业去向类型都应提供相应佐证材料，毕业去向登记的每一项内容毕业生都应如实填写。

（3）违约改派需注意以下内容：

如需要违约改派，应先和原来公司履行违约手续，凭解约函才能领取新的三方，并在学生就业综合管理服务平台上登记，解约函复印件由学校存档，原件由学生自己保管，以便办理报到证改派手续。

（4）协议书的签订流程：

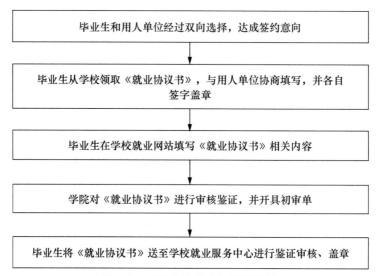

图6-2　《就业协议书》签订流程

（二）大学生就业风险

1. 心太急问题

由于毕业生缺少社会经验，在求职过程中有时难以甄别各种信息，落入非法公司的陷阱。毕业生因为心太急、追求高薪，很容易被涉嫌非法吸收公众存款、集资诈骗等的公司欺骗。毕业生在求职时，需要甄别公司和工作的合法性、规范性，如遇"拉客户""承诺不切实际的业绩提成"等情况，需提高警惕，不可过分相信非法用人单位，走上违法犯罪道路。

2. 试用期问题

如毕业生在求职时遇到录用时间非常快、招收实习生特别多、试用期特别长等情况，需要提高警惕，很可能遇到只想"赚取"学生廉价劳动力的公司了。《劳动合同法》第19条规定，劳动合同期限在三个月以上不满一年的，试用期不超过一个月；劳动合同期限在一年以上不满三年的，试用期不超过两个月；劳动合同期限在三年以上的，试用期不超过六个月。学生在求职时，可以根据劳动法的相关规定，作基本的衡量和判断。

如果用人单位提出先培训再上岗、收取培训费，且培训不通过不能入职，可以通过企查查、天眼查、企业信息公示系统查看公司情况。如果发现企业在裁员之后大量招收应届毕业生，很有可能出现利用毕业生成为廉价劳动力的情况。

3. 违约金问题

有部分公司利用毕业生的自负心理和虚荣心，通过高职位高薪水引诱毕业生求职，然后利用法律漏洞采取各种手段迫使毕业生主动辞职，指控毕业生违反合同，要求毕业生赔付高额违约金。从2005年开始，国家有关部门规定违约金的金额不超过毕业生一个月的工资。如果用人单位签合同时提供了明显高于同等规模、同等性质行业的薪资标准，这时需提高防范意识。

4. 新型工作贷

有的用人单位以现阶段不方便接受线下培训为由，要求入职者必须进行线上培训，在线上培训的过程中诱导毕业生在第三方贷款网站上进行贷款，通过贷款缴纳培训费，最后以培训不合格为由拒绝毕业生入职，用人单位与贷款公司赚取人头费而毕业生不仅人财两空，还要背负还贷的利息。所以，如果在求职过程中，遇到需要网络贷款的情况，需要特别提高警惕。

5. 非全日制用工的法律风险

如果用人单位主动要求毕业生签约"非全日制的用工合同"，毕业生需提高警惕。因为用人单位采用非全日制的用工方式，可以在很大程度上节约用人单位人力成本，非全日制用工只需要为劳动者缴纳工伤保险费，而像养老保险、医疗保险、失业保险、生育保险都要由劳动者个人缴纳。另外，用人单位可以随时终止用工，并且不会向劳动者支付经济补偿。所以，如果毕业生因为个人情况暂时只能签订非全日制用工合同，一定要注意风险：第一，除了有工伤保障，无其他保障。第二，用人单位可以随时解除劳动合同，且不用支付经济补偿金。第三，虽然《劳动合同法》明确规定了非全日制用工的劳动者也依法享有各项劳动权益，这其中当然包括婚假、产假、医疗期间的福利待遇，但是用人单位有权随时终止非全日制用工的劳动合同，所以劳动者实际上无法享受到婚假、产假、医疗期间的待遇。第四，非全日制用工的劳动者不计算工龄。如非全日制用工的劳动者在用人单位连续工作满十年之后，要求签订无固定期限劳动合同的，单位可以拒绝签订；再如非全日制用工要转成全日制员工，工龄不连续计算，也不能以小时折算，应该重新起算工龄。

(三) 大学生就业风险应对

毕业生在就业时，应具备以下意识抵御就业风险：

1. 法律意识

毕业生可以在签订合同之前先了解《劳动法》《劳动合同法》《就业促进法》等与就业相关的法律法规政策制度，了解在求职的过程中哪些情况是违约的，哪些情况是政策允许的，真正做到懂得法律、遵守法律、使用法律。

2. 证据意识

常见的劳动争议主要有以下几种：一是确认劳动关系争议；二是追索劳动报酬福利待遇争议；三是未签署劳动合同产生的争议；四是变更劳动合同产生的争议；五是解除终止劳动合同产生的争议；六是工伤职业病的争议；七是保密和竞业限制的争议；八是服务期的争议；九是关于招退工的争议。关于劳动争议的相应证据，主要包括以下三种：

（1）书面证据

可以收集工资卡、工资存折、工资条或者其他工资发放的记录，最好有单位的盖章；也可以在社保局的网站或者到社保局去打印自己各项社会保险费的记录；也可以收集单位向劳动者发放的证件，如工作证、服务证、上岗证、外派证等能够证明职务职位身份的证件，最好有用人单位的盖章；还可以收集招聘时填的登记表、报名表以及用人单位的考勤记录、考勤表、出勤卡等有自己名字的用人单位的各种文件或职工花名册、工作任务单、任命通知书、介绍信、签到表等相应的一些书面材料。如果以上材料无法收集到原件，可以采取复印或者拍照的方式进行收集。

（2）证人证言

可以邀请同事出一个书面的证言。应注意的是出具这些证言的时候，同事一般需要当庭作证，并需要证明该同事本人和用人单位是存在劳动关系的。

（3）录音录像证据

有些劳动者可能什么书面证据都收集不到，那就需要劳动者去创造证据，如录音录像等。最好是劳动者与用人单位的法定代表人或者主要负责人协商谈判双方劳动关系事宜的录音录像或照片，如劳动者工作时间在用人单位上下班的情况以及领导公开宣布加班的录音录像、微信记录。

3. 维权意识

毕业生在求职的过程中会遇到各种各样的问题，这时要注意保护好自身的权利，遇到问题要注意向学校、亲友等寻求帮助，加强沟通，警惕各种就业陷阱，提高防范能力；也可以寻求法律的帮助，维权时可以向当地的劳动监察部门投诉，也可以向法院提起诉讼，但在诉讼前必须进行劳动仲裁，如果对仲裁的结果不服，可以在 15 日之内提起劳动诉讼。

拓展阅读

国务院办公厅关于进一步做好高校毕业生等青年就业创业工作的通知

国办发〔2022〕13 号

各省、自治区、直辖市人民政府，国务院各部委、各直属机构：

高校毕业生等青年就业关系民生福祉、经济发展和国家未来。为贯彻落实党中央、国务院决策部署，做好当前和今后一段时期高校毕业生等青年就业创业工作，经国务院同意，现就有关事项通知如下。

一、多渠道开发就业岗位

（一）扩大企业就业规模。坚持在推动高质量发展中强化就业优先导向，加快建设现代化经济体系，推进制造业转型升级，壮大战略性新兴产业，大力发展现代服务业，提供更多适合高校毕业生的就业岗位。支持中小微企业更多吸纳高校毕业生就业，按规定给予社会保险补贴、创业担保贷款及贴息、税费减免等扶持政策，对吸纳高校毕业生就业达到一定数量且符合相关条件的中小微企业，在安排纾困资金、提供技术改造贷款贴息时予以倾斜；对招用毕业年度高校毕业生并签订 1 年以上劳动合同的中小微企业，给予一次性吸纳就业补贴，政策实施期限截至 2022 年 12 月 31 日；建立中小微企业专业技术人员职称评定绿色通道和申报兜底机制，健全职业技能等级（岗位）设置，完善职业技能等级认定机制，落实科研项目经费申请、科研成果等申报与国有企事业单位同类人员同等待遇。设置好"红灯"、"绿灯"，促进平台经济健康发展，带动更多就业。稳定扩大国有企业招聘规模，指导企业规范发布招聘信息，推进公开招聘。（国家发展改革委、科技部、工业和信息化部、财政部、人力资源社会保障部、商务部、人民银行、国务院国资委、税务总局、市场监管总局等按职责分工负责）

（二）拓宽基层就业空间。结合实施区域协调发展、乡村振兴等战略，适应基层治理能力现代化建设需要，统筹用好各方资源，挖掘基层就业社保、医疗卫生、养老服务、社会工作、司法辅助等就业机会。社区专职工作岗位出现空缺要优先招用或拿出一定数量专门招用高校毕业生。继续实施"三支一扶"计划、农村特岗教师计划、大学生志愿服务西部计划等基层服务项目，合理确定招募规模。对到中西部地区、艰苦边远地区、老工业基地县以下基层单位就业的高校毕业生，按规定给予学费补偿和国家助学贷款代偿、高定工资等政策，对其中招聘为事业单位正式工作人员的，可按规定提前转正定级。（中央组织部、最高人民法院、最高人民检察院、教育部、民政部、财政部、人力资源社会保障部、农业农村部、国家卫生健康委、共青团中央等按职责分工负责）

（三）支持自主创业和灵活就业。落实大众创业、万众创新相关政策，深化高校创新创业教育改革，健全教育体系和培养机制，汇集优质创新创业培训资源，对高校毕业生开展针对性培训，按规定给予职业培训补贴。支持高校毕业生自主创业，按规定给予一次性创业补贴、创业担保贷款及贴息、税费减免等政策，政府投资开发的创业载体要安排30%左右的场地免费向高校毕业生创业者提供。支持高校毕业生发挥专业所长从事灵活就业，对毕业年度和离校2年内未就业高校毕业生实现灵活就业的，按规定给予社会保险补贴。（国家发展改革委、教育部、科技部、财政部、人力资源社会保障部、人民银行、税务总局、市场监管总局等按职责分工负责）

（四）稳定公共部门岗位规模。今明两年要继续稳定机关事业单位招录（聘）高校毕业生的规模。深化落实基层法官检察官助理规范便捷招录机制，畅通政法专业高校毕业生进入基层司法机关就业渠道。支持承担国家科技计划（专项、基金等）的高校、科研院所和企业扩大科研助理岗位规模。充分考虑新冠肺炎疫情影响和高校毕业生就业需要，合理安排公共部门招录（聘）和相关职业资格考试时间。受疫情影响严重地区，在2022年12月31日前可实施中小学、幼儿园、中等职业学校教师资格"先上岗、再考证"阶段性措施。（中央组织部、最高人民法院、最高人民检察院、教育部、科技部、人力资源社会保障部等按职责分工负责）

二、强化不断线就业服务

（五）精准开展困难帮扶。要把有劳动能力和就业意愿的脱贫家庭、低保家庭、零就业家庭高校毕业生，以及残疾高校毕业生和长期失业高校毕业生作为就业援助的重点对象，提供"一人一档"、"一人一策"精准服务，为每人至少提供3—5个针对性岗位信息，优先组织参加职业培训和就业见习，及时兑现一次性求职创业补贴，千方百计促进其就业创业。对通过市场渠道确实难以就业的困难高校毕业生，可通过公益性岗位兜底安置。实施"中央专项彩票公益金宏志助航计划"，面向困难高校毕业生开展就业能力培训。实施共青团促进大学生就业行动，面向低收入家庭高校毕业生开展就业结对帮扶。及时将符合条件的高校毕业生纳入临时救助等社会救助范围。实施国家助学贷款延期还款、减免利息等支持举措，延期期间不计复利、不收罚息、不作为逾期记录报送。（教育部、民政部、财政部、人力资源社会保障部、人民银行、共青团中央、中国残联、开发银行等按职责分工负责）

（六）优化招聘服务。推进公共就业服务进校园，逐步实现公共就业招聘平台和高校校园网招聘信息共享。建立高校毕业生就业岗位归集机制，广泛收集机关事业单位、各类企业、重大项目等高校毕业生就业岗位需求计划，集中向社会发布并动态更新。构建权威公信的高校毕业生就业服务平台，密集组织线上线下专项招聘服务，扩大国家24365大学生就业服务平台、百日千万网络招聘、"千校万岗"、中小企业网上百日招聘等招聘平台和活动影响力。积极组织服务机构、用人单位进校园招聘。（教育部、工业和信息化部、人力资源社会保障部、国务院国资委、共青团中央、全国工商联等按职责分工负责）

（七）加强就业指导。健全高校学生生涯规划与就业指导体系，开展就业育人主题教育活动，引导高校毕业生树立正确的职业观、就业观和择业观。注重理论与实践相结合，开展多种形式的模拟实训、职业体验等实践教学，组织高校毕业生走进人力资源市场，参加职业能力测评，接受现场指导。高校要按一定比例配齐配强就业指导教师，就业指导教师可参加相关职称评审。打造一批大学生就业指导名师、优秀职业指导师、优秀就业指导课程和教材。举办全国大学生职业规划大赛，增强大学生生涯规划意识，指导其及早做好就业准备。（教育部、人力资源社会保障部、共青团中央等按职责分工负责）

（八）落实实名服务。深入实施离校未就业高校毕业生就业创业促进计划，强化教育、人力资源社会保障部门离校前后信息衔接，持续跟进落实实名服务。运用线上失业登记、求职登记小程序、基层摸排等各类渠道，与有就业意愿的离校未就业高校毕业生普遍联系，为每人免费提供1次职业指导、3次岗位推荐、1次职业培训或就业见习机会。（人力资源社会保障部牵头，教育部等按职责分工负责）

（九）维护就业权益。开展平等就业相关法律法规和政策宣传，坚决防止和纠正性别、年龄、学历等就业歧视，依法打击"黑职介"、虚假招聘、售卖简历等违法犯罪活动，坚决治理付费实习、滥用试用期、拖欠试用期工资等违规行为。督促用人单位与高校毕业生签订劳动（聘用）合同或就业协议书，明确双方的权利义务、违约责任及处理方式，维护高校毕业生合法就业权益。对存在就业歧视、欺诈等问题的用人单位，及时向高校毕业生发布警示提醒。（教育部、公安部、人力资源社会保障部、市场监管总局、全国妇联等按职责分工负责）

三、简化优化求职就业手续

（十）稳妥有序推动取消就业报到证。从2023年起，不再发放《全国普通高等学校本专科毕业生就业报到证》和《全国毕业研究生就业报到证》（以下统称就业报到证），取消就业报到证补办、改派手续，不再将就业报到证作为办理高校毕业生招聘录用、落户、档案接收转递等手续的必需材料。（中央组织部、教育部、公安部、人力资源社会保障部等按职责分工负责）

（十一）提供求职就业便利。取消高校毕业生离校前公共就业人才服务机构在就业协议书上签章环节，取消高校毕业生离校后到公共就业人才服务机构办理报到手续。应届高校毕业生可凭普通高等教育学历证书、与用人单位签订的劳动（聘用）合同或就业协议书，在就业地办理落户手续（超大城市按现有规定执行）；可凭普通高等教育学历证书，在原户籍地办理落户手续。教育部门要健全高校毕业生网上签约系统，方便用人单位与高校毕业生网上签约，鼓励受疫情影响地区用人单位与高校毕业生实行网上签约。对延迟离校的应届高校毕业生，相应延长报到入职、档案转递、落户办理时限。（教育部、公安部、人力资源社会保障部等按职责分工负责）

（十二）积极稳妥转递档案。高校要及时将毕业生登记表、成绩单等重要材料归入学生档案，按照有关规定有序转递。到机关、国有企事业单位就业或定向招生就业的，转递至就业单位或定向单位；到非公单位就业的，转递至就业地或户籍地公共就业人才服务机构；暂未就业的，转递至户籍地公共就业人才服务机构。档案涉密的应通过机要通信或派专人转递。公共就业人才服务机构要主动加强与高校的沟通衔接，动态更新机构服务信息，积极推进档案政策宣传服务进校园，及时接收符合转递规定的学生档案。档案管理部门要及时向社会公布服务机构名录和联系方式。（中央组织部、教育部、人力资源社会保障部、国家邮政局等按职责分工负责）

（十三）完善毕业去向登记。从2023年起，教育部门建立高校毕业生毕业去向登记制度，作为高校为毕业生办理离校手续的必要环节。高校要指导毕业生（含结业生）及时完成毕业去向登记，核实信息后及时报省级教育部门备案。实行定向招生就业办法的高校毕业生，省级教育部门和高校要指导其严格按照定向协议就业并登记去向信息。高校毕业生到户籍和档案接收管理部门办理相关手续时，教育部门应根据有关部门需要和毕业生本人授权，提供毕业生离校时相应去向登记信息查询核验服务。（教育部、人力资源社会保障部等按职责分工负责）

（十四）推进体检结果互认。指导用人单位根据工作岗位实际，合理确定入职体检项目，不得违法违规开展乙肝、孕检等检测。对外科、内科、胸透X线片等基本健康体检项目，高校毕业生近6个月内已在合规医疗机构进行体检的，用人单位应当认可其结果，原则上不得要求其重复体检，法律法规另有规定的从其规定。用人单位或高校毕业生对体检结果有疑问的，经协商可提出复检、补检要求。高校可不再组织毕业体检。（教育部、人力资源社会保障部、国家卫生健康委等按职责分工负责）

四、着力加强青年就业帮扶

（十五）健全青年就业服务机制。强化户籍地、常住地就业失业管理服务责任，允许到本地就业创业的往届高校毕业生、留学回国毕业生及失业青年进行求职登记、失业登记，提供均等化基本公共就业服务，按规定落实就业创业扶持政策。实施青年就业启航计划，对有就业意愿的失业青年，开展职业素质测评，制订求职就业计划，提供针对性岗位信息，组织志愿服务、创业实践等活动。对长期失业青年，开展实践引导、分类指导、跟踪帮扶，提供就业援助，引导他们自强自立、及早就业创业。（人力资源社会保障部、共青团中央等按职责分工负责）

（十六）提升职业技能水平。适应产业转型升级和市场需求，高质量推动产训结合和职业技能培训资源共建共享，扩大青年职业技能培训规模，拓展学徒培训、技能研修、新职业培训等多种模式，举办各类职业技能竞赛活动。鼓励高校毕业生等青年在获得学历证书的同时获得相关职业资格证书或职业技能等级证书，对需要学历学位证书作为报考条件的，允许先参加考试评定，通过考试评定的，待取得相关学历学位证书后再发放职业资格证书或职业技能等级证书。(国家发展改革委、教育部、财政部、人力资源社会保障部等按职责分工负责)

（十七）扩大就业见习规模。实施百万就业见习岗位募集计划，支持企事业单位、社会组织、政府投资项目、科研项目等设立见习岗位，按规定给予就业见习补贴。鼓励有条件的地方或用人单位为见习人员购买商业医疗保险，提高见习保障水平。离校未就业高校毕业生到基层实习见习基地参加见习或者到企事业单位参加项目研究的，视同基层工作经历，自报到之日起算。实施大学生实习"扬帆计划"，广泛开展各级政务实习、企业实习和职业体验活动。(人力资源社会保障部牵头，中央组织部、教育部、科技部、工业和信息化部、民政部、财政部、商务部、国务院国资委、共青团中央、全国工商联等按职责分工负责)

五、压紧压实工作责任

（十八）加强组织领导。各地区各部门各高校要以习近平新时代中国特色社会主义思想为指导，认真贯彻落实党中央、国务院决策部署，把高校毕业生等青年就业作为就业工作重中之重，作为政府绩效考核和高校绩效考核内容，将帮扶困难高校毕业生就业作为重点，明确目标任务，细化具体举措，强化督促检查。各有关部门要立足职责，密切配合，同向发力，积极拓宽就业渠道，加快政策落实。(各有关部门和单位、各省级人民政府按职责分工负责)

（十九）强化工作保障。要根据本地区高校毕业生等青年就业形势和实际需要，统筹安排资金，加强人员保障，确保工作任务和政策服务落实。健全公共就业服务体系，实施提升就业服务质量工程，增强对高校毕业生等青年就业指导服务的针对性有效性。运用政府购买服务机制，支持经营性人力资源服务机构、社会组织等市场力量参与就业服务、职业指导、职业培训等工作。(各有关部门和单位、各省级人民政府按职责分工负责)

（二十）做好宣传引导。开展就业政策服务专项宣传，及时提供通俗易懂的政策解读。开展"最美基层高校毕业生"、"基层就业出征仪式"等典型宣传活动,引导高校毕业生等青年将职业选择融入国家发展,在奋斗中实现人生价值。做好舆论引导,及时回应社会关切,稳定就业预期。(各有关部门和单位、各省级人民政府按职责分工负责)

国务院办公厅

2022 年 5 月 5 日

思考题

就业协议与劳动合同有什么不同,有什么联系?如果在就业过程中遇到法律风险,你该怎么应对?

第七章 躬行践履——生涯体验

第一节 生涯体验

一、导语

不闻不若闻之，闻之不若见之，见之不若知之，知之不若行之。

——《荀子·儒效》

生命需要感受，人生需要体验。人作为生命的存在生活于大千世界之中，周围的一切包括自身都要靠自己去认识、领悟和体验。体验是人生存的方式，更是人追求生涯意义、实现生涯价值、焕发生涯活力的方式。生涯自身是不会自然显现意义、实现价值的，所以生涯需要体验，只有个体用心体验，才能感受到生涯的真实与活力。

▶ 二、思维导图

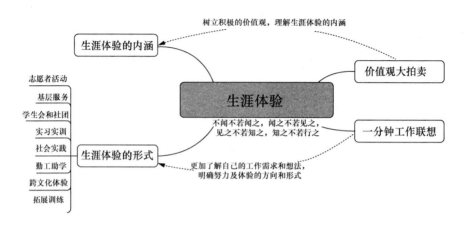

▶ 三、学习目标

体验式教学是指根据学生的认知特点和规律,通过创造实际的或重复经历的情境和机会,呈现或还原教学内容,使学生在亲历的过程中理解并建构知识、发展能力、产生情感、生成意义的教学观和教学形式。本节通过开展志愿活动、基层服务、学生会和社团活动、实习实训、社会实践、勤工助学、跨文化体验、拓展训练等真实的生涯体验活动,促进学生的生涯发展。

▶ 四、课程导入

"时节如流,青春正好"。东华大学2019届优秀毕业生刘同学是投身西部的好青年,作为东华大学首届研究生支教团成员,用一年的时间,做终生难忘的事。他是东华"团团"好帮手,作为"华英苑"学员、机械学院团委副书记、团支部书记,扎根团务工作,上海市优秀共青团员、优秀毕业生、校优秀学生干部标兵是对他的认可。他是热衷实践的进博"小叶子",获上海市进博优秀志愿者、知行杯三等奖。他是敢于创新的东华机械人,参与两项国家级创新项目和学院"领雁计划",设计制造具有东华特色的叠衣装备,代表学校参展上海国际纺织工业展览会。

五、教学活动

（一）活动一：价值观大拍卖

活动目标：

通过本活动，让学生更加了解自己的价值观，了解生活真正的意义。

活动流程：

步骤 1：你有 5000 元，可以随意买表 7-1 中的东西。每样东西都有底价，每次出价以 500 元为单位，价高者得，有出价 5000 元的，立即成交。

步骤 2：依次拍卖表 7-1 中的物品，全体学生参与竞拍。

步骤 3：每个人分享一下自己获得的物品。

表 7-1 价值观价格表

爱情	500 元	财富	1000 元
友情	500 元	长寿	500 元
健康	1000 元	诚实	500 元
美貌	500 元	享受一次美餐	500 元
礼貌	1000 元	分辨是非的能力	1000 元
威望	500 元	欢乐	500 元
自由	500 元	地位	500 元

现场提问及讨论：

（1）你是否后悔买了你所买的东西？

（2）在拍卖中，你的心情如何？

（3）有没有学生什么都没买？为什么不买？

（4）假如现在已经是人生的尽头，请看看你手上拍卖所得的是什么东西？

（5）他们对你来说有什么意义？

（6）你是否后悔刚才自己争取的太少？

（7）你争取回来的是否是你最想得到的东西？

（8）你是否愿意为了金钱与声望放弃一切？

总结评估：

经过本次活动，让学生更加了解自己真正需要的是什么，是金钱、快乐，还是其他，帮助学生树立正确的价值观。

（二）活动二：一分钟工作联想

活动目标：

通过参加本活动，问问自己未来希望的工作是什么样的，从而更加深入地了解自己真正想要的是什么。

活动流程：

步骤1：拿出一张白纸，在纸上写下"我希望工作……"在1分钟的时间内尽可能多地写下你头脑中所联想到的任何短语。

步骤2：思考：你在工作中寻找的是什么？你判断工作"好"与"坏"的标准是什么？

步骤3：全班分享。

总结评估：

实际上，刚才我们所写的也就反映出我们在工作中寻找的是什么，需要的是什么，这就是我们的职业价值观。

▶ 六、理论知识

（一）生涯体验的内涵

生涯体验是一种生涯历程，它的展开构成了生涯个体独特的生活。每一个生涯个体不仅自身是一个整体，而且还存在于一个更大的世界中，它通过自己的生涯活动与世界发生关系。

生涯体验活动的最终目的在于使学生通过体验活动加深对生命的感悟，了解自己的职业目标，了解社会，掌握必要的生存技能，增强承受挫折的能力，增强适应能力，树立自信心，练就职业技能，培养自我职业意识和责任心，提升合作与协调能力、沟通与公关能力、锤炼良好的心理素质等，进一步认识、感悟生涯的意义和价值，学会关心自我、关心他人、关心社会，从而树立积极的人生观、职业观和人生规划的意识，深入思考自己未来的职业生涯道路。

人生无时不在选择，每个人都必定要在不同的时期作出不同的选择。通过生涯体验活动，让每位学生在体验中感受人生，体验人生不同阶段的抉择。生涯体验过后，希望每位学生都有各自的收获，人生前行的脚步更加坚定。

（二）生涯体验的形式

1. 志愿者活动——西部志愿者

2003年，团中央、教育部、财政部、人力资源和社会保障部根据国务院常务会议和全国高校毕业生就业工作会议精神，联合实施大学生志愿服务西部计划（以下简称"西部计划"），招募一定数量的普通高等学校应届毕业生或在读研究生，到西部基层开展为期1—3年的志愿服务工作，鼓励志愿者服务期满后扎根当地就业创业。

西部计划按照服务内容分为基础教育、服务三农、医疗卫生、基层青年工作、基层社会管理、服务新疆、服务西藏7个专项。

西部计划实施多年来，已累计选派27万余名大学生志愿者到中西部22个省区市和新疆生产建设兵团的2100多个县市区旗基层服务。西部计划实施以来，综合成效明显。作为实践育人工程，西部计划引导具有理想主义情怀的青年人，通过火热的西部基层实践进一步坚定理想信念，锤炼意志品格，升华志愿情怀；西部计划作为就业促进工程，引导和帮助高校毕业生树立正确的就业观，并为他们搭建到西部去、到基层去、到祖国和人民最需要的地方去干事创业的通道和平台；作为人才流动工程，西部计划鼓励和引导东、中部大学生到西部基层工作生活，促进优秀人才的区域流动；作为助力扶贫工程，西部计划以西部计划志愿者为载体推动校地共建，引导高校资源参与到当地的脱贫攻坚工作中。

西部计划是国家重大人才工程"高校毕业生基层培养计划"的子项目，是引导和鼓励高校毕业生到基层工作的五个专项之一。党中央、国务院高度关心西部计划志愿者，高度重视西部计划和研究生支教团工作。习近平总书记曾多次作出批示并给志愿者回信，肯定志愿者们在西部地区辛勤耕耘、默默奉献，为当地经济社会发展、民族团结进步做出了贡献，勉励越来越多的青年人以志愿者为榜样，到基层和人民中去建功立业，让青春之花绽放在祖国最需要的地方，在实现中国梦的伟大实践中书写别样精彩的人生。

除了毕业后参加西部志愿者外，我们也可以作为志愿者参加到世博会、世游赛、进博会、校庆等活动中去，提升自身的能力。校内志愿者活动一般通过公开招募、面试、录取等流程筛选，学生可以积极关注学校志愿者相关公众号等平台。

【案例】 让人生在西部发光

夏同学，机械工程学院机械工程专业，2017年本科毕业后作为西部计划志愿者赴云南省玉溪市通海县团县委开展志愿者工作。

清贫的童年经历使他从小就萌发出一个朴素的愿望：好好读书，长大以后回报社会，回报那些帮助过自己的人。他热爱自己的家乡云南，正是这份浓得化不开的故乡情，让他毅然走上了成为一名建设家乡的基层工作者的道路。在做西部计划志愿者期间，他更加清楚地意识到要从根本上改变村子的落后面貌只能依靠教育，也因此找到了今后的努力方向。他说："我想成为一名人民教师，到偏远的山区，帮助那些渴望成长的孩子们，助他们走出大山，拥抱未来。"

为人朴实内敛的夏同学从来不是一个喜欢张扬的人，他总说自己很平凡，就像是大树上一片不起眼的绿叶。在他的心中，生他养他的家乡就像是这棵大树的根，而他正在乡村小学特岗教师的岗位上，用自己全部的热情与努力来践行着一片绿叶对根的深切情意。

2. 基层服务

（1）大学生村干部

大学生村干部，是指经筛选的专科以上学历应届或往届毕业生，担任村党支部书记助理、村主任助理或其他"两委"职务的工作者。从20世纪90年代中期开始，大学生村干部从无到有，再到快速发展，经历了长时间的积累过程。大学生村干部不是公务员,而是村级组织特设岗位人员。大学生村干部要进入公务员队伍,还必须经过公务员考试。专家指出,当前社会上有些人以为大学生当上村干部就进入了公务员队伍,这是一种误解,但表现优秀、聘期考核合格的大学生村干部,可以享受公务员报考的优惠政策。

(2) 三支一扶

"三支一扶"计划是毕业生基层落实政策,指大学生在毕业后到农村基层从事支教、支农、支医和扶贫工作。计划的政策依据是人力资源和社会保障部2006年颁布的第16号文件《关于组织开展高校毕业生到农村基层从事支教、支农、支医和扶贫工作的通知》,目的在于为高校毕业生到基层单位落实就业问题提供具体的指导和保障。根据人力资源和社会保障部的数据,2019年,全国共招募2.7万名"三支一扶"人员到基层从事支教、支农(水利)、支医和扶贫等服务;2020年是国家启动"三支一扶"计划的第十五年,共有3.2万名高校毕业生投身基层支教、支农、支医和扶贫等工作。

3. 学生会和社团活动

学生会亦称"学生联合会"或"学生委员会",是学校中的组织结构之一,是学生自己的群众性组织,是学校联系学生的桥梁和纽带。学生自觉接受学生会的领导、督促和检查,积极支持学生会的各项工作。学生会的基本任务是遵循和贯彻党的教育方针,促进同学德、智、体全面发展,团结和引导同学成为热爱祖国、适应中国特色社会主义现代化建设事业要求的合格人才;发挥作为党和学校联系同学的桥梁和纽带作用,在维护国家和全国人民整体利益的同时,表达和维护同学的具体利益;倡导和组织自我服务、自我管理、自我教育,开展健康有益、丰富多彩的课外活动和社会服务,努力为同学服务。

社团是全日制注册在籍的学生按照共同兴趣和爱好自愿组成,为实现成员共同意愿,按照其章程,在学生社团发展中心统一指导和监督下开展活动的学生组织。各大高校都有许多社团,这些社团基本涵盖理论学习型、学术科技型、兴趣爱好型和社会公益型四大门类。为了支持学生社团发展以及社团品牌项目建设,许多高校设立社团发展基金并严格规范评选和发放形式,帮助更多的社团扩大活动规模和影响力,推进社团建设,积极打造优秀社团。学生社团成了广大学子自我提高、自我发展的舞台。欣欣向荣的学生社团充分展现了高校学子的蓬勃朝气和青春活力，成为学生成长成才过程中不可或缺的实践平台，为校园文化建设增光添彩。

4. 实习实训

实习实训指的是学生在企业进行与实际工作相关的实习体验。体验的主体是学生，内容是与企业这一社会单元相关及与社会实际工作相联系的所有事物。通过到企业开展实习实训活动，学生可以了解企业文化和价值观，通过亲身参与、认真观察和了解，体验并分析不同企业的管理模式，提高自己的专业素养和综合素质。实习企业一般是由学生自己通过各种渠道应聘，实训一般是由学校组织学生到校企合作的基地进行实践操作训练，或者组织与专业相关的实际操作活动。社会招聘网站、学校就业服务中心网站、学校老师介绍、父母亲戚介绍、校园内的招聘公告等都是获取实训信息的主要渠道。

【案例】

葛同学作为一名共产党员，先后担任学院团委副书记、理论学习社团社长和学院本科生联合党支部副书记，并在大一暑假深入基层前往街道办进行挂职锻炼。她在明确自己本科毕业就工作的目标后，大二开始先后在赛诺菲和联合利华等世界500强企业实习，明晰了意向行业和岗位。在经历了秋招、春招和社招之后，她拿到拜耳、交通银行、国药北京生物等8家企业的录取通知，并最终通过内部转岗入职赛诺菲中央市场部。她认为，只要肯播下种子，就能开出美丽的花朵。

5. 社会实践

为贯彻落实《关于进一步加强和改进大学生思想政治教育的意见》和《关于进一步加强和改进大学生社会实践的意见》精神，高校每年都开展丰富多彩的暑期社会实践活动，引导和激励广大青年学生深入学习贯彻党的理论，在推动科学发展、促进社会和谐的伟大实践中奋发成才，引导青年学生同人民群众紧密结合，在投身改革开放和现代化建设的伟大实践中深入学习实践科学发展观活动，高举中国特色社会主义伟大旗帜，广泛参与共建社会主义和谐社会，构建社会主义核心价值体系，在投身实践、服务社会过程中提高综合素质、实现全面发展。一般社会实践在暑期进行，由指导老师带队，自愿组成实践队伍，奔赴全国各地，为期一周到十天左右。

6. 勤工助学

勤工助学是学生走向社会、积累实践经验、锻炼实践能力的重要途径，也是高校帮困育人工作的重要组成部分，日益成为影响大学文化建设的重要因素。它一方面让学生在学习生活之余通过付出劳动获取一定收入，缓解经济压力，另一方面也发挥着使学生接触社会、锻炼能力、树立正确价值观的作用。

【案例】

　　吴同学来自农村，家里经济不是很宽裕，开学第一天他就告诉自己要开始赚钱，减轻父母负担。通过学校勤助中心介绍，他在学校附近餐厅找了一份勤工助学的工作，每个周末的16：00至20：00，他负责餐厅的端菜和包间打扫工作，高峰时间，经常忙得满头大汗，下班回校后他就埋头复习功课。这样虽然很累，但也很充实。一年坚持下来，吴同学觉得勤工助学不但给了自己一个解决生活困难的机会，更提供给自己一个受教育的机会，教会了自己自信、自强、自立，教会自己学会爱父母、爱师友、爱所有周围的人。

7. 跨文化体验

大学生的跨文化体验活动包括留学、联合培养、异国访学、交换生项目、海外实习、跨文化交际活动、跨国企业实习、国外学者讲座、访谈国外人士或组织等多种方式。

目前，各大高校有很多出国留学的机会，只要认真努力，都可以完成留学海外的愿望。

8. 拓展训练

拓展训练，又称外展训练，是体验式的学习过程，并非体育加娱乐。它是对常规教育的一次全面提炼和综合补充。以体验、分享为教学形式的拓展训练的出现，打破了传统的培训模式，它并不灌输某种知识或训练某种技巧，而是设定一个特殊的环境,让学生直接参与整个教学过程。通过看、听、行动、体验、分享交流与总结相结合的"立体式"培训,以小组讨论、角色模仿、团体互动、脑力激荡等方式让学生切身地感受、体会、领悟。

体验学习

体验和学习是紧密联系且不可分的。从诸多方面看,体验和学习指的是同一件事情,因此,体验和学习实际上是同一思想的同义反复。正如某学者所言:"我们发现,脱离体验谈论学习没有任何意义。体验不能被忽略,它是所有学习的核心思考点。学习源自体验:不论刺激学习的外部因素是什么——教师、材料、有趣的机会——只有当学习者进行了体验,至少某种程度上进行了体验,学习才会发生。只有通过转化学习者的体验,这些外部影响因素才能起作用。"

体验学习是一种以学习者为中心的、从体验和反思中获得进步的学习方式。具体来说,体验学习有以下一些基本特点:

1. 体验学习是一种主体性学习

体验意味着主体的觉醒、心灵的唤醒。凡体验者都有主体意识,那种缺少主体意识的体验是一种"虚假的体验"。体验使知识进入生命领域,真正的体验学习是学习者将客观知识"活化""生命化",或者是将客观知识在个体身上"复活",使其成为个人经验的有机成分,成为"我的知识"。因此,体验学习意味着学生亲自参与知识的建构,亲历过程并在过程中体验知识和情感。

2. 体验学习是一种交往性学习

人都是交往者,体验发生在交互作用、相互交流的过程之中。体验学习实际上是一种交往性学习。例如,人与自然的交往、人与社会(包括人与人)的交往、人与自我的交往,如孤独的心灵体验、内心世界的独白与对话等,总体上表现为物质性交往与精神性交往的统一。

3. 体验学习是一种过程性学习

过程是通往结果的大道，结果是过程的自然到达。学习的旨趣不是先在于结果，而是先在于过程之中。我们去过黄山，强调的是"结果"，我们经历、感受了"黄山"，强调的是"过程"。后者的意义常常大于前者。体验学习是在游泳中学习游泳，在学习中学会学习，是一种强调过程的学习方式。

4. 体验学习是一种个性化学习

美国著名学者维纳·艾莉指出：我们可以把自己的个人知识看成一张认识的"网"，许多想法、感觉、概念、思想和信仰都在这里交织在一起。由此可以说，体验学习实际上是主体根据自己的"理论框架"进行的一种个性化学习方式。它的基本假设是：学生对知识的理解过程并不是简单的"教师传授—学生聆听"的传递活动，学生获取知识的真实状况是学生在亲自"研究""思索""想象"中感悟知识，形成个人化的理解。

5. 体验学习是一种反思性学习

体验需要反思，反思产生问题、探究、创造。古希腊哲学家认为，思维起源于惊奇和怀疑。惊奇是创造之母，怀疑是创造之父。杜威将反思视为"怀疑"和"探究"的一个连续体。维纳·艾莉指出：提问是知识的种子，真正的知识始于问题。诗人但丁说：我爱知识，也爱怀疑。这些论述都为体验学习指明了方向，说明了体验学习与反思学习的密切关系。

6. 体验学习是一种实践性学习

体验离不开实践，体验学习意味着在实践中学习。对学生来说，是通过体验"教学活动"的每一个片段而获得成长；对教师来说，是在教学活动中学习教学。因此，体验学习也是一种实践性学习方式。

7. 体验学习是一种情境性学习

体验学习与情境有关：要根据学习目标、内容和学生的特点创设情境开展教学活动。这个情境可以是真实的，也可以是模拟的。应灵活根据活动情况变化而改变这些环境，以满足不同学习者的需要，让他们通过观察、反思、抽象、概括，把体验运用到新的情境中解决问题。

8. 体验学习是一种内在学习

内在学习是人本主义心理学区别于行为主义外在学习的一种学习理论。马斯洛认为，外在学习是单纯依赖强化和条件作用的学习，其着眼点在于灌输而不在于理解，属于一种被动的、机械的、传统的教育模式。体验学习反对外在学习，青睐内在学习，是一种依靠学生内在驱动、充分开发潜能、达到自我实现的学习，是一种自觉的、主动的、创造性的学习方式。

资料来源：浦解明、宋丽贞主编：《大学新生生涯导航》，现代教育出版社 2012 年版。

思考题

请选择一项你认为有意义的体验活动，例如，参加志愿者义工服务、参加社团活动、与家人一起出游、体验拓展活动、探访企业……请发挥创意，不拘任何形式（文字、照片、作品……），将它做成纪录片，与大家分享你的收获与成长体会。

第二节　创　业　体　验

▶ 一、导语

大白若辱，大方无隅，大器晚成，大音希声，大象无形。

——《道德经》

这句话寓意宏大的形象一般看不出棱角，伟大的人才一般成熟较晚，宏大的音律听上去往往声响稀薄，宏大的气势景象似乎没有一定之形，即越好的音乐越悠远潜低，越好的形象越缥缈宏远，越是大的成就往往越穿透悠远，越是大的气度往往越包容万物。创业也是如此，其核心竞争力应该是包罗万象的。

二、思维导图

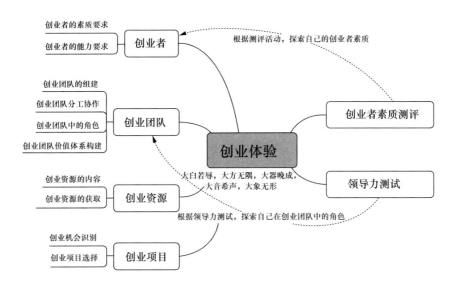

三、学习目标

让学生了解创业者需要具备的素质和能力，学会组建创业团队并进行合理分工，掌握如何发现和获取创业资源，寻找商业机会和创业项目，对商业的核心竞争力有整体认识。

四、课程导入

来自河南省新蔡县贫困农村的田同学，通过刻苦学习收获了属于自己的进步与成绩。他是一名党员，也是一名用视频技术传播时代文化的新时代青年，作为学校旭日风文化传媒中心主任和 sunshine 微课工作室学生负责人，创作了 60 多个文化传媒视频作品，并带领团队获得了第一届上海市大学生总体国家安全观主题微影视作品征集展示活动优秀作品奖。他是一名创业实干家，踏实肯干的同时在创作过程中培养创新能力，获得上海市和全国大学生创新创业项目立项，并成立文化传媒有限责任公司，为自己的人生开启新的篇章！

五、教学活动

（一）活动一：创业者素质测评

活动目标：

通过测评活动，引导学生探索自己的创业者素质，掌握自身特点。

活动流程：

步骤1：让学生在心态放平的情况下，根据自己的实际情况，回答"是"或"否"。

步骤2：根据评分标准计算得分，并查看测评结果。

步骤3：根据测评结果，思考自己的创业者素质。

1. 测评题目

（1）你在学校是个成绩优异的学生吗？

（2）你在学生时代是否喜欢参加集体活动？

（3）你在少年时是否常常喜欢独处？

（4）你在童年时是否做过报童，或帮人做过小生意？

（5）你儿时是否很倔强？

（6）你少年时是否很谨慎，在活动时是否喜欢最后上场？

（7）你是否在乎别人对你的看法？

（8）你是否对每天都一样地例行工作感到厌倦？

（9）你会孤注一掷经营生意，即使亏本也在所不惜吗？

（10）你的新事业失败了，是否会立即另起炉灶？

（11）你是否属于乐天派？

2. 评分标准

（1）是：+4，否：-4

（2）是：+1，否：-1

（3）是：+1，否：-1

（4）是：+2，否：-2

（5）是：+1，否：-1

（6）是：+4，否：-4

（7）是：+1，否：-1

（8）是：+2，否：-2

（9）是：+2，否：-2

（10）是：+4，否：-4

（11）是：+1，否：-1

3．测试结果

请把各题的得分加起来，用总得分与下面的分析相对照。

19—23 分：表明你已具备了成为创业家的一切特质。

11—18 分：表明你自行创业成功的机会很勉强。

11 分以下：表明你不具备创业能力，不是这方面的人才。

总结评估：

测评结果不代表一切，但可以帮助我们更好地了解自己的创业者素质，在创业的道路上越走越远。

（二）活动二：领导力测试

活动目标：

让学生了解自己的领导才能，清楚自己倾向于领导者还是追随者。

活动流程：

步骤 1：让学生在心态放平的情况下，根据自己的实际情况，回答"是"或"否"。

步骤 2：根据评分标准计算得分，并查看测评结果。

步骤 3：根据测评结果，思考自己的领导才能。

1．测评题目

（1）别人请你帮忙，如果有能力做到，你很少拒绝吗？

（2）为了避免与人发生争执，即使你是正确的，你也不愿发表意见吗？

（3）你循规蹈矩吗？

(4) 即使不是你的错，你也经常向别人说抱歉吗？

(5) 如果有人取笑你身上的衣服，你会再穿它吗？

(6) 你永远走在时尚的前列吗？

(7) 你曾经喜欢穿那种好看却不暖和的衣服吗？

(8) 你对反应迟钝的人缺少耐心吗？

(9) 你曾经让对方觉得不如你吗？

(10) 你曾经激烈地指责电视上的言论吗？

(11) 你习惯于坦白自己的想法，而不考虑后果吗？

(12) 你是个不乐意忍受别人缺点的人吗？

(13) 与人争论时，你总爱占上风吗？

(14) 你总是让别人替你作重要的决定吗？

(15) 你不喜欢标新立异吗？

2．评分标准

答"是"得1分，答"否"为0分。

3．测试结果

请把各题的得分加起来，用总得分与下面的分析相对照。

11—15分：说明你是个标准的追随者，不适合当领导，你喜欢被动地听人指挥。在紧急的情况下，你多半不会主动带领群众，但你很愿意跟大家合作。

5—10分：说明你是个介于领导者和追随者之间的人。你可以随时带头或指挥别人该怎么做，不过，因为你的个性不够积极，冲劲不足，所以常常扮演主要追随者的角色。

5分以下：说明你是个天生的领导者，你的个性很强，不愿接受别人的指挥。你喜欢指挥别人，如果别人不服你的话，你就会变得很叛逆，不肯轻易服从别人。

现场提问及讨论：

(1) 你觉得自己是领导者还是追随者？

(2) 你认为测试的结果正确吗？

总结评估：

不同的学生有不同的特性，挖掘每位学生的能力，无论是领导力还是执行力都是能力的一种。通过游戏能够让学生更加了解自己。

▶ 六、理论知识

加强创业教育，保护创业环境，构建高校学生自主创业扶持体系，已经成为各国教育领域和社会发展领域的共识。尽管我国高校学生自主创业以及高校创业教育还处于起步阶段，并没有成为社会的主流意识，但它在贯彻落实科教兴国、人才强国战略，缓解日益严峻的高校学生就业压力，推进不同地区经济建设等方面具有不可忽视的积极意义。因此，党和国家有关部门对高校学生自主创业给予了相当高的关注。党的十七大报告更是把建设创新型国家放在了突出重要的位置上。

教育部在《关于大力推进高等学校创新创业教育和大学生自主创业工作的意见》中指出："在高等学校开展创新创业教育，积极鼓励高校学生自主创业，是教育系统深入学习实践科学发展观，服务于创新型国家建设的重大战略举措；是深化高等教育教学改革，培养学生创新精神和实践能力的重要途径；是落实以创业带动就业，促进高校毕业生充分就业的重要措施。"政府高度重视高校创新创业教育活动的开展，坚持强基础、搭平台、重引导的原则，打造良好的创新创业教育环境，优化创新创业的制度和服务环境，营造鼓励创新创业的校园文化环境，着力构建全覆盖、分层次、有体系的高校创新创业教育体系。

创业活动中的核心竞争力主要包括创业者、创业团队、创业资源、创业项目。

（一）创业者

创业者是指创业活动的推动者，或者是活跃在企业创立和初创企业成长阶段的企业经营者。

1. 创业者的素质要求

成功的创业者是否拥有某种天生的"创业基因"？创业者应当具备哪些特殊的能力？创业素质和能力是天生的还是可以经过后天培养的？创业研究者们从心理学、社会学等角度，对成功创业者所具备的基本特征进行了分析研究。

根据我国的创业环境，创业者的基本素质包括创业意识、心理品质、创业能力和知识结构等要素。这些要素中，每一项均有其独特的地位与功能，任何一个要素发生变化或残缺不全，都会影响其他要素的形成和发展，影响其他要素的功能和作用的发挥，乃至影响创业的成功。因此，一个成功的创业者，不仅要注意在环境和教育的双重影响下培养自己的"创业素质"，而且要重视其整体结构的优化，在创业实践中不断提高自己的创业素质。

（1）文化知识丰富。在竞争日益激烈的今天，单凭热情、勇气、经验或只有单一的专业知识，要想成功创业是很困难的，创业者要发挥创造性思维，要作出正确决策，必须有广博的知识，具有一专多能的知识结构。具体来说，创业者应该充分了解、掌握国家的有关政策、法规，做到用足、用活政策，依法行事，用法律维护自己的合法权益；了解科学的经营管理知识和方法，提高管理水平；掌握与本行业、本企业相关的科学技术知识，依靠科技进步增强竞争能力；具备市场经济方面的知识，如财务会计、市场营销、国际贸易、国际金融等知识；具备一些有关世界历史、世界地理、社会生活、文学、艺术等方面的知识。

（2）心理素质好。所谓心理素质是指创业者的心理条件，包括自我意识、性格、气质、情感等心理构成要素。作为创业者，其自我意识特征应为自信和自主；其性格应刚强、坚忍、果断和开朗；其情感应更富有理性色彩。成功的创业者大多是不以物喜、不以己悲的，成功时不沾沾自喜、得意忘形；遇到困难、挫折和失败时不灰心丧气、消极悲观。

（3）强健的体魄。创业是一项繁重和复杂的工作，创业者对健康风险要有充分的准备。创业者工作繁忙，压力大，如果身体不好，必然力不从心，难以承受创业重任。因此，创业者无论在什么情况下，都要培养一种积极乐观的心态、宽广坦荡的胸怀，要力争做到身体健康、体力充沛、精力旺盛、思路敏捷。

（4）坚持不懈，接受失败。创业是一个充满不确定性与风险的过程，只有拥有坚定不移的信心、坚持不懈的毅力，才能战胜别人认为不可逾越的困难。经历一次又一次的失败而决不放弃是创业者的主要行为特征，在创业领域没有任何捷径可走，只有专心致志和坚持不懈的人，才能克服在通往目标的道路上所遇到的危机和障碍。

（5）敢冒风险，抓住机遇。在市场经济大潮中，机会与风险共存，创业者要具备评估风险程度的能力，具有驾驭风险的有效方法和策略。成功的创业者会把机遇作为支点，通过对机遇的把握，规划企业的发展方向，在寻找机会的过程中，他们目光敏锐，目标明确，对目标的设定既高于现实，又努力可及，从而能够集中精力瞄准机遇，有所取舍，知道何时应该拒绝机会，何时应该把握机会。创业会遇到诸多风险和不确定成本，这种挫折和付出是不可避免的，创业过程不是赌博，创业者不是"专注于风险"，而是"专注于机遇"，成功的创业者需要细心且善于分析，选择那些成功的可能性大而失败的可能性小的目标。

（6）善于交流。在创业道路上，必须摒弃"同行是冤家"的狭隘观念，学会合作与交往，创业者要通过语言、文字等多种形式与周围的人进行有效的交流与沟通，提高办事效率，增加成功的机会。在创业过程中，需要与客户打交道，与公众媒体打交道，与外界销售商打交道，与企业内部员工打交道。这些交往、沟通可以排除障碍，化解矛盾，降低工作难度，增加信任度，有助于创业的成功。

（7）克服盲目冲动和私利欲望。创业过程中，创业者要善于克制，防止冲动。克制是一种积极、有益的心理品质，它可使人积极有效地控制和调节自己的情绪，使自己的活动始终在正确的轨道上进行，不会因一时的冲动而引起缺乏理智的行为，创业者在创业过程中要自觉接受法律的约束，合法创业，合法经营，依法行事；自觉接受社会公德和职业道德的约束，文明经商，诚实经营，互助互利，当个人利益与法律和社会公德相冲突时，要能克制个人欲望，约束自己的行为。

（8）树立危机意识。常言道，人无远虑必有近忧。一个企业如果没有危机意识，迟早会垮掉；一个人如果没有危机意识，难免有一天会遭受挫折。未来是不可预测的，而人也不是天天都走好运的。创业者要有危机意识，在心理上及行动上有所准备，以应付突如其来的变化。

2．创业者的能力要求

创业者在创业初期，应该从自己熟悉的行业中选择项目，也可借助他人，特别是雇员的知识技能来办好自己的企业，但如果能从自己熟知的领域入手，就能避免"外行领导内行"的尴尬，大大提高创业的成功率。

（1）专业技术能力

专业技术能力是指具备一定的知识，熟悉专业范围内的方法、程序、工艺和技术，运用专业技术的能力。它包括专业知识和专业技能。专业知识是指从事某一专业工作所必须具备的知识，一般具有较为系统的内容体系和知识范围。掌握专业知识是培养专业技术能力的基础。专业技能包括智力技能和操作技能。智力技能是在大脑内部借助于内部语言，以缩简的方式对事物的映像进行加工改造而形成的。操作技能是由一系列外部动作构成的，是经过反复训练形成和巩固起来的一种合乎法则的行动方式。

创业者应具备的专业技术知识主要体现在以下三方面：

首先，所办企业中主要岗位的必备从业知识。

其次，与所办企业经营方向有关的新技术、新知识。

最后，把环保、能源、质量、安全、经济、劳动等知识和法律、法规运用于行业实践中的能力。

（2）经营管理能力

在现代社会中，经营管理能力为人的生存和发展提供了较好的条件，同时，也能促进形成人、财、物、时间、空间的合理组合。经营管理能力直接关系到创业活动的效率和成败，因此管理也是生产力。

首先要善于经营。成功的创业者，不仅要有果敢的开拓精神，还必须精通经营之道，熟悉市场行情，了解和掌握生产经营活动的内容、策略和手段。掌握信息要及时准确，对比选优要多设方案，不同意见要兼收并蓄；要懂得市场经营策略、销售策略、定价策略，熟悉生产经营的组织和管理等。

其次要善于管理。所谓管理，就是根据企业的内在活动规律，综合运用企业中的人力资源及其他资源，从而有效地实现企业目标的过程。善于管理，必须了解生产环节，掌握管理的窍门，精通经营核算，做好生产过程的组织、生产计划的编制、生产的调度、产品的质量控制等。

再次要善于用人。在生产力的诸要素中，人是最活跃的要素，也是企业能否发展的决定性要素。善于用人，就能调动人的积极性，使人尽其能、人尽其才，使个人的长处得到充分的发挥。要做到善于用人，必须统一指挥，权责相配，建立规章，民主管理，还必须论功晋级，按劳取酬。

最后要善于理财。创业者从事生产经营，要获得利润，就必须善于理财。理财是对资金运动过程进行正确的组织、指挥和调节，保证生产活动顺利进行，从而减少劳动和物质资源的耗损，降低产品成本，提高资金利润率的重要环节。不言而喻，善于理财能使资金增值，提高经济效益，这是创业成功的重要保证和标志。

（3）综合能力

一是学习能力，包括逻辑思维能力、综合应用能力、分析比较能力、归纳总结能力、阅读理解能力和口头表达能力等。

二是驾驭信息能力，即对信息的获取、分析、加工、处理、传递的能力，是理解和活用信息的能力。

三是激励员工能力，包括目标激励、评判激励、榜样激励、荣誉激励、逆反激励、许诺激励、物质激励。

四是应变能力，就是灵活机动，锐意创新，能根据社会的变化和市场上新的需求，迅速采取相应对策的能力。

五是独立工作能力，包括独立思考能力、组织决策能力、自我控制能力、经营管理能力、承受挫折能力、人际交往能力以及在市场经济条件下的竞争能力等。

六是开拓创新能力，创新意识主要由好奇心、求知欲、竞争力、灵感，以及个人求发展的动力等心理因素和创造性思维、独立性思维等因素组成。

七是社交能力，指学会认识人际关系，正确理解人际关系，培养良好人际关系的能力。

（二）创业团队

创业团队是指由两个或两个以上具有一定利益关系的、彼此间通过分享认知和合作行动以共同承担创建新企业责任的、处在初创企业高层管理位置的人共同组建形成的有效工作群体。具体特点包括：创业团队的工作绩效大于所有成员独立工作绩效之和；创业团队对企业成功具有重要的价值；创业团队是高层管理团队的基础和最初组织形式。

1. 创业团队的组建

组建团队，可以让大家的利益汇聚到共同的地方，形成坚强的利益共同体，凝结强大的团队力量。

对于创业团队的组建，应注意以下几点：

（1）技能或背景互补

从人力资源管理的角度看，建立优势互补的创业团队是保持创业团队稳定的关键，在创建一个团队的时候，不仅仅要考虑相互之间的关系，最重要的是考虑成员之间能力或技术上的互补性。从创业资源的角度看，在引进不同背景的创业人员的同时，也引进了不同的人际网络。

（2）理念和愿景统一

创业过程充满艰辛和风险。成员的个人目标要与企业的愿景一致，即认同团队的努力目标和方向，也就是对企业文化的认可。创业团队成员需要拥有共同的价值观，把个人目标整合到组织目标中，增强团队的凝聚力。一个好的领导者就像是一个好的创业家。创业家在一个新创的事业中，常常需要创造远景，及时与大家沟通。一个相互间有默契的团队，能够比一般的团队更有弹性，具有更快速解决问题的能力，而沟通过程贯穿始终。

（3）经济利益划分合理

虽然最初引导创业者走到一起的力量可能是信念或友谊，但长久凝聚创业者的是利益，特别是在企业规模扩展后。任何成功的创业团队都必须处理好利益分配问题。利益分配对象可以是当前企业所得利润，如利润分红、年终奖金等;也可以是未来企业经营的预期收益,如上市分享股权等。利益分配需要测算好合理的再投入比例,也要设计创业团队成员之间合理的分配比例。

(4)管理权力恰当分享

除了经济利益,有些创业者也希望通过创业体验自主决策、运筹帷幄的管理乐趣。因此,分享管理权力也是团结创业者的重要途径。在分享权力的同时,创业团队成员也共同担负了企业的责任,形成更多的共同创业体验,有助于彼此的沟通。企业的管理权力可以按照不同业务类型划分为人力资源管理、财务管理、采购物流管理、营销战略管理等;也可以按照经营的区域划分,如华南大区、广东分区、广州片区逐层分解。相对而言,初创的小微企业如果业务拓展速度很快、销售范围很广,可以采用按照区域划分的方式,便于创业者因地制宜,开展经营活动。

2. 创业团队分工协作

在新创的企业中,创业者与雇用的员工都是刚刚走到一起,彼此之间的信任还未建立,也缺乏深入的了解,就像一粒粒松散的沙子,而新创的企业又面临诸多困难,难免会发生各种摩擦。为了使企业运转顺利、创业成功,此时的创业团队管理就要强调分工协作,达到聚沙成塔的作用。

(1)明确岗位职责

管理企业如同行军打仗,兵马粮草各司其职才能排兵布阵,战无不胜。初创企业与平稳运转的企业不同,可能因为业务较少,人员也较少,经常出现一个人身兼数职的情况,这并不影响岗位职责的确立。企业应按照不同的工作内容,区分不同的岗位应做什么工作、承担什么责任、达到什么样的标准。划分清楚了,再确定由哪些人员担负哪些岗位职责。这样,等工作规模扩大新的人员加入后,便可以陆续分担其中的一些岗位职责,实现岗位顺利的分化。

(2)梳理运作流程

岗位和岗位之间的工作怎样衔接呢?这就需要详细梳理企业内部运作流程,区分各种工作步骤、执行条件、完成质量标准等。国际上企业管理最通行的做法是按照国际标准化组织(ISO)的有关质量认证要求,完善内部管理制度。如生产型企业,需要拟定标准化操作文件,用明确的工作流程图确定相应工作质量要求。新创企业可参考业内已通过 ISO 认证的企业的相应流程把核心业务流程梳理好。

（3）制定管理制度

创业团队的分工协作靠的不仅是创业之前拟订的创业计划，还需要制定有关企业运转的详尽制度。创业团队如果注册了合伙企业的形式，则应在合伙协议的基础上进一步细化合作的方式，约定好每位创业团队成员的职责义务、权力范围、工作的具体流程以及应达到的水准，团队成员的行动如何相互配合，如果出现计划外情况，应启动何种应急机制等。除此之外，还应制定企业内部工作纪律、财务制度、分配机制等。如果创业的项目属于高科技类型，还应特别注意知识产权的相关保护制度。当然，创业之初由于经营活动还不稳定，企业的运转常常也是不规律的，无法一下子完善内部管理制度。但是，创业团队应有意识地向着这一方向迈进，出现问题不要畏难，成员之间认真地沟通，了解问题出在哪里，制定合理的制度，避免问题再次出现。

3. 创业团队中的角色

创业团队中，通常有九种角色，各角色在团队中的特征和作用如表 7-2 所示。

表 7-2 团队角色的特征和作用

类型	角色	特征	在团队中的作用
谋略导向	审议员/监督者	优点：理智谨慎，判断力和分辨力强，讲究实际 缺点：缺乏鼓动和激发他人与自己的能力	分析问题和情境；对繁杂的材料予以简化，并澄清模糊不清的问题；对他人的判断和作用作出评价
	专家	优点：主动自觉，全情投入，能够提供不易掌握的专业知识和技能 缺点：能够做出贡献的范围有限，沉迷于个人兴趣	提供专业建议
	智多星/创新者	优点：思维活跃，想象丰富，知识面广，具有创新精神 缺点：高高在上，不重细节，不拘礼仪	提供建设性意见；提出批评并有助于引出相反意见；对已经形成的行动方案提出新的看法

(续表)

类型	角色	特征	在团队中的作用
人际导向	协调者	优点：沉着自信，看待问题比较客观，拥有控制局面的能力 缺点：在创造力方面稍逊一等	协助明确团队目标和方向；帮助确定团队中的角色分工、责任和工作界限
人际导向	凝聚者	优点：擅长人际交往，温和，敏感，有较强的环境适应能力和团队凝聚能力 缺点：危急时优柔寡断	给予他人支持与帮助，扭转或克服团队中出现的分歧
人际导向	外交家/信息者	优点：外向热情，好奇心强，人际关系广泛，消息灵通 缺点：兴趣转移快	提出建议，并引入外部信息
行动导向	执行者	优点：保守，务实可靠，勤奋 缺点：缺乏灵活性，对没把握的主意不感兴趣	将计划转换为实际步骤
行动导向	完成者	优点：勤奋有序，有紧迫感，理想主义 缺点：拘泥于细节，容易焦虑，不洒脱	强调任务的目标要求；查漏补缺，督促他人完成
行动导向	鞭策者	优点：思维敏捷，开朗，主动探索，有干劲，爱挑战 缺点：好激起争端，爱冲动，易急躁	寻找和发现方案，推动团队达成一致意见，并朝向决策行动

（三）创业资源

创业资源，顾名思义，就是用于支持创业者进行创业活动的资源，只要是对创业项目和创业企业发展有所帮助的要素，都属创业资源的范畴。创业资源是初创企业在创造价值的过程中需要的特定资源，包括有形资源和无形资源，它是初创企业创立和运营的必要条件。创业资源无论是否直接参与企业的生产，它的存在都会对创业绩效产生积极的影响。

1. 创业资源的内容

创业资源包括人力资源、创业资金、销售渠道、技术支持、市场信息等。从存在形态看，可以把创业资源分为有形资源和无形资源。有形资源包括人力资源、资金资源、物质资源、技术资源；无形资源包括信息资源、人脉资源、信誉资源。

(1) 有形资源

一是人力资源，是所有资源里最宝贵的资源，它不仅包括创业者及创业团队的知识和经验等，还包括团队成员的专业智慧、判断力、视野和愿景。其中，创业者又是人力资源中最重要的组成部分，因为创业者自身拥有的资金技术、经验、才能和社会关系网等一系列初始资源往往决定着企业的方向和发展。对高素质人才的引进，也成为企业可持续发展的关键要素。

二是资金资源，是推动创业活动不断前行的"燃料"，就好比初创企业这辆"车"所使用的汽油，车没油就开不动了。企业在不同的发展阶段需要不同规模的资金，一般来说，初创期的资金投入可以相对少些。这就要求创业者精算启动资金，筹集"刚需"的资金即可。"资金储备越多越好"的想法是不可取的，要避免增加无谓的融资成本。

三是物质资源，是创业和企业经营所需要的物质和场地，如房屋、建筑物、设施、机器和办公设备、原材料等。在需要的情况下，物质资源也可作为抵押品向银行申请融资，补充紧缺的资金需求。

四是技术资源，是初创企业在市场竞争中的一把利器。技术资源包括关键技术、制造流程、作用系统等。要成为真正的创业者，仅依靠一个商业上的想法是很难融资的，拥有自己的核心技术才更容易得到投资者的青睐。技术资源决定了企业能提供哪些产品或服务，能实现人们哪些需求。

(2) 无形资源

一是信息资源，是对创业企业有所帮助的所有信息，包括市场信息、行业信息、项目信息、政策法规信息等。信息资源是企业发展重要的战略性资源，是企业各项经营活动的支柱和参照，维系着企业的生存和发展。从创业前的项目选择和商业决策到企业创立后的策略制定和运营管理，都需要收集大量的相关信息作为决策的依据。

二是人脉资源，是创业者构建起来的人际网络或社会网络，它在创业之初尤为重要。重要的人脉资源包括同学资源，同学之间因为接触比较密切，彼此了解，友谊一般都较可靠，是应该珍惜的资源；同乡资源，同乡来自共同的地方，有相同的语言、生长环境和生活饮食习惯，更容易有共同语言，而且"同在异乡为异客"，会产生一种惺惺相惜的情感，更愿意相互帮忙；战友资源，一起当过兵，接受过严格的军事管理后，战友之间相互信任，拧成一股绳，有困难的时候，战友们都愿意伸手援助；等等。

三是信誉资源，是社会人群对企业感觉的体现。信誉可以存在于产品层面和公司层面。产品层面的信誉以品牌忠诚度的形式呈现，消费者对品牌的忠诚度是企业可持续发展的有力保障。比如，苹果公司一出新的电子产品就会受到"果粉"们的热捧。公司层面的信誉则表现为企业的社会形象，一个好的社会形象能推动企业快速发展。

2．创业资源的获取

（1）创业资源的获取途径

获取创业资源的途径分为市场途径和非市场途径两大类。当创业所需要的资源拥有活跃的交易市场时，可以采用市场交易的途径；其他情况下则采用非市场交易的途径。

通过市场途径获得资源的方式包括购买、联盟和并购等。购买是指利用资金通过市场购入的方式获得资源。联盟是指通过联合其他组织，对一些单凭一方难以开发的资源实行共同开发。并购是指通过股权收购或资产收购，将企业之外的资源转化为企业内部资源的交易方式。比如，联想集团当年并购IBM的PC业务，IBM中PC部门的资源就被转化为联想的内部资源。

非市场途径获取资源的方式主要有资源吸引和资源积累。资源吸引指初创企业利用描述企业愿景的商业计划或利用创业团队的声誉来获得物质资源（厂房、设备）、技术资源（专利、技术）、资金资源（投资）和人力资源（有经验的员工）。资源积累指利用现有资源通过企业内部培育形成所需的资源。它主要包括自建企业的厂房、装置、设备，在企业内部开发新技术，通过培训来增强员工的业务水平等。

（2）创业资源的获取模式

不同创业者自身具备的条件不同，其获取资源的模式也会有所不同。典型的创业资源获取模式有技术驱动型、人力资本驱动型、资金驱动型。

第一，技术驱动型的资源获取模式。技术驱动型指的是创业者最先拥有技术资源，或者是技术资源较为充裕，由此带动其他资源向企业聚集。在该模式下，创业者以其拥有的核心技术为基础，围绕技术开发的需要获取、整合和利用资源。

第二，人力资本驱动型的资源获取模式。人力资本驱动型指的是创业者以拥有的团队为基础，围绕发挥团队特长或创业机会开发的需要来获取、整合和利用资源。

第三，资金驱动型的资源获取模式。资金驱动型指的是创业者最先拥有资金，或者是资金资源较为充裕，由此带动其他资源向企业聚集的资源获取模式。在该模式下，创业者以其拥有的资金为基础，围绕寻找与资金相匹配的项目，进而对其进行开发来获取、整合和利用资源。

（四）创业项目

优秀的创业项目是创业成功的关键因素，是核心竞争力之一。创业之前，每个创业者都必须对市场作一个综合考察并进行清晰的分析，时刻注意市场上最细微的发展变化，抓住商机，选好项目，确定行动计划，然后有目标、有步骤地实现创业愿景。

1. 创业机会识别

创业难，发掘创业机会更难。有一些人将创业点子的产生归因于机缘巧合，即"无心插柳柳成荫"。然而，所谓的机缘巧合或第六感的直觉，主要还是因为创业者在平日培养出侦测环境变化的敏锐观察力。发掘创业机会的做法，大致可归纳为以下六种：

第一，分析矛盾现象。例如，金融机构提供的服务与产品大多只针对专业投资大户，但占有市场七成资金的一般投资大众未受到应有的重视。这样的矛盾，显示出提供一般大众投资服务的产品市场必将极具潜力。

第二，分析特殊事件。有时，一些突发的事件反而会带来创新的机遇，所谓"塞翁失马，焉知非福"。例如，美国一家高炉炼钢厂因为资金不足，不得不购置一座迷你型炼钢炉，而后竟然出现后者的获利率要高于前者的意外结果。再经分析，才发现美国钢铁市场结构已产生变化，因此，这家钢厂就将往后的投资重点放在能快速反映市场需求的迷你炼钢技术上。

第三，分析作业程序。福特T型车的成功，在于福特先生偶然看到的底特律乡下屠宰场的吊装分割，并从中得到启发。在这之前的汽车生产与组装是车不动人动，几名熟练的技工围着一辆车敲敲打打。福特先生研制了一种类似屠宰场的悬空吊链，改为人不动车动，半成品的汽车沿着吊链滑行，每完成一道工序，吊链吊着汽车往前滑行一段距离。这种改革将高级技工的经验分解，每人只需负责一小部分，员工培训成本减少，同时生产效率提高，使得T型车的成本大幅度下降，并最终催生了汽车轮子上的美国。T型车的生产模式后来被形象地比喻为流水线，影响了美国及全球工业生产模式。

第四，分析产业与市场结构变迁的趋势。例如，在交通、电信、能源产业中发掘创业机会。虚拟运营商正是因为电信技术更新、发展和用户对于电信业务需求的不断增加及电信业务种类的激增，导致电信运营商角色改变而出现的。虚拟运营商的出现，改变了以往电信运营的模式。

第五，分析人口统计资料的变化趋势。例如，单亲家庭快速增加、妇女就业风潮、社会老龄化、教育程度的变化、青少年国际观的扩展等，必然提供许多新的市场机会。

第六，分析价值观与认知的变化。例如，人们对于饮食需求认知的改变，造就美食市场、健康食品市场等新兴行业。

2. 创业项目选择

当创业者初选了创业项目之后，不要忘记还有一个重要的环节——市场调研。通过详尽的市场调研，就可以对创业项目的市场潜力有一个相当的了解。然后再结合其他因素，对创业项目进行一次严格的商机评估。

商机评估是项目可行性调研的重要环节，并不是我们喜欢什么，就可以做成什么。任何一个创业项目的成功，都不是偶然的。创业者必须考量：我的产品或服务会被市场接受吗？顾客会信赖我的产品吗？市场上是不是早已存在很多强劲的竞争对手？谁在为我的目标顾客提供着同样的产品和服务？

如图 7-1 所示，商机评估包括以下四个主要部分：自身条件评估、市场需求分析、盈利模式探讨和竞争优势研究。

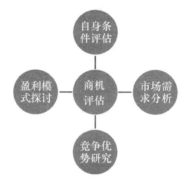

图 7-1　商机评估的四个主要部分

其中，市场需求分析是选择创业项目的关键内容，也是一个创业者必须学会的经营企业的第一步。任何成功的企业都是以市场需求为导向的，任何有市场的产品都是可以满足顾客某种需求的，所以企业的产品最终由顾客来决定，没有需求就没有市场前途。图 7-2 所示为市场需求分析的考虑因素。

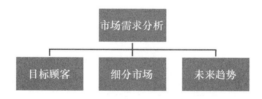

图 7-2　市场需求分析的考虑因素

找到了市场需求就找到了利润之源，找出你的目标顾客，即你的产品要卖给谁，顾客的利益是你行动的唯一指南。然后再根据地域、文化、年龄、消费者偏好以及宗教等社会因素细分市场，并分析目标群体和市场容量，判断未来趋势，最终确定创业项目。

校园内创业，可以获得哪些资源？

在国家的号召下，许多高校大力培养学生的创新精神，如火如荼地开展创业教育。越来越多的学生对创业跃跃欲试，其中在校园内创业是比较常见的创业形式。那么校园内创业，创业者可以获得哪些资源呢？

一、项目资源

在校园中寻找创业项目很常见，毕竟大学校园就像一个小社会，创业项目就在校园生活中。比如，从改善校园生活方面着手，大学宿舍只能自己烧水喝，但有时天气热想喝凉水就只能烧开水后放凉了再喝。于是有人就想到如果自己出售桶装水，需求应该很大，这个项目具有可行性。

二、团队资源

像电影《中国合伙人》一样，成功的创业离不开一支优秀的创业团队。组建创业团队，需要找到与自己有共同的创业理想并为之努力奋斗的伙伴。在校园里找伙伴比在社会上找相对容易得多。在校园里找合伙人的优势在于大家都是学生，很少会有居心不良等负面情况发生；而且大学特别是综合性大学开设的专业比较全面，容易根据需要选择相应专业的伙伴；此外，团队成员的年纪差不多，沟通起来比较顺畅，融合比较快。而在社会上找合伙人会因为你不了解别人的真实情况，不知道要找你合作的人是否真有和你一起拼搏的打算而出现分歧，这样的团队存在较高的散伙风险。

三、导师资源

与其他创业最大的不同是，校园内创业可以免费得到老师的指导。在崇尚创新创业的氛围下，不仅是学生，大学教师也会投身去学习创业教育、研究创业、实践创业。他们非常乐意去指导学生开展创业。通过老师的指导，学生的创业计划通常会更加完善，特别在学生比较容易忽略的相关法律风险防控、商业模式优化等方面。当创业过程中遇到困难时，不管是技术方面、资金方面、运营方面还是其他方面，都可以咨询老师的意见，一起寻找解决的办法。导师资源就在校园，能否利用好，就要看你是否主动了。

四、场地资源

现在很多大学都开设了类似于创业基地、创业园等创业活动场所。这些创业基地、创业园通常是为创业学生提供办公的地方，有些学校免费提供给创业学生，有些学校收取低价的租金。别小看学校提供的场地，试想若是在校外找一个办公室，在房租不断攀升的情况下，租金必然成为一笔较大的花销。

五、资金资源

学校提供资金的方式可以是直接的，也可以是间接的。比如，学校本身设立了学生创业基金的，只要创业项目符合其设定的范围和条件，那么就比较容易申请到创业的启动资金。还有一种间接的方式，即学校老师指导创业团队参加一些创业比赛获取风投或是申报一些创业实践项目获得发展基金。

六、活动宣传

校园内创业还有一个低成本营销的优点。创业者可通过校园各式各样的学生活动，依托其中的影响力来宣传推广自己的项目产品，除了能节省成本外，还能快速地提升企业的知名度。

资料来源： 刘淑慧、严军主编：《大学生创新创业教程》，北京大学出版社2020年版。

思考题

1. 如果将唐僧师徒四人比喻为一个创业团队，你认为他们分别代表什么角色？

2. 对于校园文化创意产业来讲，校内有哪些资源可以积极发掘？

第八章 修齐治平——家国天下

第一节 国家引导性就业

一、导语

先天下之忧而忧,后天下之乐而乐。

——《岳阳楼记》

青春是天边的虹,转瞬即逝;青春是清晨的雾,朦胧含蓄;用青春去追梦,当青春退去稚嫩,这个梦是什么?青春的梦,一定是关乎国家和民族的中国梦,到现代化建设的第一线去,到基层和艰苦的地方去,到祖国最需要的地方去,这就是最美的青春,最美的中国梦!

二、思维导图

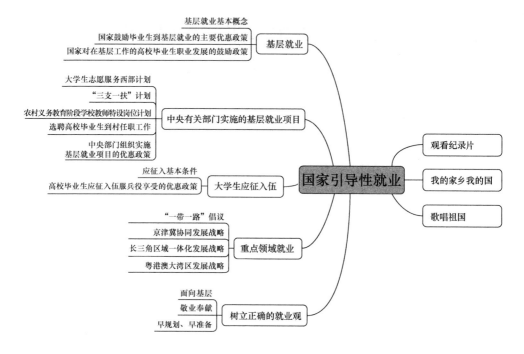

三、学习目标

让学生初步了解基层就业的概念、了解国家及地方基层就业政策，树立正确的就业观，引导学生将"小我"融入"大我"，在为祖国和人民奉献中实现自身的价值。

四、课程导入

每年毕业季，总有一些学生换上奋斗的新装，他们扎根基层，描绘一段又一段别样的青春。

黄同学，学习刻苦，成绩名列前茅，积极参与社会实践，在求职中，她义无反顾地选择回到家乡，她认为，家乡很需要自己学有所成回去贡献力量，她签约内蒙古航天红岗机械有限公司，在这里她将为家乡、为祖国的航天事业贡献自己的力量。

杨同学，根生西北，情系家乡。他从甘肃省平凉市静宁县的小乡村走来，带着学识、勇气与热爱在毕业后毅然选择回到家乡去、回到大西北去，去建设家乡、建设祖国。他签约中核四〇四有限公司，选择投身核事业，为祖国的核建设贡献自己的一分力量。他不畏艰苦与风沙，愿在党和人民需要的地方绽放绚丽之花。

刘同学，他是投身西部的好青年，他选择用一年的时间，做终生难忘的事。他积极响应国家号召，加入东华大学首届研究生支教团，赴贵州省遵义市新黔小学开展支教工作。

▶ 五、教学活动

（一）活动一：观看纪录片

活动目标：

通过观看基层就业相关纪录片，让学生深受鼓舞和影响，引导学生积极融入国家建设和社会发展，深入基层，到祖国和人民最需要的地方去。

活动流程：

步骤 1：观看纪录片。

步骤 2：小组讨论，组内分享，形成统一观点。

步骤 3：小组代表分享小组观影感受与收获。

现场提问及讨论：

（1）观看这部影片，你看到了什么？

（2）观看这部影片，你发现了什么？

（3）观看这部影片，你有什么感受？

（4）观看这部影片，对你未来有什么启示？

总结评估：

总有些人，为推动社会进步、时代发展做出杰出贡献；总有些人，爱岗敬业，在平凡的岗位上做出了不平凡的事迹。这些人，是闪闪发光的金子，让平凡的生命更加珍贵与隽永。

（二）活动二：我的家乡我的国

活动目标：

通过小组共同创作一首关于家乡和祖国的诗歌，引发学生思考和共鸣，弘扬爱祖国、爱家乡的情怀，帮助学生树立为家乡、为祖国建功立业的崇高理想。

活动流程：

步骤1：小组共同完成诗歌填空题，进行诗歌的创作。

步骤2：小组讨论，组内分享。

步骤3：小组共同朗诵诗歌，并分享感受。

现场提问及讨论：

(1) 当看到小组共创的诗歌，你有什么样的感受？

(2) 你想到了家乡和祖国的什么画面？

(3) 小组共同朗诵这首诗歌，你有什么发现？

(4) 其他小组的诗歌或朗诵给你留下了什么印象？

(5) 这个活动对你未来有什么启示？

诗歌填空题：

我爱你_____

我爱你的_____

我爱你的_____

我爱你的_____

虽然_____

但是_____

正因为有你的_____，我才_____

正因为你的_____，我_____

谢谢你的_____

感恩你_____

我愿意_____

我希望我能_____

在我的_____下,你会_____

我爱你_____

总结评估:

通过小组共创诗歌,唤醒学生对家乡、对祖国的深情与爱,进而引发学生要为祖国和家乡奉献的思考。

(三)活动三:歌唱祖国

活动目标:

全班同学通过共同歌唱《我和我的祖国》歌曲,升华爱国情感,促进爱国行动。

活动流程:

步骤1:全班同学起立,举平一只手,放一支笔在手腕处,为祖国坚持一首歌的时间。

步骤2:全班同学高唱《我和我的祖国》。

步骤3:小组同学一起一次碰拳,组间同学也可以一起碰拳,为爱国行为聚力。

步骤4:歌唱完毕,全班同学鼓掌,讨论。

现场提问及讨论:

(1)当全班同学共同高唱《我和我的祖国》时,你有什么样的感受?

(2)为祖国坚持一首歌的时间,你觉得这是什么感受?

(3)与他人碰拳聚力,对你而言意味着什么?

(4)这个活动对你未来有什么启示?

总结评估:

通过全班同学高唱《我和我的祖国》,唤醒学生对家乡、对祖国的深情与爱,进而引发学生要为祖国和家乡奉献的思考。

六、理论知识

（一）基层就业

1. 基层就业基本概念

基层就业就是到城乡基层工作。国家近几年出台了一系列优惠政策鼓励高校毕业生积极参加社会主义新农村建设、城市社区建设和应征入伍。一般来讲，"基层"既包括广大农村，也包括城市街道社区；既涵盖县级以下党政机关、企事业单位，也包括社会团体、非公有制组织和中小企业；既包含单位就业，也包括自主创业、自谋职业。

2. 国家鼓励毕业生到基层就业的主要优惠政策

国家鼓励毕业生到基层就业的主要优惠政策包括：

（1）完善工资待遇进一步向基层倾斜的办法，健全高校毕业生到基层工作的服务保障机制，鼓励毕业生到乡镇特别是困难乡镇机关事业单位工作。

（2）对高校毕业生到中西部地区、艰苦边远地区和老工业基地县以下基层单位就业、履行一定服务期限的，按规定给予学费补偿和国家助学贷款代偿（本专科学生每人每年最高不超过8000元、研究生每人每年最高不超过12000元）。

（3）结合政府购买服务工作的推进，在基层特别是街道（乡镇）、社区（村）购买一批公共管理和社会服务岗位，优先用于吸纳高校毕业生就业。

（4）落实完善见习补贴政策，对见习期满留用率达到50%以上的见习单位，适当提高见习补贴标准，允许就业见习补贴用于见习单位为见习人员办理人身意外伤害保险以及对见习人员的指导管理。

（5）将求职补贴调整为求职创业补贴，对象范围扩展到为已获得国家助学贷款的毕业年度高校毕业生，以及贫困残疾人家庭、贫困家庭高校毕业生和特困人员中的高校毕业生建档立卡。

（6）艰苦边远地区基层机关招录高校毕业生可适当放宽学历、专业等条件，降低开考比例，可设置一定数量的职位面向具有本市（县）户籍或在本市（县）长期生活的高校毕业生。

各地区要结合城镇化进程和公共服务均等化要求，充分挖掘教育、劳动就业、社会保障、医疗卫生、住房保障、社会工作、文化体育及残疾人服务、农技推广等基层公共管理和服务领域的就业潜力，吸纳高校毕业生就业。要结合推进农业科技创新、健全农业社会化服务体系等，引导更多高校毕业生投身现代农业。

3. 国家对在基层工作的高校毕业生职业发展的鼓励政策

国家对在基层工作的高校毕业生职业发展的鼓励政策包括：

（1）在干部人才选拔任用机制上，进一步强化基层工作经历的政策导向，向在基层工作的优秀高校毕业生倾斜。

（2）自2012年起，省级以上机关录用公务员，除特殊职位外，按照有关规定一律从具有2年以上基层工作经历的人员中考录。

（3）市地级以上机关应拿出一定数量职位面向具有基层工作经历的公务员进行公开遴选。

（4）省、市级所属事业单位面向社会公开招聘时，应拿出一定数量岗位公开招聘有基层事业单位工作经历的人员。有条件的地区，可明确具体公开遴选或招聘的比例。

（5）鼓励国有大中型企业建立健全人力资源管理激励机制，将在基层生产和管理一线表现优秀的高校毕业生纳入后备人才队伍，加大从基层一线选拔任用中层干部的力度。

（6）对具有基层工作经历的高校毕业生，在研究生招录和事业单位选聘时实行优先录取。

（7）高校毕业生在中西部地区和艰苦边远地区县以下基层单位从事专业技术工作，申报相应职称时，可不参加职称外语考试或放宽外语成绩要求。充分挖掘社会组织吸纳高校毕业生就业潜力，对到省会及省会以下城市的社会团体、基金会、民办非企业单位就业的高校毕业生，所在地的公共就业人才服务机构要协助办理落户手续，在专业技术职称评定方面享受与国有企事业单位同类人员同等待遇，对于吸纳高校毕业生就业的社会组织，符合条件的可同等享受企业吸纳就业扶持政策。

(8) 对到农村基层和城市社区从事社会管理和公共服务工作的高校毕业生，符合公益性岗位就业条件并在公益性岗位就业的，按照国家现行促进就业政策的规定，给予社会保险补贴和公益性岗位补贴。

(二) 中央有关部门实施的基层就业项目

近年来，中央各有关部门主要组织实施了五个引导高校毕业生到基层就业的专门项目，包括：

1. 大学生志愿服务西部计划

大学生志愿服务西部计划由共青团中央牵头，教育部、财政部、人力资源和社会保障部共同组织实施。从 2003 年开始，每年招募 1.8 万名普通高等学校应届毕业生，到西部贫困县的乡镇从事为期 1—3 年的教育、卫生、农技、扶贫以及青年中心建设和管理等方面的志愿服务工作。

2. "三支一扶"计划

"三支一扶"是支教、支医、支农、扶贫的简称。2006 年，中组部、人力资源和社会保障部等八部门下发《关于组织开展高校毕业生到农村基层从事支教、支农、支医和扶贫工作的通知》，以公开招募、自愿报名、组织选拔、统一派遣的方式，从 2006 年开始连续 5 年，每年招募 2 万名高校毕业生，主要安排到乡镇从事支教、支农、支医和扶贫工作。服务期限一般为 2—3 年。招募对象主要为全国普通高校应届毕业生。

2011 年 4 月，人力资源和社会保障部下发《关于继续做好高校毕业生三支一扶计划实施工作的通知》，决定继续组织开展高校毕业生"三支一扶"计划，从 2011 年起，每年选拔 2 万名，五年内选拔 10 万名高校毕业生到基层从事"三支一扶"服务。

3. 农村义务教育阶段学校教师特设岗位计划

2006 年，教育部、财政部、人力资源和社会保障部、中央编办下发《关于实施农村义务教育阶段学校教师特设岗位计划的通知》，联合启动实施"特岗计划"，公开招聘高校毕业生到"两基"攻坚县农村义务教育阶段学校任教。特岗教师聘期3年。

2006—2008年，特岗计划的实施范围以国家西部地区"两基"攻坚县为主（含新疆生产建设兵团的部分团场），包括纳入国家西部开发计划的部分中部省份的少数民族自治州，适当兼顾西部地区一些有特殊困难的边境县、少数民族自治县和少小民族县。2009年，实施范围扩大到中西部地区国家扶贫开发工作重点县。2015—2016年，实施范围具体为《中国农村扶贫开发纲要（2011—2020年）》确定的11个集中连片特殊困难地区和四省藏区县，中西部地区国家扶贫开发工作重点县，省级扶贫开发工作重点县，西部地区原"两基"攻坚县（含新疆生产建设兵团的部分团场），纳入国家西部开发计划的部分中部省份的少数民族自治州以及西部地区一些有特殊困难的边境县，少数民族自治县和少小民族县。特岗计划设岗县（市），必须是教师总体缺编、结构性矛盾突出的县（市）。

4. 选聘高校毕业生到村任职工作

2008年，中组部、教育部、财政部、人力资源和社会保障部出台了《关于印发〈关于选聘高校毕业生到村任职工作的意见（试行）〉的通知》，计划用5年时间选聘10万名高校毕业生到农村担任村党支部书记助理、村委会主任助理或团支部书记、副书记等职务。从2010年开始，扩大选聘规模，逐步实现"一村一名大学生村干部"计划的目标。选聘的高校毕业生在村工作期限一般为2—3年。

5. 中央部门组织实施基层就业项目的优惠政策

根据2009年中组部、人力资源和社会保障部、教育部、财政部、共青团中央《关于统筹实施引导高校毕业生到农村基层服务项目工作的通知》等规定，参加中央部门组织实施的基层就业项目、服务期满的毕业生，享受以下优惠政策：

（1）公务员招录优惠：每年拿出公务员考录计划的一定比例，专门用于定向招录服务期满且考核称职（合格）的服务基层项目人员。服务基层项目人员也可报考其他职位。

（2）事业单位招聘优惠：鼓励在项目结束后留在当地就业，参加各基层就业项目相对应的自然减员空岗，全部聘用服务期满的高校毕业生。从2009年起，到乡镇事业单位服务的高校毕业生服务满1年后，在现岗位空缺情况下，经考核合格，即可与所在单位签订不少于3年的聘用合同。同时，各省（区、市）县及县以上相关的事业单位公开招聘工作人员，应拿出不低于40%的比例，聘用各专门项目服务期满考核合格的高校毕业生。

（3）考学升学优惠：服务期满后3年内报考硕士研究生初试总分加10分；同等条件下优先录取；高职（高专）学生可免试入读成人本科。

（4）国家补偿学费和代偿助学贷款政策：参加各基层就业项目的毕业生，符合规定条件的，可享受相应的学费补偿和助学贷款代偿政策。

（5）服务期满自主创业的，可享受税收优惠、行政事业性收费减免、小额贷款担保和贴息等有关政策。

（6）其他：各基层就业项目服务年限计算工龄。服务期满到企业就业的，按照规定转接社会保险关系。

（三）大学生应征入伍

1. 应征入伍基本条件

应征入伍的"大学生"指根据国家有关规定批准设立、实施高等学历教育的全日制公办普通高等学校、民办普通高等学校和独立学院，按照国家招生规定录取的全日制普通本科、专科（含高职）、研究生、第二学士学位的应（往）届毕业生、在校生和已被普通高校录取但未报到入学的学生。

征集的大学生以男性为主，女性大学生征集根据军队需要确定。男性普通高等学校在校生为年满18至22周岁、大学毕业生放宽到24周岁。女性普通高等学校在校生和毕业生为年满18至22周岁。

征集服现役的公民必须热爱中国共产党，热爱社会主义祖国，热爱人民军队，遵纪守法，品德优良，决心为抵抗侵略、保卫祖国、保卫人民的和平劳动而英勇奋斗。征兵政治审查的内容包括：应征公民的年龄、户籍、职业、政治面貌、宗教信仰、文化程度、现实表现以及家庭主要成员和主要社会关系成员的政治情况等。

公民应征入伍要符合国防部颁布的《应征公民体格检查标准》和有关规定。其中，有几项基本条件：

（1）身高：男性160 cm以上，女性158 cm以上。

（2）体重：男性不超过标准体重的30%，不低于标准体重的15%；女性不超过标准体重的20%，不低于标准体重的15%。标准体重＝（身高－110）kg。

（3）视力：大学生右眼裸眼视力不低于4.6，左眼裸眼视力不低于4.5。屈光不正，经准分子激光手术后半年以上，无并发症，视力达到相应标准的。

（4）内科：乙型肝炎表面抗原呈阴性，等等。

2．高校毕业生应征入伍服义务兵役享受的优惠政策

高校毕业生应征入伍服义务兵役，除享有优先报名应征、优先体检政考、优先审批定兵、优先安排使用"四个优先"政策，家庭按规定享受军属待遇外，还享受优先选拔使用、学费补偿和国家助学贷款代偿、退役后考学升学优惠、就业服务等政策。

（1）"四个优先"政策

① 优先报名应征。报名由县级兵役机关直接办理。夏秋季征兵开始前，县级兵役机关通知其报名时间、地点、注意事项等。确定为预征对象的高校毕业生，持《应届毕业生预征对象登记表》，可以直接到学校所在地或户籍所在地县级兵役机关报名应征。

② 优先体检政考。体检由县级兵役机关直接办理。夏秋季征兵体检前，县级兵役机关通知其体检时间、地点、注意事项等。确定为预征对象的高校毕业生，未能在规定时间内在学校参加体检的，本人持《应届毕业生预征对象登记表》，可在征兵体检时间内报名直接参加体检。

③ 优先审批定兵。审批定兵时，应当优先批准体检政审合格的高校毕业生入伍。高职（专科）以上文化程度的合格青年未被批准入伍前，不得批准高中文化程度的青年入伍。

④ 优先安排使用。在安排兵员去向时，根据高校毕业生的学历、专业和个人特长，优先安排到军兵种或专业技术要求高的部队服役；部队对征集入伍

的高校毕业生，优先安排到适合的岗位，充分发挥其专长。

（2）高校学生应征入伍服兵役国家资助

国家对应征入伍服兵役的高校学生，在入伍时对其在校期间缴纳的学费实行一次性补偿或获得的国家助学贷款（国家助学贷款包括校园地国家助学贷款和生源地信用助学贷款）实行代偿；应征入伍服兵役前正在高校就读的学生（含按国家招生规定录取的高校新生），服役期间按国家有关规定保留学籍或入学资格，退役后自愿复学或入学的，国家实行学费减免。

（3）大学生士兵退役后享受就学优惠政策

① 高职（专科）学生入伍经历可作为毕业实习经历。

② 退役大学生士兵入学或复学后免修军事技能等课程，直接获得学分。

③ 设立"退役大学生士兵"专项硕士研究生招生计划。根据实际需求，每年安排一定数量专项计划，专门面向退役大学生士兵招生。在全国研究生招生总规模内单列下达，不得挪用。

④ 将高校在校生（含高校新生）服兵役情况纳入推免生遴选指标体系。鼓励开展推荐优秀应届本科毕业生免试攻读研究生工作的高校在制定本校推免生遴选办法时，结合本校具体情况，符合报名条件的可免试（指初试）攻读硕士研究生。

⑤ 将考研加分范围扩大至高校在校生（含高校新生）。退役人员在继续实行普通高校应届毕业生退役后按规定享受加分政策的基础上，允许普通高校在校生（含高校新生）应征入伍服义务兵役退役，在完成本科学业后3年内参加全国硕士研究生招生考试，初试总分加10分，同等条件下优先录取。

⑥ 退役大学生士兵专升本实行招生计划单列。高职（专科）学生应征入伍服义务兵役退役，在完成高职学业后参加普通本科专升本考试，实行计划单列，录取比例在现行30%的基础上适度扩大，具体比例由各省份根据本地实际和报名情况确定。

⑦ 高校新生录取通知书中附寄应征入伍优惠政策。高校向新生寄送《录取通知书》时，附寄应征入伍宣传单，宣传单主要内容包括优惠政策概要、报名流程指南、学籍注册要求等。

⑧ 放宽退役大学生士兵复学转专业限制。大学生士兵退役后复学，经学校同意并履行相关程序后，可转入本校其他专业学习。

⑨ 具有高职（高专）学历的，退役后免试入读成人本科，或经过一定考核入读普通本科；荣立三等功以上奖励的，在完成高职（专科）学业后，免试入读普通本科。

⑩ 应征入伍的高校毕业生退役后报考政法干警招录培养体制改革试点招生时，教育考试笔试成绩总分加10分。

（四）重点领域就业

"一带一路"倡议以及京津冀协同发展、长三角区域一体化发展、粤港澳大湾区发展等国家重大战略提供了大量的岗位需求。高校毕业生要主动对接人才需求，积极到重点地区、重大工程、重大项目、重要领域去就业；要结合建设科技强国、质量强国、航天强国、网络强国、交通强国、数字中国、智慧社会要求，引导毕业生到高技术产业、战略性新兴产业、先进制造业和现代服务业等领域就业创业；深入挖掘互联网、大数据、人工智能和实体经济深度融合创造的就业机会，在共享经济、现代供应链、人力资本服务等领域拓展就业新空间。

1. "一带一路"倡议

"一带一路"是"丝绸之路经济带"和"21世纪海上丝绸之路"的简称，"一带一路"倡议旨在借用古代丝绸之路的历史符号，高举和平发展的旗帜，积极发展与沿线国家的经济合作伙伴关系，共同打造政治互信、经济融合、文化包容的利益共同体、命运共同体和责任共同体。

2. 京津冀协同发展战略

京津冀协同发展的核心是京津冀三地作为一个整体协同发展，要以疏解非首都核心功能、解决北京"大城市病"为基本出发点，调整优化城市布局和空间结构，构建现代化交通网络系统，扩大环境容量生态空间，推进产业升级转移，推动公共服务共建共享，加快市场一体化进程，打造现代化新型首都圈，努力形成京津冀目标同向、措施一体、优势互补、互利共赢的协同发展新格局。

3. 长三角区域一体化发展战略

长三角区域规划于 2010 年 5 月 24 日由国务院正式批准实施。这是贯彻落实《国务院关于进一步推进长江三角洲地区改革开放和经济社会发展的指导意见》，进一步提升长江三角洲地区整体实力和国际竞争力的重大决策部署。

2018 年 11 月 5 日，习近平总书记在首届中国国际进口博览会上宣布，支持长江三角洲区域一体化发展并上升为国家战略。

2019 年 12 月 1 日，《长江三角洲区域一体化发展规划纲要》发布。

4. 粤港澳大湾区发展战略

粤港澳大湾区由香港、澳门两个特别行政区和广州、深圳、珠海等 9 个珠三角城市组成，总面积 5.6 万平方公里，2020 年 12 月常住人口已达 8617 万人，是我国开放程度最高、经济活力最强的区域之一，在国家发展大局中具有重要战略地位。推进粤港澳大湾区建设，是以习近平同志为核心的党中央作出的重大决策，是习近平总书记亲自谋划、亲自部署、亲自推动的国家战略，是新时代推动形成全面开放新格局的新举措，也是推动"一国两制"事业发展的新实践。推进建设粤港澳大湾区，有利于深化内地和港澳地区交流合作，对港澳地区参与国家发展战略、提升竞争力、保持长期繁荣稳定具有重要意义。

（五）树立正确的就业观

1. 面向基层

通过出台一系列政策和措施，引导学生到中小企业、西部、农村和基层就业，鼓励学生自主创业。引导学生树立根在基层、路在脚下的观念，让学生充分意识到，人生的梦想需要一步步去实现，基层大有作为，努力去做点事，不怕吃苦、艰苦奋斗，为祖国建设贡献力量，祖国也终将会认可和选择那些选择了祖国的人。

2. 敬业奉献

学生中不乏以自我为中心、好高骛远、追求物质主义享受的人，因此，引导学生树立"敬业奉献"的职业精神十分必要。要让学生树立爱岗敬业、奉献社会的职业精神，兢兢业业工作，为社会和他人做出贡献，实现自我价值和社会价值的统一。

3. 早规划、早准备

引导学生树立提早规划、提早准备的就业观，从低年级了解专业、了解相关职业入手，之后进行自我探索、职业探索，在就业关键期做好求职技能储备，凡事预则立，不预则废，让生涯规划理念深入就业的各个环节。另外，随着外界环境的模糊性、易变性、不可确定性的增强，让学生在充分规划和准备的前提下，提前洞见，在就业关口"先择业再就业"，在不确定性中不断成长、成熟。

公务员公开遴选办法

（2013年1月24日中共中央组织部、人力资源和社会保障部制定，2021年8月25日中共中央组织部修订，2021年9月17日发布）

第一章 总 则

第一条 为优化领导机关公务员队伍结构，建立健全来自基层的公务员培养选拔机制，规范公务员公开遴选工作，根据《中华人民共和国公务员法》和《公务员转任规定》等有关法律法规，制定本办法。

第二条 本办法所称公开遴选，是指市（地）级以上机关从下级机关公开择优选拔任用内设机构公务员。

公开遴选是公务员转任方式之一，应当突出工作需要，保持适度规模。

公开遴选中涉及领导职务和职级升降、领导职务和职级互相转任的，按照有关规定办理。

第三条 公开遴选坚持党管干部原则，突出政治标准，坚持德才兼备、以德为先、任人唯贤，坚持事业为上、人岗相适、人事相宜，坚持公道正派、注重实绩、群众公认，坚持依法依规办事。

第四条　公开遴选应当在规定的编制限额和职数内进行，并有相应的职位空缺。

第五条　公开遴选一般按照下列程序进行：

（一）发布公告；

（二）报名与资格审查；

（三）考试；

（四）考察；

（五）决定与任职。

省级以上公务员主管部门可以根据需要对上述程序进行调整。

第六条　市（地）级以上公务员主管部门按照管理权限和职责分工负责公开遴选工作的综合管理。公开遴选机关按照公务员主管部门的要求，负责公开遴选有关工作。

公开遴选有关专业性、技术性、事务性工作，可以授权或者委托考试机构以及其他专业机构承担。

第七条　省级机关和市（地）级机关公开遴选，原则上面向本辖区内下级机关（含相应层级中央机关直属机构）公务员进行。因服务保障国家重大战略决策部署等需要面向本省（自治区、直辖市）以外进行的，省级公务员主管部门应当事先与中央公务员主管部门沟通。

省级公务员主管部门应当对本辖区内公开遴选工作进行统筹，合理确定时间和频次，一般应当集中开展。

第二章　申报计划与发布公告

第八条　公开遴选机关在进行公务员队伍结构和职位分析的基础上，根据工作需要，提出公开遴选职位及其资格条件，拟定公开遴选计划，报公务员主管部门审批。

第九条 组织公开遴选前,应当依据有关法律法规和政策规定,制定实施方案。

第十条 公开遴选应当面向社会发布公告。公告应当包括以下内容:

(一)公开遴选机关、职位、名额、职位简介和报考资格条件;

(二)公开遴选范围、程序、方式和相关要求;

(三)报名方式和需要提交的相关材料;

(四)考试科目、时间和地点;

(五)其他相关事项。

第三章 报名与资格审查

第十一条 公开遴选可由公务员本人申请并按照干部管理权限经组织审核同意后报名,也可征得本人同意后由组织推荐报名。

公务员所在机关党委(党组)或者公务员主管部门应当切实履行把关责任,充分考虑人选的政治素质、专业素养、工作实绩和一贯表现,对不符合报名资格条件的,不得同意或者推荐报名。

第十二条 报名参加公开遴选的公务员,应当具备下列资格条件:

(一)政治立场坚定、政治素质过硬,增强"四个意识"、坚定"四个自信"、做到"两个维护";

(二)具有良好的业务素质,品行端正,实绩突出,群众公认;

(三)一般应当具有2年以上基层工作经历;

(四)一般应当在本级机关工作2年以上,年度考核没有基本称职以下等次;

(五)具有公开遴选职位要求的工作能力和任职经历;

(六)报名参加中央机关、省级机关公开遴选的一般应当具有大学本科以上文化程度,报名参加市(地)级机关公开遴选的一般应当具有大学专科以上文化程度;

(七)具有正常履行职责的身体条件和心理素质;

（八）公务员主管部门规定的其他资格条件；

（九）法律法规规定的其他条件。

前款第（三）、（四）、（六）项所列条件，根据需要，经省级以上公务员主管部门批准，可以适当调整。

报考行政机关中行政处罚决定审核、行政复议、行政裁决、法律顾问等职位的，应当取得法律职业资格。

公务员主管部门和公开遴选机关不得设置与职位要求无关的报名资格条件。

第十三条　公务员有下列情形之一的，不得参加公开遴选：

（一）被开除中国共产党党籍的；

（二）被依法列为失信联合惩戒对象的；

（三）涉嫌违纪违法正在接受有关专门机关审查调查尚未作出结论的；

（四）受到诫勉、组织处理或者党纪政务处分等影响期未满或者期满影响使用的；

（五）按照有关规定，到乡镇机关、艰苦边远地区以及定向单位工作未满最低服务年限或者对转任有其他限制性规定的；

（六）尚在试用期或者提拔担任领导职务未满1年的；

（七）法律法规规定的其他情形。

第十四条　报名人员不得报考任职后即构成公务员法第七十四条第一款所列情形的职位，也不得报考与本人有夫妻关系、直系血亲关系、三代以内旁系血亲关系以及近姻亲关系的人员担任领导成员的用人单位的职位。

第十五条　报名人员应当向公开遴选机关提交报名需要的相关材料，提交的材料应当真实、准确、完整。

公开遴选机关按照职位资格条件对报名人员提交的材料进行审查，确定报名人员是否具有报名资格。资格审查贯穿公开遴选全过程。

第四章　考　　试

第十六条　考试一般采取笔试和面试等方式进行。考试内容根据不同职位类别、不同层级机关公务员应当具备的能力素质分别设置，重点测查用习近平新时代中国特色社会主义思想指导分析和解决问题的能力。

第十七条 面试人选根据笔试成绩由高到低的顺序确定。

第十八条 面试应当组成面试考官小组，其中公开遴选机关以外的考官应当占一定比例。面试考官应当公道正派，熟悉公开遴选职位相关业务，具有干部测评相关经验。

第十九条 公开遴选机关根据职位需要，经公务员主管部门同意，可以对报名人员进行职位业务水平测试、心理素质测评、体能测评等。

第五章 考　　察

第二十条 公开遴选采取差额考察的办法，考察人数与计划遴选人数的比例一般不高于2∶1。考察对象根据考试成绩等确定。

第二十一条 公开遴选机关对考察对象的德、能、勤、绩、廉情况以及职位匹配度等进行全面考察，突出政治标准，深入考察政治忠诚、政治定力、政治担当、政治能力、政治自律等方面情况，重点考察政治理论学习情况、制度执行力、履职能力、工作实绩和群众公认程度，严把政治关、品行关、能力关、作风关、廉洁关，并据实形成书面考察材料。

第二十二条 考察可以采取个别谈话、民主测评、实地走访、同考察对象面谈等方法，根据需要还可进行专项调查、延伸考察等，充分听取考察对象所在单位有关领导、群众和组织（人事）部门、纪检监察机关、机关党组织的意见，并审核干部人事档案、查询社会信用记录，对反映问题线索具体、有可查性的信访举报进行核查。考察对象需要报告或者查核个人有关事项、进行经济责任审计的，按照有关规定执行。

对在基层一线窗口单位工作的考察对象，注重听取服务对象的意见。

第二十三条 公开遴选机关派出2名以上人员组成考察组。考察组一般由组织（人事）部门的人员和熟悉公开遴选职位情况的人员共同组成。

第二十四条 考察对象所在机关应当配合考察组工作，客观、真实反映有关情况。

第二十五条 公开遴选机关根据职位需要，经公务员主管部门同意，可以对报名人员进行体检。

第六章 决定与任职

第二十六条 公开遴选机关根据考察情况和职位要求，按照干部管理权限，集体讨论决定拟任职人员。

第二十七条 对拟任职人员应当进行公示，公示期不少于5个工作日。

公示期满，对没有问题或者反映问题不影响任用的，报公务员主管部门审批或者备案；对反映有严重问题并查有实据的，取消公开遴选资格，并将有关情况通报其所在机关组织（人事）部门。

第二十八条 对拟任职人员可以设置试用期，一般不超过6个月。试用期内，拟任职人员在原工作单位的人事工资关系、待遇不变。试用期满考核合格的，按照有关规定办理调动和任职手续；考核不合格的，回原单位工作，相关情况报送公务员主管部门。

对拟任职人员未设置试用期的，在报公务员主管部门审批或者备案后，按照有关规定办理调动和任职手续。

拟提拔担任领导职务的，试用期按照有关规定执行。

第七章 纪律与监督

第二十九条 公开遴选工作人员存在应当回避情形的，按照有关规定执行。

第三十条 有下列情形之一的，由公务员主管部门视情况予以责令纠正或者宣布无效；根据情节轻重，依规依纪依法追究负有责任的领导人员和直接责任人员责任，涉嫌违法犯罪的，移送有关国家机关依法处理：

（一）不按照规定的编制限额、职数和职位要求进行的；

（二）不按照规定的任职资格条件和程序进行的；

（三）未经授权，擅自出台、变更公开遴选政策，造成不良影响的；

（四）公开遴选工作中徇私舞弊的；

（五）发生泄露试题、违反考场纪律以及其他影响公平、公正行为的。

第三十一条　公开遴选工作人员有下列情形之一的，根据情节轻重，依规依纪依法追究责任；涉嫌违法犯罪的，移送有关国家机关依法处理：

（一）泄露试题和其他公开遴选秘密信息的；

（二）利用工作便利，伪造考试成绩或者其他有关资料的；

（三）利用工作便利，协助参加遴选人员作弊的；

（四）因工作失职，影响公开遴选工作正常进行的；

（五）违反公开遴选工作纪律的其他行为。

第三十二条　对违反公开遴选纪律的报名人员，按照有关规定处理，并根据情节轻重，依规依纪依法追究责任；涉嫌违法犯罪的，移送有关国家机关依法处理。

第三十三条　公开遴选工作接受监督。公务员主管部门、公开遴选机关、考试机构和相关部门应当及时受理举报、申诉，并按照规定权限和程序处理。

第八章　附　　则

第三十四条　参照公务员法管理的机关（单位）中除工勤人员以外的工作人员的公开遴选，参照本办法执行。

第三十五条　本办法由中共中央组织部负责解释。

第三十六条　本办法自发布之日起施行。

资料来源：国家公务员局网站。

 思考题

结合自身情况，谈谈如何将"小我"融入"大我"，将个人发展融入祖国建设。

第二节 国际组织实习与任职

▶ 一、导语

居天下之广居，立天下之正位，行天下之大道。

——《孟子·滕文公下》

大丈夫应当居住在天下最广大的住宅里——仁，站立在天下最正确的位置上——礼，行走在天下最宽广的道路上——义；能实现理想时就与人民一起走这条正道，不能实现理想时就独自行走在这条正道上，富贵不能迷乱他的思想，贫贱不能改变他的操守，强权不能屈服他的意志，这才叫作大丈夫。

作为新时代的青年，要努力成为立大志、明大德、成大才、担大任的"大丈夫"，为实现中华民族的伟大复兴，构建人类命运共同体贡献自己的力量。

▶ 二、思维导图

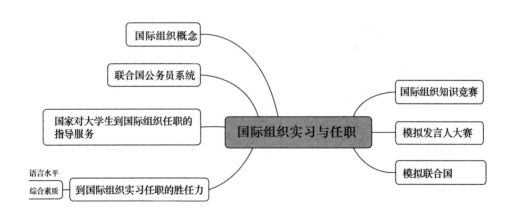

三、学习目标

让学生初步了解国际组织概念、国际组织设置、国际公务员的类型、到国际组织实习与任职的途径,帮助学生培养国际视野和家国情怀,在更广阔的国际舞台参与全球治理,贡献中国力量。

四、课程导入

投身国际组织,向着国际舞台不断前行的贾同学,谈及为何立志在国际组织工作时说道:"我是一个理想主义者,所以看到世界范围内仍有许多国家和地区的人民在遭受着我们这一代人无法想象的苦难时,我希望自己能够超越国家的界限去做一些事。"

作为一名身在国际组织的中国人,贾同学深知自己在组织内的一言一行同时也代表着国家形象。谈到未来的愿景,她希望有机会和国际组织的同事们一起,对中国欠发达地区学龄女童受教育状况进行一次系统调研,让世界了解一个真实的中国。另外,她也希望能够带动更多优秀的中国女性加入国际组织,加入国际性的女性领袖精英库,在一个多元开放的文化环境里发出更多中国的声音。

贾同学在高中时期便确定了从事联合国女性工作的目标。为解决最关键的语言沟通问题,她在高二时就自学取得了雅思7.0分的成绩,进入大学后又开始自学法语。直到现在,她仍每天早晚留出固定时间进行语言学习。她认为,前往国际组织实习,语言是第一关。语言学习要靠兴趣,多练习才能取得成效。要在正确认知自己的水平上循序渐进,不能好高骛远。通过给自己制定周目标、日计划,每天坚持进行语言学习,进行不断的训练。她对学弟学妹说:"人只有在寻求自身最高价值的过程中,才能获得一种充分完整的发展,而职业是我们追求理想和实现理想的宝贵平台,也是在职业的发展中,我们的人生价值才能得以充分的展现。"

五、教学活动

（一）活动一：国际组织知识竞赛

活动目标：

通过参加本活动，让学生熟悉国际组织和到国际组织实习与任职的基本知识，培养家国意识和全球视野。

活动流程：

步骤1：按照小组团战形式答题，角逐冠亚季军。

步骤2：老师围绕国际组织、任职流程、国际事务等设置题目，主要题型设置为判断题、选择题、问答题。

步骤3：以抢答形式答题，得分最高的一组获胜。

总结评估：

通过国际组织知识竞赛，引导学生熟悉国际组织和到国际组织实习与任职的流程。

（二）活动二：模拟发言人大赛

活动目标：

通过模拟新闻发言人的发言流程，让学生体验新闻发言人工作的挑战和魅力，培养学生的国际视野，锻炼学生的逻辑思维和表达能力。

活动流程：

步骤1：新闻发言人个人风采展示。

步骤2：模拟新闻发言人进行新闻发布。

步骤3：模拟新闻发言人答记者问。

总结评估：

通过模拟新闻发言人比赛，引导学生了解外交外事，锻炼应变能力，拓宽国际视野。

（三）活动三：模拟联合国

活动目标：

通过模拟联合国活动，让学生扮演不同国家或政治实体的外交代表，围绕国际热点问题召开会议。学生通过亲身经历联合国会议的流程，熟悉联合国运作方式，了解国际大事，了解自己在全球治理中可发挥的作用。

活动流程：

步骤1：点名。

步骤2：设定议程。

步骤3：开始正式辩论。

步骤4：开始非正式辩论。

步骤5：拟定决议草案。

步骤6：拟定修正案。

步骤7：结束辩论。

总结评估：

通过模拟联合国活动，激发学生学习潜能、锻炼学生领袖才能，让学生熟悉联合国会议流程，引导学生主动参与全球治理，培养全球视野和家国情怀。

▶ 六、理论知识

（一）国际组织概念

国际组织是具有国际性行为特征的组织，是两个或两个以上国家（或其他国际法主体）为实现共同的政治经济目的，依据其缔结的条约或其他正式法律文件建立的有一定规章制度的常设性机构。

国际组织分为政府间组织和非政府间组织，也可分为区域性国际组织和全球性国际组织。政府间的国际组织有联合国、欧洲联盟、世界贸易组织等，非政府间的国际组织有国际奥委会、国际红十字会等。

（二）联合国公务员系统

联合国公务员主要分为三种：D 类、P 类和 G 类。D 代表的是 director，即高级管理人员；P 代表 professional，即专业人员；而 G 则是 general，即一般事务。

D 类属于领导类职务，一部分是在联合国内部一级一级晋升上来的，另外一部分则来自各国直接派遣，比如我国各部委派驻到联合国的工作人员。

G 类属于基础性岗位，大多是行政、秘书等辅助性雇员，一般从机构所在国当地招聘。

P 类是联合国的中坚力量，对于想加入联合国的高校毕业生而言，最常规的方式是参加联合国的 YPP 考试（即青年专业人员考试）。

联合国的青年专业人员考试是 2012 年联合国对原国家竞争考试（NCRE）改革后的考试项目，是联合国招聘工作人员的主要方式之一，由人力资源和社会保障部协助联合国在华举办。

青年专业人员考试的对象为初级业务官员（P1/P2 级），由联合国秘书处每年根据各会员国占地域分配的理想员额幅度情况，邀请无代表性、代表性不足或即将变为代表性不足的会员国参加考试。会员国同意参加后，其国民可通过联合国网站报名参加本年考试。

联合国将对申请参加考试的人员进行初步网上筛选，确定最终参加考试人员名单。考试一般由笔试和面试两个阶段的测试组成。通过考试选拔的人员将进入联合国后备人员名单，当出现职位空缺时，由联合国从后备人员名单中选聘。

（三）国家对学生到国际组织实习与任职的指导服务

（1）"高校毕业生到国际组织实习任职信息服务平台"（http://gj.ncss.cn/）为毕业生到国际组织实习与任职和参加志愿活动等，提供信息、咨询、培训等服务。

（2）鼓励有条件的高校结合国际组织人才需求，开展培养推送高校毕业生到国际组织实习与任职工作，将国际组织基本情况、招聘要求、职业发展路径等内容纳入学生就业指导教材和课程。

（3）国家留学基金管理委员会从全国优秀应届毕业生中选派实习生，前往联合国教科文组织、国际民航组织及国际电信联盟进行实习，为期3—12个月，可提供奖学金资助。

（4）按照教育部的要求，加大政策支持力度，及时收集发布国际组织招聘信息，组织开展专家讲座、训练营、国际交流等活动，进一步拓宽学生到国际组织实习与任职渠道。

（四）到国际组织实习与任职的胜任力

1. 语言水平

联合国有六种官方工作语言，即英语、法语、西班牙语、阿拉伯语、俄语和汉语。其中，英语和法语最为重要，两者兼具的求职者进入国际组织有着天然的优势。联合国的很多机构在招聘时都要求应聘者能够使用两种或两种以上语言进行交流。除了要做到听说读写"四会"，更为重要的是能运用这些语言进行沟通交流。比如，能够进行协商谈判、做口头报告、在公众面前演讲、撰写相关报告或文件等。联合国要求员工必须能够与不同的对象进行交流，并做到有效、清晰、简洁、准确可信、能阐释复杂的问题，同时要有吸引力，便于对方理解。

在大学时期，要注重外语能力的培养，努力熟练掌握听说读写的基本技能，也要多锻炼使用外语进行口头和书面交流的实际运用能力。有条件的话可以参加托福、雅思等在国际上被广泛承认的语言水平考试，取得的成绩有助于申请国际组织的实习、志愿、正式工作项目。

2. 综合素质

国际组织对所聘公务员的要求，不单纯是技术性、专业性的，更重要的是具有在任何职场都需要的沟通能力、管理能力，尤其强调国际组织、跨文化工作所需要的某些能力，例如，团队精神（team spirit）、协同配合（synergy）、互动（interaction）、相互尊重与理解（mutual respect and understanding）等。在工作中，应有意识地培养自己的有效行为能力，避免无效行为。

拓展阅读

国际公务员行为标准

1. 联合国和特别机构体现世界人民的最崇高的愿望，其宗旨在于使后代免遭战祸，使男女和儿童有尊严地和自由地生活。

2. 国际公务员制度有责任将这些理想转变为现实。它依靠会员国内发展起来的公共行政传统：才干、正直公正、独立和谨慎。但除此之外，国际公务员具有一项特别的任务，即为和平、为尊重基本权利、为经济和社会进步、为国际合作而服务。因此，国际公务员有责任遵循最高的行为标准；因为归根结底，使联合国系统能创建一个公正和平世界的是国际公务员。

一、指导原则

3. 联合国组织遵奉的价值也必须是指导国际公务员行动的原则：基本人权、社会正义、人格尊严与价值和尊重男女与大小各国的平等权利。

4. 国际公务员应与其组织持有同样的远见。正是由于信守这种远见才能保证国际公务员的正直和国际观；它保证国际公务员将组织利益置于个人利益之上，以负责的态度使用组织的资源。

5. 《联合国宪章》中遵奉的正直概念概括了国际公务员的行为各个方面，包括诚实、坦率、公正和廉洁等品格。这些品格如《宪章》中也遵奉的才干和效率一样基本。

6. 容忍和谅解是人的基本价值观。两者对国际公务员极为重要。公务员必须一视同仁地平等尊重所有的人。这种尊重造就一种关心所有人的需要的气氛和工作环境。要在多文化环境中做到这点，需有远远超过被动接受的积极肯定态度。

7. 国际忠诚意味着忠于整个联合国系统而不仅是某人为之工作的组织。国际公务员有义务理解并表现这种广泛的忠诚。在有若干组织的国际公务员在同一个国家或地区服务的情况下，必须对联合国其他组织的国际公务员采取合作与谅解态度，这无疑是极为重要的。

8. 若要保持国际公务员制度的公正性，国际公务员必须与组织外的任何权力机构保持独立。他们必须在行为中体现这种独立。根据就职宣誓，他们不应寻求也不应接受本组织外的任何政府、个人或实体的指令。国际公务员不是政府或其他实体的代表，也不是其政策的代言人，这一点无论如何强调都不为过。这也同样适用于从政府长期借调者及从别处借来提供服务的人。国际公务员应时刻明白，通过他们对《宪章》及每个组织的相应文书的忠诚，会员国及其代表致力于尊重这种独立性。

9. 公正意味着容忍和节制，特别在处理政治或宗教信仰时。国际公务员的个人意见是不可侵犯的，同时他们无论作为个人还是团体成员，也无公开就有争议事项采取立场或表达信念的私人自由。这可意味着，在某些情况下，个人意见应只能策略和慎重地加以表达。

10. 这并不是说国际公务员必须放弃他们个人的政治观点或国家观点，而是说，他们必须在任何时候都保持广泛的国际观以及对整个国际社会的理解。

11. 国际公务员制度的独立性与成员国共同组成了（有时与其他成员）该组织这一事实并无冲突，也不会掩盖这一事实。促进与各个成员国的良好关系和有助于它们对秘书处的依赖与信心的行为能强化组织，并促进其利益。

12. 在特定国家或地区负责项目的国际公务员也许需要特别注意保持其独立性。有时他们或许会接受东道国的指示，但这不应该危害他们的独立。倘若在任何时候他们认为这种指示威胁到他们的独立，他们必须请求上级。

13. 国际观来自对国际组织在其法律文书中规定的宗旨和目标的理解和忠诚。这意味着，除其他外，尊重他人持不同意见和遵行不同文化模式的权利，要求愿意毫无偏见地与不同国籍、宗教和文化的人士共事；要随时保持敏感，注意提案、活动和声明在别人看来会是如何，要求小心避免任何可理解为有偏见或不容忍的言论。工作方法在不同的文化中可各不相同。国际公务员不应拘泥于本国或地区的态度、工作方法或工作习惯。

14. 不受歧视是一项基本人权。国际公务员应不加任何区别地尊重所有人的尊严、价值和平等，须刻意避免思维成见。《宪章》的一条基本原则是男女平等，因此各组织应尽力促进两性平等。

二、工作关系

15. 管理人员和主管身处领导地位，有责任在相互尊重的基础上保证建立一个和睦的工作场所。他们应倾听各种意见和看法，保证工作人员的优点得到适当承认。他们需给予工作人员支持，这点在工作人员因履行职责而受到批评时尤为重要。管理人员还有责任指导和调动工作人员的积极性，促进他们的发展。

16. 管理人员自然会被视为榜样，因此，有特别义务坚持最高行为标准。向工作人员索取恩惠、馈赠或借贷是很不正当的。他们必须无偏见、不恫吓与无偏袒。在有关他人的任命和职业事务中，国际公务员不应企图为个人原因向同事施加影响。

17. 管理人员和主管理所当然地有责任同工作人员有效地进行交流和分享信息。国际公务员同样有责任向主管提供一切有关事实和信息，遵守并维护作出的任何决定，即使这些决定不符合他们的个人意见。

18. 国际公务员必须遵循所收到的与其职务有关的指示。如果他们怀疑某项指示是否符合《宪章》或任何其他章程、理事机构决定或管理细则或条例，他们应首先请示主管。如果无法达成一致意见，国际公务员可要求书面请示。对于这些书面请示，可通过适当机制办法加以质疑，但质疑不应耽误指示的执行。国际公务员也可将其意见记录在案。显然，他们不应执行任何明显违背他们的职务或威胁他们或他人安全的口头或书面的指示。

19. 国际公务员必须向上级报告任何违反组织规章的行为，上级的责任是采取适当行动。本着诚意做此报告的国际公务员有权得到保护，不受报复或制裁。

三、骚扰

20. 任何类别或形式的骚扰都是对人类尊严的蔑视，国际公务员必须避免。他们不应进行任何形式的骚扰并且必须无此嫌疑。国际公务员有权享有不受骚扰的环境。各组织有责任解释他们对该词的理解，就何为骚扰及如何处理骚扰制定规则、提供指导。

四、利益冲突

21. 有时会发生国际公务员遇到具有利益冲突的问题。这类问题可极为敏感，需小心处理。利益冲突包括的情况有：国际公务员由于与管理部门关系好或在与组织有商业往来或交易的企业中拥有财务权益而直接或间接地不正当地受益，或使第三者不正当地受益。

22. 毫无疑问，国际公务员应避免帮助私人机构或个人与组织打交道，若这可使他们得到实际或表面的优惠。这点在采购事务中或在谈判预期招聘时尤其重要。有时会要求国际公务员公开某些私人资产，倘若必须这样做才能使其组织确认无利益冲突。他们也应自动在事先讲明履行职责过程中可能出现的利益冲突。他们履行公务和处理私事的方式应能维持并加强公众对公务员自身的正直及其组织的完整信心。

五、秘书处的作用

23. 国际组织由成员国组成，其秘书处有责任向它们提供服务。秘书处的主要职能是协助立法机关开展工作，并贯彻它们的决定。行政首长负责指导并管理秘书处的工作。因此，国际公务员在向立法机关或委员会提交提案或主张某种立场时，他们代表的是行政首长的立场，而不是某个人或单位的立场。

24. 不言而喻，国际公务员在向立法或代表机构提供服务时，只应为组织的利益服务。国际公务员不宜为政府或其他国际公务员制度的代表撰写关于正在讨论的问题的讲话、论证或提议，但完全可以为诸如撰写决议草案这类任务提供事实材料、技术咨询或帮助。

25. 国际公务员绝对不宜为自己或为他人争取升迁，或阻挡或改变对自己地位不利的决定而游说或寻求政府代表或立法机构成员的支持。政府通过遵守联合国系统各组织的《宪章》和章程，已承诺保障国际公务员的独立，因此，政府代表和立法机构成员理应不同意这类请求，也不应介入这类事情。国际公务员处理这类事务的正确途径是通过行政渠道。每个组织应负责提供这类渠道。

六、工作人员管理部门关系

26. 管理部门与工作人员之间的关系应当遵循相互尊重的原则。当选的工作人员代表应在审议就业和工作环境以及工作人员福利方面发挥重大的作用。自由结社是一项基本人权，国际公务员有权组织和加入协会、工会或其他促进和维护其本身利益的其他团体。工作人员和管理部门的不断对话是必不可少的。管理部门应促进这种对话。

27. 当选的工作人员代表享有相应的权利，包括有机会向其组织立法机关发言的权利。这种权利的行使方式应符合《宪章》《世界人权宣言》和各项国际人权公约，并且不得损害国际公务员制度的独立性和忠诚。工作人员代表在行使其享有的广泛言论自由权时，必须秉持负责任的态度，并避免对组织作出不应有的批评。

28. 工作人员代表在任职期间或任期结束后应受到保护，不因其作为工作人员代表的地位或活动而受到歧视或带有偏见的待遇。

七、成员国和立法机关之间的关系

29. 所有国际公务员有明确的责任与各国政府维持最良好的关系，并避免采取任何可能损害这种关系的行动。他们绝对不应干涉政府的政策或事务。他们不能个别地或集体地批评政府或企图损害其声誉。同时，国际公务员应当可以自由发表支持其组织的政策的言论。任何直接或间接损害或推翻一个政府的活动均构成严重的不当行为。

30. 国际公务员不是其本国的代表，也没有权力担任国际组织与他们本国政府之间的联络员。不过，行政首长可以请国际公务员履行这种职责。这种职责性质独特，履行者必须对国际忠诚和具有正直品格。政府和组织也不应使国际公务员处于其对国际的忠诚和对本国的忠诚可能相互冲突的境地。

八、与公众的关系

31. 国际组织的成功运作有赖于大众的支持。因此，所有国际公务员有责任不断促进大众对其组织的目标和工作的了解。他们不但需要熟悉他们本身的组织的成就，也要熟悉整个联合国的成就。他们随时要向大众提供资料。

32. 有时，国际公务员可能受到来自组织外的批评，为了履行国际公务员的职责，他们应当有技巧和节制地作出反应。他们有权得到其组织的支持，为他们在履行任务方面采取的行动而受到的批语作出辩护，而且应当有信心会获得这种辩护。

33. 国际公务员不宜公开表示个人的不满或批评其组织。国际公务员应当遵守其忠于组织的誓言，在任何时候都致力宣扬国际公务员的积极形象。

九、与媒体的关系

34. 与媒体保持公开和透明的关系是传达组织的信息的有效方法。为此目的，组织应制定准则和程序。在这方面，应遵循下列原则：国际公务员应当认为他们是以组织的名义发言，避免提及个人和表达个人观点；任何情况下都不应当利用媒体来谋求自己的利益，表示自己的不满，透露未经批准的资料或企图影响其组织要作出的决策。

十、资料的利用和保护

35. 透露机密资料可能严重危害组织的效率和信誉。国际公务员有责任在处理所有公务时保持谨慎，未经批准不得透露机密资料。国际公务员也不应当为一己之私利用未经公开但通过职务获得的资料。这种义务不因离职而终止。组织必须有一套关于机密资料的使用和保护的准则，而这种准则必须跟上信息技术的发展。这种规定不应影响秘书处和成员国之间交换资料的惯例，以确保成员国最充分参与组织的活动和工作。

十一、尊重不同习俗与文化

36. 世界是由不同民族语言、文化、习俗和传统组成的多元结构。国际公务员显然都要切实尊重所有这些方面。必须避免发生某一文化不能接受的任何行为。不过，如果一种传统直接违反联合国系统通过的任何人权文书，国际公务员必须以文书为准则。国际公务员应当避免炫耀的生活方式和不夸耀本人如何重要。

十二、安全和保障

37. 虽然行政首长应当能够根据任务的迫切性自主地指派工作人员执行任务，但组织有责任在没有任何歧视的情况下，确保工作人员的福利和生命不会面对过分的危险。组织应采取措施保护他们及其家属的安全。另一方面，国际公务员当然要遵守所有旨在保护他们的一切指示。

十三、个人行为

38. 国际公务员的私生活是其本人的事情，组织不应干预。不过，有时候，国际公务员的行为可以影响组织的声誉。因此，国际公务员必须铭记，他们在工作场所外的行为和活动，即使与公务无关，也可能损害组织的形象和利益。这种情况也可以由国际公务员家属的行为造成，国际公务员有责任确保其家属充分认识到这一点。

39. 国际公务员所享有的特权和豁免完全是为了组织的利益而授予他们的。国际公务员不能因有这些特权和豁免而可以不遵守当地的法律，也不可以此作为借口，无视私人法律或财政方面的义务。应当铭记，只有行政首长才有权放弃给予国际公务员的豁免或确定豁免的范围。

40. 违反法律可以是严重的刑事活动或轻微的犯法行为，组织可被要求根据个别案件的性质和情况作出判断。被国家法院裁定有罪通常（但不一定）就是有力的证据，证明国际公务员作出因之而受起诉的行为，而国家刑事法律通常认为是犯罪的行为一般也是违反国际公务员行为标准的行为。

十四、外面就业和活动

41. 国际公务员的主要义务是全力从事所属组织的工作。因此，国际公务员未经事先许可，在外面进行有薪或无薪的、影响到该项义务或不符合其地位或与组织的利益相冲突的活动，均属不当行为。任何与此有关的问题均应提交行政首长。

42. 当然，在不违反上述情况时，外面的活动可能对工作人员和组织都有利。组织应容许、鼓励和便利国际公务员参与促进与私营和公营机构接触的专业活动，从而保持和加强他们的专业和技术能力。

43. 国际公务员在有薪假或无薪假期间应铭记他们仍然是其组织雇用的国际公务员，应遵守组织的规则。因此，他们只有获得适当的批准之后，才能在度假期间接受有薪或无薪的工作。

44. 鉴于国际公务员必须保持独立和不偏不倚，他们虽然保留投票权，但不应参与政治活动，例如竞选或担任当地或国家政治职位。不过，这不表示他们不可以参与地方社区或民间活动，但这种参与必须符合在联合国系统的服务宣誓。国际公务员在支持政党或政治活动时必须保持谨慎，他们不应当接受或募集资金，撰写文章或公开演说或向新闻界发表谈话。他们必须对这些情况作出判断，如有任何疑问，应询问行政首长。

45. 政党党员身份的重要性因国家而异，因此难以制定对所有情况一律适用的标准。一般而言，国际公务员可以是某一政党的党员，但该政党的主导观点及其对党员规定的义务必须符合联合国系统的服务誓言。

十五、外界给予的馈赠、荣誉和薪酬

46. 为了维护国际公务员制度的正当形象，国际公务员未经行政首长批准不得接受组织外任何来源给予的荣誉、勋章、馈赠、薪酬、恩惠或价值不菲的经济利益。这种外部来源包括政府以及商业公司和其他实体。

47. 国际公务员在任职国际组织之前、期间或之后接受政府或任何其他来源给予与该项任职有关的补贴薪金或津贴，均属不当的做法。另一方面，政府或其他实体不应支付或表示愿意支付这种报酬，应当认识到这种做法不符合《宪章》的精神和联合国系统各组织的章程。

十六、结论

48. 为了实现国际公务员的行为标准，所有各方必须承诺做出最大的努力。国际公务员必须致力于实现这里所定的价值、原则和标准。他们必须积极主动坚持这些价值、原则和标准。他们应当胸怀责任感，促进他们加入联合国系统时为之献身的广大理想。国际组织有特别责任确保通过各种必要的准则或规则，以执行这些标准，成员国应当恪守《宪章》和其他组成文书，维持国际公务员制度的独立和公正性。

49. 为了有效实施这些标准，必须予以广泛传播，并且采取措施，确保在整个国际公务员制度、成员国和联合国系统各组织里人人都认识到这些标准的范围和重要性。

50. 尊重这些标准，可以确保国际公务员制度在履行其职责和满足世界各国人民的期望方面将继续发挥有效的作用。

资料来源：宋允孚：《做国际公务员：求职、任职、升职的经验分享》，中国人民大学出版社 2011 年版。

 思考题

作为一名国际公务员，需要秉持什么态度和做事准则？

参考文献

［1］古典：《跃迁：成为高手的技术》，中信出版社2017年版。

［2］韩春丽：《杨澜：一次幸运并不可能带给一个人一辈子好运》，载《中国青年报》2003年3月10日。

［3］洪向阳：《10天谋定好前途——职业规划实操手册》，上海大学出版社2014年版。

［4］李清华、田兆运：《钱学森》，载《光明日报》2009年12月14日。

［5］刘淑慧、严军主编：《大学生创新创业教程》，北京大学出版社2020年版。

［6］〔美〕奥巴马·马涅瓦拉：《与自我和解：超越强迫、成瘾和自毁行为的治愈之旅》，郑炜翔译，人民邮电出版社2015年版。

［7］〔美〕约翰·D.洛克菲勒：《洛克菲勒写给儿子的38封信》，梁珍珍译，古吴轩出版社2015年版。

［8］浦解明、宋丽贞主编：《大学生新生生涯导航》，现代教育出版社2012年版。

［9］瞿振元：《刍议学科建设历史、现状与发展思路》，载《中国高教研究》2020年第11期。

［10］宋允孚：《做国际公务员：求职、任职、升职的经验分享》，中国人民大学出版社2011年版。

［11］叶永烈：《走进钱学森》，天地出版社2019年版。

［12］吴要武：《70年来中国的劳动力市场》，载《中国经济史研究》2020年第4期。

［13］肖红军、阳镇、姜倍宁：《平台型企业发展："十三五"回顾与"十四五"展望》，载《中共中央党校（国家行政学院）学报》2020年第6期。

［14］曾湘泉：《中国就业市场的新变化：机遇、挑战及对策》，载《中国经济报告》2020年第3期。

［15］曾湘泉、李晓曼：《破解结构矛盾，推动就业质量提升》，载《中国高等教育》2013年第13期。

后记

高校肩负着立德树人的根本任务，中共中央、国务院印发的《关于加强和改进新形势下高校思想政治工作的意见》指出："要为实现'两个一百年'奋斗目标、实现中华民族伟大复兴的中国梦，培养又红又专、德才兼备、全面发展的中国特色社会主义合格者和可靠接班人。"教育部《关于做好2021届全国普通高校毕业生就业创业工作的通知》要求，把毕业生就业作为立德树人的重要环节，作为"三全育人"的重要内容，不断健全"就业思政"工作体系。加强职业发展教育和就业指导，加强学生职业发展教育，提高广大毕业生的就业能力，引导学生树立健康、积极、理性的就业心态。

本书按照《高等学校课程思政建设指导纲要》和《大学生职业发展与就业指导课程教学要求》提出的，全面推进课程思政建设，落实立德树人根本任务，建设课程"主战场"和课堂"主渠道"的要求，深入挖掘课程思政元素，以中华优秀传统文化贯穿全书。在教学素材选择和活动设计中，充分吸收本土文化资源和历史优势，将国内名人和校友的家国情怀事迹融入课程内容和教学要点。具体内容包括八章：弘毅致远——生涯启蒙、格物致知——生涯规划、自知者明——自我探索、先博后渊——职业探索、自胜者强——决策行动、知者不惑——职业适应、躬行践履——生涯体验、修齐治平——家国天下。

本书由刘淑慧、严军制定框架，由纪静统稿。内容撰写具体分工如下：第一章、第四章由高加加负责编写；第二章、第七章由唐菲菲负责编写；第三章、第五章由袁海源负责编写；第六章和第八章由纪静负责编写。

本书编写出版得到了北京大学出版社的大力支持；编写中引用了许多学者的研究成果，在此表示衷心感谢。

由于编者水平有限，书中难免有疏漏和不妥之处，欢迎广大读者批评指正，以使本书进一步完善。

编者

2022 年 10 月